Desigualdades, diferencias y experiencias de (no) pertenencia en educación

Hispanic Studies: Culture and Ideas

Volume **70**

Edited by
Claudio Canaparo

PETER LANG

Oxford · Bern · Berlin · Bruxelles · Frankfurt am Main · New York · Wien

Ana Bravo-Moreno

Desigualdades, diferencias y experiencias de (no) pertenencia en educación

Perspectivas transdisciplinares en contextos de diversidad

PETER LANG

Oxford · Bern · Berlin · Bruxelles · Frankfurt am Main · New York · Wien

Bibliographic information published by Die Deutsche Nationalbibliothek.
Die Deutsche Nationalbibliothek lists this publication in the Deutsche National-
bibliografie; detailed bibliographic data is available on the Internet
at http://dnb.d-nb.de.

A catalogue record for this book is available from the British Library.

Library of Congress Cataloging-in-Publication Data

Desigualdades, diferencias y experiencias de (no) pertenencia en educaci?n : perspectivas transdisciplinares en contextos de diversidad / Ana Bravo-Moreno (ed.).
    pages cm. -- (Hispanic studies : culture and ideas ; 27)
  Includes bibliographical references and index.
  ISBN 978-3-03-431850-1 (alk. paper)
  1. Multicultural education--Case studies. 2. Educational equalization--Case studies.
  3. Immigrant children--Education--Case studies. 4. Children of minorities--Educa-
  tion--Case studies. I. Bravo-Moreno, Ana, editor of compilation.
  LC1099.D47 2015
  370.117--dc23

                                   2015011580

Cover illustration: Zarina Bhimji, Shadows and Disturbances, (detail), 2007, li-
fochrome Ciba classic print, 127 x 160 cm / 150 x63 in. Courtesy Haunch of Veni-
son, London Photograph (detail) taken from Zarina Bhimji, Exhibition Catalogue
Whitechapel Gallery Ridinghouse Kunst Museum Bern The New Art Gallery Walsall.

ISSN 1661-4720
ISBN 978-3-0343-1850-1 (print)
ISBN 978-3-0351-0866-8 (eBook)

© Peter Lang AG, International Academic Publishers, Bern 2015
Hochfeldstrasse 32, CH-3012 Bern, Switzerland
info@peterlang.com, www.peterlang.com, www.peterlang.net

This publication has been peer reviewed.

A mi padre, Juan Bravo Campano, un autodidacta nato que me transmitió cariñosamente la pasión por la lectura. Te quiero, vives en nuestra memoria. Y a mi hija Alba, lo mejor que me ha pasado.

A las y los adolescentes y al profesorado que compartieron generosamente su tiempo y que han hecho que este libro sea posible.

> There is a difference between education as the practice of freedom and education that merely strives to reinforce domination
>
> —HOOKS 1994: 4

Índice

Introducción

En este libro se pretende estudiar la multiplicidad, fluidez relativa y sincretismo de las subjetividades de las y los jóvenes teniendo en cuenta que los procesos identificatorios siempre ocurren en lugares determinados como la escuela, la familia y el grupo de iguales. Una cuestión central es cómo lo sociocultural y lo económico están mediados y son interpretados por cada joven, cómo se convierten en subjetividad, en un proyecto biográfico. Muchos de los trabajos sobre la construcción discursiva de la identidad tienden a la simplificación y estereotipación en su referencia a la construcción de sujetos multidimensionales. Por lo tanto, en vez de repetir estas propuestas teóricas, en este libro se desea analizar cómo las subjetividades encarnadas en los jóvenes se forman en un contexto sociocultural y económico complejo y contradictorio para así comprender el proceso de formación de diferenciaciones y desigualdades.

Es desde esta perspectiva que se presentan las investigaciones que se recogen en los capítulos, con el objetivo de confrontar la linearidad explicativa y mantener la perspectiva holística e histórica, así como su especificidad en primer plano. Los capítulos desgranan estudios que siguen las biografías de los jóvenes en interacción con las escuelas y sus familias con el propósito de producir nuevas perspectivas teóricas más que aspirar a una homogeneización en un único modelo conceptual. Entendemos que las teorías en sí mismas son parte de la construcción de "verdad" y conocimiento sobre "clase" o "género" o "adolescencia". Esto es, las teorías construyen a la vez que tratan de buscar explicaciones y comprender fenómenos. Nuestro compromiso con la teorización está motivado por un interés en dos cuestiones: la primera se refiere a los efectos de diferentes tipos de escuela en la formación de personas y en la formación de trayectorias, disposiciones individuales, y modos de estar en el mundo.

La segunda se refiere a intereses teóricos que implican la formación del sujeto y estrategias de subjetividad, es decir, la cuestión sobre cómo la subjetividad toma forma y se regula hoy en día. Para las y los teóricos que escriben desde las perspectivas y políticas de los movimientos sociales tales como el feminismo, el anti-racismo o el post-colonialismo, la construcción y el desarrollo de la subjetividad se presenta como una cuestión central: ¿cómo se mantienen los patrones de las antiguas desigualdades recreándose en nuevos contextos? ¿qué es la subjetividad y cómo se forma? ¿cómo se desarrolla? ¿cómo cambia? Los conceptos de identidad y subjetividad se utilizan en este estudio para describir cómo los jóvenes se ven a sí mismos, sus identificaciones más conscientes: escéptico, alegre, y cómo se ven a sí mismos con respecto a categorías sociológicas estándar: de clase, étnicas, racializadas. Cómo se identifican los jóvenes es importante, sin embargo, el uso del término "subjetividad" señala que esas identidades no son simples esencias que se despliegan naturalmente, sino que se producen constantemente y están mediadas por múltiples factores históricos y contemporáneos incluyendo relaciones en la familia, en la escuela, socioculturales, económicas y psicológicas. En este sentido, la subjetividad se refiere a procesos generales y particulares y a patrones en la producción de nuestras biografías.

El concepto de biografía se utiliza con la intención de capturar la dimensión temporal de la subjetividad, para enfatizar que los sujetos no sólo están constituidos en el aquí y ahora, sino que este proceso es cumulativo y recursivo. Los individuos acarrean historias dentro de sí mismos y, los efectos acumulativos a lo largo del tiempo de la relación de los jóvenes y sus familias con tipos de escuela específicos, es central en las investigaciones llevadas a cabo por las y los autores de los capítulos recogidos en este libro. Sus investigaciones tratan de la subjetividad enmarcada en dos tipos de temporalidad: la temporalidad de la especificad histórica, la contemporaneidad, y la temporalidad de los jóvenes en sus años de escuela, la etapa biográfica. Analizando así cuestiones más amplias acerca del sujeto, la familia, la escuela y el futuro, este libro se interesa sobre los modos conscientes y no conscientes en los que hoy las y los jóvenes se comprenden a sí mismos y a su tiempo. Cada una de esas categorías estudiadas desde compartimentos estancos no responden a la complejidad de la realidad social, las conceptualizaciones clásicas de opresión tales como el racismo o el sexismo, por ejemplo, no actúan independientemente, sino que se trata de formas de opresión y desigualdad interrelacionadas que crean un sistema de inequidad que refleja una intersección de múltiples formas de discriminación.

Por lo tanto, este libro explora, por una parte, las teorías de macro-análisis y los efectos situados, encarnados y desiguales en las vidas de los jóvenes en la escuela; las opciones dicotómicas de "reproducción" o "transformación" no recogen la complejidad y la calidad de las transformaciones que se producen. Se argumenta, pues, que estudiar la intersección de experiencias de racialización, etnización, género y clase, que son simultáneamente subjetivas y estructurales, permite una comprensión más compleja y dinámica que un enfoque exclusivo sobre cada una de las categorías. Se trata de comprender la complejidad irreducible y de efectos diversos presentada desde varios ejes de diferenciación que se entrecruzan en el contexto específico de la escuela. Se examina cómo se producen y cambian las diferencias, las ventajas y desventajas sociales y educativas y cómo éstas afectan a la articulación y transformación de identidades individuales y agendas socio-educativas de las escuelas.

En segundo lugar, este libro analiza cómo las escuelas estudiadas pueden o no crear oportunidades y entornos de aprendizaje donde los y las jóvenes obtengan un buen rendimiento y alcancen sus expectativas, examinando los procesos que les posibilitan escapar o no de las desigualdades estructurales y promover la movilidad social. Uno de los objetivos es analizar los procesos socioculturales y educativos que estructuran la variación de oportunidades en las escuelas, estudiando las escuelas como un medio para comprender el rol que tienen en mejorar la implicación y el buen rendimiento escolar de sus estudiantes. ¿Qué tipo de perfiles y agendas socio-educativas se articulan en los centros educativos estudiados? Es interesante explorar cómo centros educativos de características comparables pueden formar diferentes identidades, aspiraciones y valores, y empoderar o no a los jóvenes.

En tercer lugar, este libro refleja experiencias educativas en EE.UU., Reino Unido, España, Argentina y Grecia que describen sistemas educativos, procesos y resultados diversos dentro de un mismo Estado, y a la vez entre países, examinando las prácticas educativas de los centros educativos en cuestión e ilustrando las relaciones entre educación y contextos socioculturales. El objetivo de los estudios recogidos en los capítulos sobre individuos concretos ubicados en esos centros educativos nos dará cuenta de una fotografía más micro y diferenciada de trayectorias educativas llenas de matices que toman forma a lo largo de años de escolarización. Una cuestión que enmarca este libro es hasta qué punto pueden las teorías a gran escala ilustrar los procesos locales que sostienen la diferencia, la desigualdad y las relaciones de poder. En este libro se revela que estos procesos no producen efectos uniformes ni homogéneos. Enfocándonos en cómo los jóvenes construyen significados y remodelan relaciones de etnicidad, género, clase y procesos de racialización es una forma de responder y reflexionar sobre este dilema. Por lo tanto, en los capítulos que exploran las identidades y subjetividades subyace tanto la preocupación por su construcción como por el proceso de diferenciación social y por cómo los jóvenes se convierten en personas particulares en interacción con la escuela y el entorno familiar.

Así pues se abordarán 1) debates teóricos acerca de a) la subjetividad o identidad, y b) teorías enmarcadas en el post-colonialismo, el decolonialismo, y la diferencia o el marco de marginación múltiple que analizan conceptos de etnia, racialización, género y clase social, y c) teorías pedagógicas acerca del aprendizaje y la enseñanza en entornos caracterizados por la diversidad. Además 2) se abordará el estudio de políticas educativas que intentan gestionar las diferencias y desigualdades que toman forma en la escuela y 3) las prácticas educativas y socio-culturales de los profesionales situadas en los centros educativos así como las narrativas de las y los jóvenes que estudian en esos centros.

Una mirada sucinta a algunas políticas

Partiendo de los tres ejes señalados y desde el punto de vista de las políticas con respecto a la desigualdad en educación atendiendo a la diversidad, en el caso de España la Comisión Europea ha alertado de las desigualdades existentes, no solo entre los Estados miembros de la UE, sino también entre las regiones de un mismo país. En el informe "Mind the Gap" (NESSE 2012) se revela la brecha norte-sur en función de los logros educativos, que distancia a países como España del Reino Unido o Alemania. Se advierte de las "importantes diferencias geográficas en las oportunidades y los resultados educativos" que no cumplen con el compromiso de promover la igualdad en educación entre sus ciudadanos. España se encontraba a la cabeza de la UE en fracaso escolar con un 25% en 2012, el 24,9% de los jóvenes españoles de entre 18 y 24 años no cursaba ningún tipo de ciclo educativo ni de formación, lo que colocaba a España a la cabeza de la Unión Europea en abandono escolar con un porcentaje que dobla el 12,8% de la media europea, según los datos publicados por la Oficina Europea de Estadística Eurostat (2012). Con respecto a la "Encuesta Europea sobre las fuerzas de trabajo" (2011) elaborada por Eurostat la Comisaria Europea para Educación denunciaba que en el caso de España el abandono escolar temprano de la población inmigrante es del 45% y el de la media de la UE es del 26%. En el caso de Andalucía (España) el abandono es de casi el 32,5% que supone más del doble que la media de la UE que se sitúa en un 13% (Datos y cifras curso escolar 2012–2013. Ministerio de Educación). Las razones de este fenómeno de mayor abandono escolar entre los inmigrantes que entre los autóctonos tienen mucho que ver con las condiciones socioeconómicas familiares o con el uso en el hogar de una lengua distinta de las nativas, según Fernández Enguita et al. (2010). La gran mayoría del aumento de alumnado, en los últimos años, es de origen inmigrante y muy mayoritariamente se ha incorporado a la escuela pública y paralelamente, parte de la población autóctona se ha ido desplazando a la escuela privada concertada (subsidiada por el Estado español).

En segundo lugar, con respecto a la desigualdad de género las Naciones Unidas propuso el objetivo de "promover la igualdad de género y empoderar a las mujeres" para el año 2015, sin embargo, es significativo que a pesar de las campañas y leyes sobre la igualdad de género, según un informe realizado por la ONG "Because I am a girl" (Plan UK 2010) basado en un estudio a miles de jóvenes de entre 12 y 18 años del Reino Unido sostiene que "nuestras familias y escuelas están transmitiendo la desigualdad de género a través de generaciones". Afirma que esta nueva generación está atrapada en un ciclo de desigualdad que condena a las adolescentes a ser las segundas por detrás de sus coetáneos. Esto es, están condicionadas a tener menos expectativas, a pesar de obtener mejores resultados en la escuela, pero ello no se traduce en salarios equitativos y puestos de poder. Las mujeres todavía ganan el 22% menos que los hombres en la mayoría de países de occidente. El estudio revela hasta qué punto las actitudes sexistas están profundamente enraizadas en la niñez y adolescencia hoy en día, afirmando que las niñas y adolescentes sufren una doble opresión por su sexo y su edad. Casi dos tercios de los adolescentes en el Reino Unido piensan que el rol más importante de la mujer es cuidar de la casa y cocinar para la familia, algo con lo que está de acuerdo menos de la mitad de las adolescentes. Por otra parte, en el informe "Equality and Human Rights Commission" (EHRC 2010) las estadísticas muestran que los niños de las familias más pobres tienen la mitad de posibilidades de superar la etapa de educación obligatoria; el alumnado negro de ascendencia caribeña tiene tres veces más posibilidades de ser excluido; y entre un cuarto y un tercio de mujeres musulmanas carece de cualificación. Este informe pone de manifiesto que las desigualdades emergen en la educación infantil no obligatoria, siguen en la educación obligatoria y persisten en la universidad, algunas desigualdades tienen que ver con procesos de racialización y etnicidad, otras con la pobreza y otras con el género (EHRC 2010).

En tercer lugar, con respecto a las desigualdades entre clases sociales, según el Colectivo Ioé (2012) España ha presentado siempre un índice de desigualdad superior a la media comunitaria y ha aumentado en los últimos cuatro años de crisis (de 31,2 en 2007 a 33,9 en 2010). Según la Estadística de Salarios de la Agencia Estatal de Administración Tributaria (2011) los ingresos de los empresarios y accionistas han sido muy superiores en conjunto a los de la mano de obra asalariada y esto ha ampliado la brecha de recursos entre clases sociales. Es relevante que la mano de obra extranjera recibe por su trabajo un 49,2% menos que la española, esto también sucede con otras minorías vulnerables de exclusión social. Los hogares pobres tienen una carga de deuda 17 veces mayor que los ricos y una de las conclusiones del informe es que la política adoptada por los sucesivos gobiernos ha favorecido la reproducción e incremento de dicha desigualdad (Ioé 2012; Eada 2013).

Organización del libro

En los siguientes capítulos Jagdish Gundara argumenta que los sistemas educativos han de ser más originales en el s. XXI e integrar las diversas fuentes de conocimiento para asegurar que todos los estudiantes sientan que el conocimiento subjetivo que encarnan se representa en el curriculum oficial. La educación puede ayudar a minimizar las nociones de "otredad" dentro de las sociedades, y esta contribución es esencial para cultivar comunidades sostenibles y pacíficas. En el segundo capítulo Leo Chávez analiza varios factores que indican cómo se están integrando los hijos de mejicanos y otros inmigrantes latinoamericanos en la sociedad estadounidense: el uso del español y del inglés, la educación y el nivel de ingresos. Para contextualizar la integración, comienza por un análisis sobre la forma en que se han caracterizado los hijos de mejicanos y otros inmigrantes de América Latina en el discurso público estadounidense como si fueran una amenaza para la sociedad. En el tercer capítulo, Gil Conchas y Leticia Oseguera presentan un estudio de caso que refleja cómo los varones jóvenes afro-americanos en una escuela urbana perciben la estructura de oportunidades que se les ofrece en una época histórica marcada por la elección del primer presidente afro-americano Barack Obama. El optimismo juvenil generado por la elección de Obama ofrece a los estudiantes una luz de esperanza a pesar de las desigualdades a las que se enfrentan en sus comunidades y escuelas. Los hallazgos sugieren que la influencia generalizada de los factores culturales y estructurales, tal como la pobreza, el registro racial en las escuelas, así como su socialización en la calle ayudan a comprender sus aspiraciones y sus limitadas expectativas cuando persisten en su deseo de dedicarse profesionalmente al deporte. En el cuarto capítulo, Bravo-Moreno analiza los procesos de racialización en las escuelas públicas de Madrid y de Buenos Aires explorando las experiencias del profesorado y de jóvenes provenientes de Latinoamérica. El propósito es comprender los procesos de racializacion y etnización en las escuelas relacionándolos con la clase socioeconómica que enmarca valores, actitudes y sesgos en las prácticas docentes y en las disposiciones del alumnado en su aprendizaje. Se sugiere que los procesos de racialización y etnización a los que se somete a estos jóvenes se anclan en relaciones históricas entre diferentes grupos que se han definido a través de la experiencia colonial de España en Latinoamérica, y que la vigencia de esa clasificación se alimenta a su vez de las distintas posiciones socioeconómicas que ocupan las poblaciones inmigrantes y el profesorado. En el quinto capítulo, Ríos-Rojas estudia las diversas formas en que los jóvenes inmigrantes en Barcelona elaboran y negocian sus múltiples identidades dentro de condiciones de movilidad y ruptura. Se centra en las maneras múltiples, fluidas y a veces contradictorias, donde los jóvenes inmigrantes negocian procesos duales de subjetividad – "*self-making and being made*" – en su búsqueda de la "ciudadanía cultural". Examinando las formas en que los jóvenes negocian, interpretan, y juegan con sus múltiples identidades interseccionadas dentro de límites ideológicos y materiales específicos y el impacto de estas negociaciones en su escolaridad.

En el sexto capítulo del Olmo argumenta que las trayectorias escolares se configuran a veces de forma intencionada y abierta, como ocurre en la toma de decisiones, tanto por parte de los profesores como de los estudiantes; pero más a menudo este proceso ocurre de una manera implícita e imperceptible, casi inconsciente, llegando a crear la ilusión de que son "lógicas" y "naturales". Su análisis desafía esa "ilusión de lógica y naturalidad" para reconocer los patrones empleados, en el día a día, al producir, reproducir, desafiar y, en última instancia, legitimar las desigualdades en las trayectorias escolares de los estudiantes a través de un trabajo etnográfico realizado desde la estrategia analítica de la subjetividad. En el séptimo capítulo García-Cano Torrico, Antolínez Domínguez y Márquez Lepe estudian los significados construidos sobre las familias en relación a su nivel de participación en la escuela. Exploran cómo se representan aquellas familias que no participan o no responden a lo esperado por parte del profesorado y cómo se perciben las que sí se ajustan a los mandatos de la agenda escolar en los espacios educativos, reconociendo así la diversidad de posiciones en las que se sitúan distintos grupos frente a la cultura hegemónica escolar.

En el octavo y último capítulo Prokou, Michalopoulou y Antonopoulou examinan hasta qué punto los objetivos de "igualdad" y "eficacia" se han alcanzado en el sistema binario de educación superior en Grecia, en el periodo que se extiende desde comienzos de la década de los ochenta hasta finales de la primera década del s. XIX. El argumento principal es que:

a) la procedencia social de los graduados es un factor importante en su proceso formativo en la educación superior, sea educación universitaria o no-universitaria y b) que se prefiere a los graduados universitarios en el mercado laboral, a pesar de la "academización" del sector no-universitario.

Referencias

Colectivo Ioé (2012). *Impactos de la crisis sobre la población inmigrante*. Descargado de: <http://www.colectivoioe.org>.

Eada (2013). *Estudio EADA – ICSA – Retribuciones Salariales*. Descargado de: <http://www.eada.edu/es/conoce-eada/actualidad/noticias-es/2014/01/estudio-eada-icsa>.

EHRC (2010). Equality and Human Rights Commission. Descargado de: <http://www.equalityhumanrights.com/>.

Eurostat (2011). *Encuesta Europea sobre las fuerzas de trabajo*. Descargado de: <http://ec.europa.eu/eurostat>.

Eurostat (2012). Descargado de: <http://ec.europa.eu/eurostat>.

Fernández Enguita, M. et al. (2010). Fracaso y abandono escolar en España. *Colección Estudios Sociales* 29, Fundación "Enla Caixa". Descargado de: <https://obrasocial.lacaixa.es/deployedfiles/obrasocial/Estaticos/pdf/Estudios_sociales/vol29_completo_es.pdf>.

Ministerio de Educación (2012). *Datos y cifras curso escolar 2012–2013*. Ministerio de Educación. Ministerio de Educación, Cultura y Deporte. Secretaría general técnica. Subdirección General de Estadística y Estudio. Descargado de: <http://www.mecd.gob.es>.

NESSE (2012). *Mind the gap. Education inequality across EU regions*. European Commission's Directorate-General for Education and Culture. NESSE network of experts. Descargado de <http://www.nesse.fr/nesse/activities/reports/mind-the-gap-1>.

Plan UK (2010). Because I am a girl. Plan Headquarters, Dukes Court, UK. Descargado de: <http://plan-international.org>.

JAGDISH S. GUNDARA

1 Dominio, subjetividad y competencia intercultural en la educación

Introducción

En diversos Estados y comunidades existe una urgente necesidad de reconsiderar qué se enseña en el currículum escolar oficial. Actualmente diversos Estados-nación se enfrentan a diferentes desafíos que incluyen un cuestionamiento de la legitimidad del Estado por parte de sus ciudadanos. La respuesta de numerosos gobiernos nacionales y su sistema educativo consiste en afirmar su singular identidad nacional basándose en glorias pasadas. Estas viejas identidades proceden de la manera en que las nacionalidades dominantes se han apropiado históricamente del poder dentro de muchos Estados-nación. En un tiempo en el que los Estados-nación han de afrontar las distintas crisis económicas y políticas, sus respuestas resultan ineficaces, intensificando así la debilidad de la unión que las liga en cuanto naciones. Fracasan en la integración de las exclusiones que padecen los desencantados de las sociedades agravando así su alienación. El sistema educativo ha de nutrirse del vasto reservorio de conocimiento de base subjetiva que encarnan las complejas historias de las luchas por la igualdad de las personas y ciudadanos subordinados de estos Estados.

Los sistemas educativos han de ser más originales en este periodo del siglo veintiuno e integrar las diversas fuentes de conocimiento para asegurar que todos los estudiantes sientan que el conocimiento subjetivo que encarnan se representa en el currículum oficial. Tales iniciativas pueden llevar a un compromiso mayor con los procesos de aprendizaje y enseñanza en los sistemas escolares. También pueden conducir a una importante sinergia para aquellos que quieran adquirir una eficaz competencia intercultural además de poder lidiar con las cuestiones negativas del racismo y la xenofobia. Para posibilitar que este proceso tenga lugar los educadores han de establecer principios y bases educativas que recojan lo mejor de la educación que hasta el momento ha sido ignorado. También puede ayudar el formar un organigrama educativo que sea no-céntrico en base a las distintas fuentes de las que se nutre el conocimiento. En otras palabras, que se nutra de las vastas fuentes del conocimiento; que no sea ni eurocéntrico ni ninguna otra forma de "centrismo", lo cual incluye el islamo-centrismo, afro-centrismo, y el sino-centrismo o indo-centrismo.

El contexto global en el que nosotros, habitantes de una Europa urbanizada, vivimos, es de por sí una entidad compleja y ambivalente, repleta de paradojas políticas y económicas. En el periodo reciente las revueltas de Túnez, Libia, Bahréin y Egipto protagonizadas por los jóvenes fue aplacado por élites políticas. Los grupos religiosos jugaron un rol tremendamente manipulador que ha conducido al desmantelamiento de los sistemas estatales.

Muchas personas de Oriente-medio viven en Europa. Las revoluciones de la primavera fueron seculares pero de forma progresiva las fuerzas reaccionarias y fundamentalistas se organizaron como ejércitos y ahora están cambiando el mapa de Oriente-medio. Los educadores y políticos de los sistemas estatales seculares no han tomado estos eventos lo suficientemente en serio, y la mayoría de los principios de la Ilustración han sido revertidos con la destrucción de numerosas políticas de diversidad social.

Otro acontecimiento ocurrido en un tiempo de grave crisis económica en Europa fueron las intervenciones de la canciller Ángela Merkel y del primer ministro británico David Cameron quienes sostuvieron que el "multiculturalismo" había fracasado en sus respectivos países. Como persona educada en la RDA la canciller Merkel no sabe de las decisiones que varios Lander tomaron en la Alemania Federal antes de la unificación, pero ahora, en tiempos de una crisis económica, es fácil culpar a "los otros" de ser la causa de los problemas en una Alemania unificada. Cameron, que hablaba en Munich mientras la economía británica decaía también sostuvo que el "multiculturalismo" había fracasado, a pesar del hecho de que el gobierno británico legitima y financia a escuelas de creencias confesionales, lo cual separa a grupos por motivos religiosos. La financiación y ayuda a las escuelas seculares comprehensivas, dirigidas por autoridades educativas públicas y locales, ha sido retirada. Los efectos de esta contradicción ya son evidentes por el número de jóvenes alienados que se alistan en la Jihad. Están involucrados en luchar con los ejércitos religiosos en Oriente Medio y el Cuerno de África, luchando por valores opuestos a los valores seculares.

Amenazas a la Interculturalidad

El trabajo en el campo de la interculturalidad y de las competencias interculturales está ampliamente condicionado por el contexto político, por el dónde y el cómo de las inclusiones y exclusiones culturales que tienen lugar. El reconocimiento de la cultura como proceso oficial no tiene lugar sin las decisiones de los gobernantes, sin las acciones que se siguen de sus decisiones. Esto se ha vuelto una cuestión especialmente crítica porque los avances conquistados por el Estado moderno en el siglo diecinueve están siendo revertidos en el siglo veinte: la abolición de la esclavitud y la servidumbre, el establecimiento de la democracia y la soberanía de los pueblos, y el establecimiento de leyes, reglas, reglamentos y marcos constitucionales que garantizan los derechos humanos y culturales de las personas. ¿Cómo puede uno preguntarse si estos derechos y avances duramente conquistados no han sido atropellados en muchos Estados por el reciente auge del racismo, un "etnicismo" corto de miras y un nacionalismo xenófobo? En varias partes del mundo, fuerzas políticas nacionales aparentemente normales han desatado una ola de violencia en varios niveles: barrios, comunidades, municipios, regiones y naciones. Culturas insertas en cuerpos sociales educados y civilizados han devenido en junglas hobbesianas. El surgimiento, en su albor, de conflicto y/o violencia étnica plantea la pregunta de por qué estas situaciones han surgido en el seno de lo que eran considerados Estados nacionales estables, educados y cívicos. El conflicto y la violencia entre grupos culturales no se ha producido entre Estados, sino dentro de los Estados, lo cual supone un desafío mucho más urgente para todos los ciudadanos y gobiernos. Sin la negación del racismo y el desarrollo de una mejor comprensión intercultural, es probable que los conflictos se sigan sucediendo. Esto exige una revisión de la situación de grupos como el gitano en el este y oeste de Europa, así como de la limpieza étnica que tuvo lugar en la antigua Yugoslavia. Es de importancia capital que el trabajo que se desarrolle en este campo se focalice en la resolución y mediación de conflictos, cuestiones que requieren de un conocimiento y saber-hacer altamente especializado así como de políticas institucionales para lidiar con el racismo. Estas medidas incluyen medidas de política pública y educativa. Como escribiera Hans Enzensberger acerca de los jóvenes:

> La juventud es la vanguardia de la guerra civil. Las razones para ello residen no sólo en las infladas energías físicas y emocionales de la adolescencia, sino también en el legado incomprensible que los jóvenes heredan: el problema irreconciliable de la riqueza que no reporta felicidad. Pero todo tiene sus orígenes, si bien de forma latente, en los padres, en una manía destructiva que no puede expresarse bajo formas socialmente toleradas, una obsesión por los coches, por el trabajo y por la gula, alcoholismo, codicia, veleidad, racismo y violencia doméstica.

En comunidades y sociedades que son más pobres se dan problemas adicionales que han de confrontar las secciones marginales de la población. La situación puede empeorar por la falta de capacidad de la autoridad civil de gobernar y de educar adecuadamente a los profesionales y las comunidades, adultos, padres y jóvenes, lo cual se suma a las situaciones de conflicto y agrava la exclusión cultural de muchas comunidades en la sociedad. ¿Podemos utilizar nuestras competencias interculturales y antirracistas y desarrollar valores democráticos comunes y compartidos? ¿Podemos echar mano de conceptos griegos como la paideia o el concepto alemán de Bildung e interculturalizarlas en el contexto de la Europa urbana multicultural?

Esto es importante porque algunos sistemas educativos han fracasado a la hora de desarrollar las capacidades críticas y el rigor analítico que pueden ayudar a resistir la deriva hacia el conflicto y el caos. Las naciones, legitimadas por los sistemas educativos y políticos, usan símbolos de su inventada identidad que dicotomiza la sociedad en "nosotros" y "ellos", los "pertenecientes a" y los "desconocidos". Así pues, las instituciones políticas se enfrentan a un desafío mayor, donde jugarán un papel sea para exacerbar sea para resolver estos dilemas. Hay una urgente necesidad de iniciativas en este campo porque en un buen número de Estados, el telón de fondo de la actual situación está conformado por grupos reaccionarios, xenófobos, racistas y fascistas tanto de comunidades dominantes como de minoritarias. A no ser que se produzca una seria reflexión para desarrollar políticas interculturales preventivas, la amenaza a políticas democráticas multiculturales puede socavar la estabilidad de los grupos considerados minoritarios aunque no sólo a estos, también a grupos considerados dominantes en la sociedad.

Terminología y conceptos

En el discurso contemporáneo, términos como multiculturalismo, diversidad social y diversidad cultural son usados como términos descriptivos para dar visibilidad a la presencia del "otro". Para que cuestiones de competencia intercultural y políticas interculturales sociales y públicas igualitarias, que incluyan el empleo, se vuelvan una realidad, estos grupos han de ser tratados como parte de la mayoría y no una parte marginal de la sociedad. El problema a resolver es la exclusión, la xenofobia y el racismo institucionalizado en los sistemas sociales y económicos.

La primera cuestión es cómo definir una sociedad y/o un estado de diversidad cultural o multicultural. Una taxonomía de las sociedades y Estados que incluya: lengua, religión, clase social, nacionalidad y grupos étnicos conduciría a la conclusión de que la mayoría de sociedades tanto históricas como contemporáneas son diversas. Por ello han de promover políticas inclusivas que aseguren que en términos legales o legislativos todo grupo que resida en una ciudad cuente con sus correspondientes derechos civiles. Así, en términos culturales el foco ha de ser puesto en el hecho de que la mayoría de sociedades son socialmente diversas y si en su interior hay grupos culturalmente excluidos, entonces su defensa y protección se ha de abordar dentro de un marco social más amplio. La ausencia de tal perspectiva puede llevar a lo que Balibar (1991) describe como "la descomposición interna de la comunidad, creada por el racismo". El desarrollo de medidas interculturales ha de comenzar por el rechazo al racismo, xenofobia, nacionalismos restrictivos y "etnicismos". Tales relaciones interculturales solo pueden ser significativas si ayudan a disolver la práctica del "poder de exclusión y de los poderes de instituciones de exclusión." Así, el Estado necesita desarrollar un interculturalismo crítico que asiente sus bases sobre un contrastado trabajo intelectual y analítico y que esté firmemente enraizado en el núcleo del funcionamiento de las instituciones estatales.

El análisis de sociedades democráticas y multiculturales también requiere de un compromiso crítico político, intelectual y académico. Desde cierto punto de vista se puede plantear la pregunta de si las sociedades han devenido multiculturales o si han sido históricamente multiculturales. Los hechos históricos son objeto de distorsión sea por parte de historiadores nacionales y nacionalistas, grupos dominantes o personas de cierta procedencia religiosa o étnica. Algunos legisladores, investigadores y élites políticas difunden el mito y la falacia de que sólo recientemente los Estados han devenido "multiculturales". En realidad, la mayoría de Estados son también históricamente "multiculturales" y "multilingües". Sin embargo, la falta de comprensión, competencia y diálogo intercultural sumado a la represión de identidades culturales ha convertido a estos grupos en "invisibles", lo cual a su vez ha intensificado el "odio velado" a estos grupos.

Las cuestiones terminológicas también giran alrededor de la naturaleza ambivalente de la nación, que puede contar con elementos "étnicos" a la vez que construcciones basadas en constituciones modernas. Estas últimas deberían asegurar, en términos legales, los valores de igualdad, libertad y fraternidad, a la vez que referirse a cuestiones de ciudadanía. Algunos grupos de la sociedad pueden querer denegar a los miembros de su comunidad (niñas o mujeres) o a otros grupos (por ejemplo grupos minoritarios) estos derechos humanos y constitucionales. Esto es, por supuesto, inaceptable y ha de ser atajado con firmeza. Los jóvenes y los profesionales han de aprender que la nación y las sociedades son entidades complejas que no se dejan interpretar según lecturas unilaterales o simplistas. El fracaso de numerosas instituciones con esta tarea es una de las principales causas de las exclusiones, conflictos y violencia de origen étnico.

Políticas públicas y el ámbito económico

Las culturas pueden ser híbridas y mestizas y son un aspecto importante de la Europa urbana contemporánea. Una cuestión más peliaguda es que las exclusiones en las sociedades social y culturalmente diversas pueden fomentar "mentalidades gregarias" que a su vez alimentan "comunidades gregarias". Éstas han conducido a un *Armageddon* étnico en varias partes de Europa. Por ello, los gobiernos nacionales deberían salvaguardar los derechos de ciudadanía de todos los grupos para asegurar no sólo una resolución razonable de los conflictos, sino también para establecer políticas públicas y culturales preventivas que refuercen los compromisos e ideales democráticos. Tales políticas nacionales deberían paliar no sólo las desigualdades socioeconómicas sino también las diferencias étnicas, religiosas, lingüísticas y racionales y negar el auge del nacionalismo restrictivo y la xenofobia. En el nuevo milenio los derechos civiles y políticos necesitan ser reafirmados en todas las esferas de diversidad cultural para asegurar que el estado civil democrático sea reforzado. Tal estado civil, a su vez, ha de volverse dinámico a través del diálogo y del entendimiento intercultural, y así dar cabida a la "Unidad en la Diversidad". En su defecto, en los contextos nacionales y locales de diversidad cultural, las crecientes tensiones pueden conducir a la tribalización y fragmentación de comunidades locales, sobre todo si algunos grupos no son reeducados para acceder a nuevos trabajos e integrarse en la cambiante economía. Esto llevaría como Castell (1989) ha escrito a la "globalización de las corrientes de poder y la tribalización de las comunidades locales".

Las limitadas nociones de las ideas de un sector empresarial neo-liberal capitalista globalizador requieren de una profundización de la discusión en términos de democracia social y mercado social que minimice las desigualdades y la expansión de una amplia subclase en la sociedad. La Unión Europea ha de establecer iniciativas que amplíen ambos aspectos en el sector empresarial y no sólo los aspectos neo-liberales que, en términos generales, han dañado el tejido que mantenía a las comunidades unidas. Las instituciones y espacios públicos han sido expropiados y reemplazados por instituciones privadas que han erosionado las políticas sociales y públicas que unen a los ciudadanos entre sí. Actualmente se plantea: ¿cómo pueden estos espacios ser reinventados y cómo la "Confianza" y las relaciones interculturales sostenibles ser restauradas? En términos económicos se ha de considerar la activación del "mercado social". ¿Cuáles son los activos de la economía local que puedan desarrollar comunidades democráticas, sostenibles y micro-económicas que cuenten con la mentalidad del "sí puedo"?

El desarrollo de políticas interculturales públicas, económicas y sociales debería asegurar que ningún grupo forme parte de una subclase por la pérdida de puestos de trabajo debido a los rápidos cambios tecnológicos de las economías, que se liberalizan con el consecuente aumento de los niveles de proletarización y desempleo que suelen acompañar estos cambios. Existe un claro y actual peligro de que se intensifique la marginalización y pobreza de ciertos grupos, el caso británico mencionado anteriormente es un ejemplo de esto, quizá se puedan atajar estos problemas con el desarrollo de una "inteligencia cultural corporativa" entre los profesionales, diversas comunidades y las generaciones más jóvenes. Estas iniciativas pueden nutrirse en los desarrollos culturales sincréticos positivos y no permitir el desarrollo de culturas separadas por religión, racialización o etnización.

Los procesos interculturales democráticos están lejos de ser una realidad en la mayoría de gobiernos, una trayectoria en proceso. En la mayoría de democracias sociales hay un número de cuestiones problemáticas e irresueltas a la hora de alcanzar igualdad y calidad para todos los ciudadanos. El aprovisionamiento de acceso, oportunidades y resultados igualitarios son aún características por alcanzar en la mayoría de las sociedades. La dureza y la desigualdad en el ámbito del trabajo y del mercado laboral son más manifiestos que la igualdad y la previsión cultural, social y educativa de calidad. Esto a su vez lleva a que los grupos pobres estén cada vez más estigmatizados y separados y al desarrollo de una subclase que se está dirigiendo hacia ideologías fascistas.

También es importante que en el contexto democrático todo grupo tenga una "voz", porque sin un demos intensamente secular e inclusivo la fragmentación de la sociedad y el retroceso a identidades sectarias se convierte en un problema real. Por lo general, hasta ahora, los sistemas sociales no han tenido éxito a la hora de proveer de "voz" a los mayores, a los jóvenes y a las comunidades subordinadas. Los valores deben proceder de todos los grupos de la sociedad y no sólo de la mayoría o de las poblaciones dominantes. Los sistemas estatales han de considerar de qué manera se puede profundizar en los compromisos democráticos para que éstos resulten significativos y valiosos para los excluidos y marginados de la sociedad.

Sentimiento de pertenencia

La otra cuestión que ha de abordarse es el sentimiento de pertenencia de todos los grupos en la sociedad. Esto, sin embargo, plantea dificultades porque la nacionalidad dominante puede inferir que una sociedad es "suya" y que es invadida por "otros", que se perciben como "otros". Cada localidad, comunidad, familia y grupo disponen de especificidades obvias que dotan a las distintas localidades de un colorido y textura diferente. También hay diferencias locales a nivel político, económico e histórico así como en la interactuación y confluencia con otros contextos locales, regionales, nacionales, europeos y globales que constituye diferencias en diferentes áreas.

El hecho de que dominadores y subordinados, la mayoría y la minoría, los ricos y los pobres, los negros y los blancos, los religiosos y los seculares compartan un mismo espacio lleva a que el funcionamiento de las democracias modernas sea cada vez más complejo. Si esto es así, el foco de las iniciativas educacionales no puede centrarse sólo en "migrantes" y "minorías" sino también en los grupos dominantes y las poblaciones mayoritarias, quienes imponen sus normas discriminatorias a lo que históricamente han sido comunidades multiculturales. No pueden imponer arbitrariamente su nacionalismo exclusivo sin provocar una reacción negativa.

En muchas sociedades hay comunidades que no se reducen a una identidad de carácter local sino que además tienen otras identidades culturales tanto a nivel nacional como supra-nacional lo cual aporta una enorme heterogeneidad a la sociedad y a su vida. La complejidad de esto desafía toda definición simplista que sea formulada por una cultura dominante o subalterna; la mayoría de las personas tienen identidades híbridas o múltiples.

La cultura de muchos jóvenes en estas situaciones se ve reflejada por su música, arte u otras manifestaciones culturales.

Muchas sociedades como tal encarnan nociones de pertenencia así como de alienación. Tienen tanto características de naturaleza universal como particularidades correspondientes a las distintas localidades. Dicho esto, algunos localismos pueden devenir en racistas, insulares, reaccionarios y autoritarios. Hay capas densas y complejas de contexto político, social y económico que confluyen en las distintas historias.

Así pues, la mayoría de las sociedades proveen las posibilidades y las expectativas de un futuro estable y, sin embargo, pueden también hacer que la vida de las minorías sea solitaria y aislada. La naturaleza federal de los grupos y comunidades requiere de un pensamiento integrador de estructuras que relacione los individuos, los grupos y los lugares. El desafío para el sistema político y educativo consiste en desarrollar un sistema de valores común y compartido, en el que se desarrollarán responsabilidades y derechos de inclusión como el resultado del trabajo de las instituciones educativas, sociales y políticas. Es por ello urgente profundizar en el diálogo y las competencias interculturales para posibilitar la formación de una red de instituciones y estructuras que den paso a futuras tareas: desarrollar internet y otras redes informativas, difundir los hallazgos, establecer diferentes estrategias políticas y educativas para los distintos contextos.

Educación política y diversos sistemas de gobierno

Los miembros infra-educados o escasamente educados en una sociedad son un peligro para ésta al formarse una imagen distorsionada de la complejidad humana, optando así por soluciones simplistas basadas en políticas populistas que, frente a complejas cuestiones sociales, responden con soluciones autoritarias y antidemocráticas. Por ello, los derechos humanos y políticos, además de educación ciudadana son necesarios para promover competencia, diálogo, aprendizaje y comprensión intercultural. El conocimiento, la comprensión, y las habilidades de la naturaleza política de las sociedades les son ajenos a un gran número de personas. El objetivo de este tipo de educación y socialización no es la de devenir partisanos o militantes políticos sino la de adquirir un conocimiento basado en las experiencias sociales y el aprendizaje de las disciplinas académicas, incluyendo las ciencias sociales, para así tomar conciencia de la complejidad de las sociedades en las que viven.

En algunos contextos, los argumentos para no involucrarse en políticas educativas y ciudadanas consisten en que las personas comunes no son capaces de comprender cuestiones complejas y son blanco fácil para la propaganda. Los líderes, las élites y algunos partidos políticos a veces sugieren que debido a que la naturaleza humana es generalmente negativa es mejor no inculcar interés en cuestiones políticas en las masas. La conciencia política, el conocimiento y la comprensión son necesarias para que todas las personas puedan comprender la complejidad inherente a las sociedades y consecuentemente sus derechos y sus responsabilidades. Las iniciativas en este ámbito puede conducir a un fortalecimiento de los valores políticos compartidos que mejore la viabilidad y seguridad de comunidades diversas. Uno de los obstáculos para el desarrollo de este campo de conocimiento consiste en que mucha gente cree firmemente en la "negatividad" de la naturaleza humana.

Si la naturaleza humana y la cultura basada en ella se considera negativa, entonces el egoísmo, los conflictos y la violencia están profundamente enraizadas en la conciencia humana, entonces la educación y otras influencias socializadoras no pueden jugar ningún rol a la hora de cambiar los patrones de comportamiento y las relaciones sociales. Por lo tanto, que la naturaleza humana es esencialmente social y que cree en las comunidades se convierte en una tarea ardua. Hay numerosos ejemplos de esto en el mundo, el conflicto intercultural y la violencia ejercida sobre algunas etnias son una evidencia de esto.

No parece que haya evidencia suficiente para sugerir que la "naturaleza humana" haya sido ampliamente investigada y aseverar juicios definitivos o científicos sobre ella. Estructuras políticas y procesos de socialización previos pueden haber sido responsables de la percepción de que la naturaleza humana sea negativa. Los individuos pueden poseer no sólo instintos egoístas sino también sociales, y la educación y la naturaleza humana puede alcanzar equilibrios basados en la igualdad tanto a nivel individual como grupal. Esto, sin embargo, no es una cuestión simple porque las mentes no son tabulas rasas y las historias particulares de violencia intergrupal están profundamente arraigadas en la psique de todos los grupos. Codifican tanto una herencia personal como un legado histórico que convierte la cuestión de una socialización igualitaria en tremendamente compleja.

El rol de la educación en la "sociedad del conocimiento" ha de reparar en que también vivimos en "comunidades de aprendizaje", donde las diferencias entre los estilos de aprendizaje entre niños y niñas, hombres y mujeres, debe de recibir toda la atención de los educadores, quienes deberían estimular el aprendizaje de las niñas, especialmente si estructuras patriarcales lo obstaculizan. El rol jugado por el movimiento de mujeres en Irlanda del Norte para desarrollar una política de coalición provee de un ejemplo muy significativo a la hora de desarrollar soluciones similares en otras partes de nuestro continente. Esto optimizaría no sólo las perspectivas vitales de las niñas y mujeres sino que además les permitiría contribuir plenamente al acervo cultural de las sociedades. Las niñas y mujeres pueden también jugar un papel preponderante en el establecimiento del entendimiento mutuo e intercultural.

El rol de políticas educativas públicas a la hora de encauzar los desarrollos tecnológicos en direcciones pacíficas y positivas es esencial para prevenir la pobreza, los conflictos y la violencia. Esto es especialmente cierto si los medios de comunicación globales han de contribuir positivamente, en vez de estimular un crudo mercantilismo y desarrollar una cultura consumista sin sentido. Por lo tanto, una lectura crítica de los mensajes de los medios de comunicación es de una necesidad imperiosa a todos los niveles de la sociedad para evitar las mentalidades gregarias y la "falsa diversidad". Es necesario que haya más contactos, comunicación y comprensión inter-grupal e inter-religiosa entre los jóvenes. Además las instituciones educativas han de promover los valores interculturales y democráticos del respeto y de la igualdad, además de la aceptación y la tolerancia hacia grupos diferentes, todo ello basado en valores genuinamente inter-grupales y públicos. Esto a su vez conduciría al desarrollo de un dinámico diálogo social y a la promoción de solidaridades interculturales, especialmente en las "ciudades globalizadas". De ahí que el contexto para la educación en derechos humanos sea intercultural, afectando las experiencias de individuos y comunidades enteras.

Competencias comunicativas y educación intercultural bilingüe (IBE[1])

El desarrollo de la educación bilingüe, que tiene facetas en el desarrollo de las competencias comunicativas interculturales, ha de ser considerado en términos académicos, y el desarrollo de la educación intercultural bilingüe (IBE) también puede ayudar a relajar las tensiones entre comunidades lingüísticas. IBE es relevante en la mayoría de las sociedades, tanto para las comunidades lingüísticas mayoritarias como minoritarias. En primer lugar, puede dotar a todos los grupos del bagaje necesario para participar como ciudadanos de una sociedad y, en segundo lugar, apoyar a los grupos en su derecho a hablar sus lenguas y empoderar así a sus propias comunidades. IBE les dota del conocimiento y la capacidad para defender sus intereses ante fuerzas opresivas en expansión como la globalización monolingüe, así como revitalizar y reforzar la vivacidad de varias comunidades lingüísticas. IBE paradójicamente no pretende destruir sino desarrollar y realzar la diversidad lingüística y de repertorios de las distintas comunidades lingüísticas.

Si la educación intercultural bilingüe se realiza para constituir la estructura básica y el contenido de un proceso de educación formal, entonces traerá gradualmente áreas temáticas desde la cultura dominante de un modo no conflictivo y no sustitutivo que puede ayudar al proceso de una comprensión intercultural. Más significativamente, en el contexto de las relaciones mayoría/minoría, dominante/subordinado, todos los grupos se beneficiarían de una educación intercultural bilingüe. Tales políticas lingüísticas pueden mejorar los resultados educativos de todos los profesionales y jóvenes, además las políticas de igualdad pueden ayudar a mejorar la calidad de las competencias comunicativas interculturales.

En las humanidades el uso de términos como "tradición" o "modernidad" aplicado al estudio de la historia no está exento de una aproximación lineal y de estrechez mental. Las culturas y las historias de grupos
que devienen minoritarios y marginales son etiquetados de tradicionales,
mientras que los grupos dominantes y poderosos se representan como
la culminación de la modernidad. Tales nociones le restan valor al desarrollo de una comprensión holista de la historia más inclusiva, universa-
lizada o global. Liberar la noción de modernidad de las estrecheces del
eurocentrismo puede ayudar a que las nociones de modernidad sean más
inclusivas.

Personas sin historia: Los civilizados y los bárbaros

El antropólogo Eric Wolf nació en 1923 en la multicultural y socialmente
diversa ciudad de Viena que era el epicentro del tráfago de personas en la
Bohemia del Norte. Aseveró que es importante estudiar una sociedad en
su contexto histórico y en su libro (Wolf: 1983) desafío la conceptualiza-
ción compartida por numerosos antropólogos de que la sociedad fuera una
entidad estática. Explicó que en el curso de la expansión del capitalismo,
aquellos considerados como personas sin historia eran, en realidad, parte
de la expansión europea acaecida entre 1400–1800 y parte del proceso de
interconexión entre las sociedades. La iniciativa de las Naciones Unidas
sobre la Alianza de las Civilizaciones es importante para contrarrestar el
Choque de las Civilizaciones (Samuel Huntington: 1998). Gente como
Huntington en EE.UU. y sus equivalentes en Europa han tendido a ignorar
una historia de los entendimientos interculturales así como los efectos que
han tenido los conflictos no sólo sobre los colonizados y dominados sino
también sobre los dominadores que fueron también brutalizados. El pensa-
dor español Sepúlveda justificó el derecho a la intervención de las sociedades
amerindias por su "barbarie". Por otra parte, Las Casas argumentó que el
mal existe en todas partes y que por ello no había justificación teológica
para la intervención. Sin embargo, fue el argumento de Sepúlveda que se

instauró y durante siglos la gente en muchas partes del mundo, incluidas Europa y EE.UU., han sido brutalizados y deshumanizados.

Múltiples lecturas de la historia

Ciudadanos ordinarios y aquellos que trabajan en las instituciones del Estado pueden interiorizar normas de exclusión de grupos como los judíos, los gitanos o las nuevas comunidades de inmigrantes. A la luz del informe de la UNESCO sobre Diversidad Cultural se ha de "acondicionar espacios de memoria" que simbolicen y promuevan la reconciliación cultural. El puente de Mostar (Bosnia) es un símbolo de la memoria y un ejemplo de cómo evitar el "triunfalismo" y el militarismo en comunidades diversas. Hay muchos otros símbolos alrededor del planeta que cuentan con un legado de entendimiento intercultural. Las omisiones y distorsiones de la historia juegan un papel principal permitiendo que se cristalicen estereotipos y fabulaciones. La ausencia de una pluralidad de perspectivas en la presentación de la historia es un elemento importante, sobre todo si se trata de un pasado que incluye dominados y dominadores, en la configuración de exclusiones: un pueblo sin historia o sin pasado. La utilización de una exclusión similar por el grupo dominante puede exacerbar problemas de reconocimiento mutuo como ha sido el caso de grupos en varias sociedades. Además, los héroes de la historia suelen ser guerreros y vencedores que portan la bandera de los grupos dominantes de una sociedad. Los héroes de paz y sus historias son mucho menos frecuentes y esto debe de ser registrado para que la historia pueda ser desarmada y no rearmada. Así pues, las contribuciones de la Madre Teresa u otras figuras de paz se llegan a reconocer a nivel nacional pero no juegan un papel central en la narrativa nacional ni en la narrativa humana, en general. Estas omisiones pueden ser corregidas ampliando el marco nacional de la construcción de currículos nacionales, estableciendo una base de acervo cultural transnacional que pueda promulgar los valores de una ciudadanía cosmopolita.

Para desarrollar una comprensión más universal de la historia se han de sacar a la luz las premisas subyacentes y las teorías implícitas de los que las escriben. Una ruptura epistemológica y metodológica podría conducir al desarrollo de historias más ampliamente aceptables, que incluyan no sólo fuentes escritas sino también la comprensión oral de ciertos grupos. El nivel de comprensión histórica en las escuelas puede variar drásticamente en numerosos países. Por ello, en general, las nociones de las civilizaciones, los esquemas evolutivos y el impacto de estereotipos, que reinterpretan y reconceptualizan los grupos subordinados e invisibles merecen toda la atención. El desarrollo de las comprensiones críticas de los profesores, el desarrollo de libros de texto y materiales escolares basados en las investigaciones recientes y trabajos sobre el desarrollo merecen atención inmediata como sugiere el informe de la UNESCO.

Numerosos estudios aportan las bases para una nueva aproximación a la escritura de nuevos textos históricos, neutralizando así otros "centrismos" históricos. Los encuentros complejos y conflictivos de lo local y lo global en términos culturales y económicos aportan pistas para la comprensión del desarrollo de los mercados, así como de la resistencia, atrincheramiento y desarrollo de comunidades sectarias. Las características antidemocráticas de la economía global en muchos contextos han conducido a la erosión de buenos valores locales, de comunidades estables y sostenibles, así como de habilidades y economías locales. Los conflictos y tensiones étnicos presentan problemas complejos que necesitan de iniciativas educativas así como de una ciudadanía activa que se involucre en comunidades diversas. Contamos con suficiente investigación en ciencias sociales e historia para ayudar a los educadores a que aborden estas cuestiones.

Por ejemplo, Martin Bernal mostró en su investigación cómo en los siglos XVIII y XIX los europeos desarrollaron una historiografía que negaba la comprensión y el entendimiento al que los griegos en la época clásica y helénica habían adquirido como consecuencia de la colonización e interactuación entre los egipcios, los fenicios y los griegos. En parte la causa de esta nueva historiografía ha de buscarse en el auge del racismo y anti-semitismo en Europa, que motivó que los racistas y románticos europeos buscaran distanciar a los griegos de los egipcios y fenicios, construyendo así la imagen de una Grecia pura, cuna de Europa. Era inaceptable, desde su punto de vista, que los europeos pudieran aprender nada de los africanos y judíos.

La noción de una cultura europea del norte separada del mundo al sur del Mediterráneo es claramente un constructo mítico. Las contribuciones al conocimiento en la antigüedad de esta región colindante incluyen la astronomía mesopotámica, el calendario egipcio y la matemática griega, enriquecida por los árabes. Los profesores, los mediadores culturales y las escuelas necesitan explorar la viabilidad de entendimientos sincréticos entre culturas, sus artefactos y sus historias que puedan existir a nivel local para así contribuir a la comprensión y entendimiento intercultural. Las cuestiones representadas por la historia como disciplina pueden tener repercusión en cuestiones de conocimiento no céntrico en otras disciplinas del currículum.

Conclusión

Este capítulo ha discutido brevemente las complejidades involucradas en la manera en que la diversidad cultural puede exacerbar o contribuir al conflicto, que puede a su vez contribuir a la escalada de conflictos interculturales. Paradójicamente, las intervenciones sociales, que pueden ser de carácter general o específico y que incluyen los sistemas políticos y económicos, tienen el potencial de garantizar mayores niveles de igualdad y ayudar en la resolución de conflictos. El auge de las tensiones y la violencia entre grupos etnizados y racializados puede, en parte, estar arraigado en las desigualdades a las que los grupos culturales se enfrentan en las sociedades donde operan ciertos sistemas sociales. En tanto que estos sistemas sociales reproducen estas desigualdades exacerban y ayudan a perpetuar los conflictos. La educación puede ayudar a minimizar las nociones de "otredad" dentro de las comunidades y las sociedades, y esta contribución es esencial para cultivar comunidades sostenibles y pacíficas. Su rol a la hora de asegurar el sentimiento de pertenencia de todos los grupos en una sociedad presenta grandes desafíos en las sociedades actuales. Estos desafíos de educar en la inclusión en contextos democráticos y cosmopolitas puede

ayudar a garantizar los derechos humanos, culturales y de ciudadanía para
todo el mundo, no pueden ignorarse.

Referencias

Balibar, E., Wallerstein, I. (1991), *Race, Nation, Class: Ambiguous Identities*. London:
    Virago.
Bookchin, M. (1992), *Urbanisation without Cities: The Rise and Decline of Citizenship*.
    Montreal: Black Rose Books.
Burnage Report (1986), *Murder in the Playground: The Report of the MacDonald
    Inquiry into Racism and Racial Violence in Manchester Schools*. Manchester:
    Longsight Press.
Castell, M. (1989), *The Informational City*. Oxford: Blackwells.
Chambers, I. (1994), *Migrancy, Culture, Identity*. London: Routledge.
Dunn, J. (1993), *Democracy, The Unfinished Journey, 508 BC to 1993*. Oxford: OUP.
Enzensberger, H. M. (1994), *Civil War*. London: Granta Books.
Kohin, M. (1995), *The Race Gallery: The Return of Race Science*. London: Jonathan
    Freedland.
Rutter, M., Smith, D. (1995), *Psychosocial Disorders in Young People*. Oxford: John
    Wiley & Sons.
UNESCO (2009) *World Report on Investing in Cultural Diversity and Intercultural
    Dialogue*. Paris: UNESCO.

Notas

1   Nota del traductor: IBE son las iniciales en inglés de *Intercultural Bilingual Education*.

2 La integración cultural y social de los hijos de inmigrantes mejicanos en situación irregular en el área metropolitana de Los Ángeles, California

> Te sientes muy deprimida. Te esfuerzas tanto ... y ¿ahora qué? Comienzas a preguntarte ¿Merece la pena? ¿Valió la pena? Y ¿ahora qué? Tienes dos opciones. O tomas el camino de la la universidad, porque la educación es la educación, y estoy aprendiendo y me gusta lo que aprendo, y voy a seguir aprendiendo. O tomas el otro camino, donde dices, esto es todo. Sólo voy a empezar a trabajar. No mereció la pena. Mi madre, mi padre, o mi vecino, estaban en lo cierto. ¿Por qué sigo yendo al instituto si no me van a dejar seguir estudiando? Así que hay dos caminos, tienes que decidir cuál tomar.
>
> —LUPE, 21 años, llegó a los Estados Unidos a los 8

Los comentarios de Lupe reflejan la profundidad de su angustia por su futuro incierto como joven indocumentada hija de inmigrantes en California. Finalmente, ella decidió estudiar en la Universidad de California. El comentario de Lupe refleja las luchas a las que se enfrentan los hijos de mejicanos y otros inmigrantes indocumentados de América Latina, ya que se enfrentan a estos obstáculos en su integración en la sociedad estadounidense. Para apreciar lo que son estos obstáculos y tener en cuenta sus esfuerzos para superarlos, necesitamos empezar por preguntar, ¿quiénes son los hijos de los inmigrantes? Los hijos de inmigrantes son aquellos traídos a los Estados Unidos cuando son niños y los que nacieron en los Estados Unidos (segunda generación). Un nivel añadido de complejidad es el estatus migratorio de los padres que pueden ser inmigrantes irregulares, residentes legales o ciudadanos naturalizados.

La literatura se refiere a la generación 1.5 como aquellos que emigraron a una temprana edad (por lo general, menores de quince o dieciséis años de edad), reconociendo el hecho de que la mayor parte o la totalidad de sus estudios y gran parte de su desarrollo cultural y social se producen en el país de acogida (Olivas 2012; Portes y Rumbaut 2001; Rincón 2008; Rumbaut 2004). Según la investigación del Pew Hispanic Center, en el año 2008 había 1.5 millones de niños en situación irregular menores de dieciocho años de edad que vivían en los Estados Unidos (Passel y Cohn 2009). Aunque hay muchas similitudes entre la inmigración irregular de la generación 1.5 y los niños de la segunda generación de inmigrantes, hay una diferencia importante entre ellos, esto es, su relación con el estatus de ciudadanía (Bean, Brown, y Rumbaut 2006). En particular, algunos de la generación 1.5 experimentaron una condición de irregularidad debido a su entrada ilegal en los Estados Unidos. Pasar de una situación de inmigrante irregular a ser un residente legal permanente se ha dificultado como resultado de los cambios en las leyes de inmigración de EE.UU., especialmente la Ley de Responsabilidad y Reforma de Inmigración Ilegal de 1996. Muchos inmigrantes de la generación 1.5 siguen viviendo en los Estados Unidos sin documentación adecuada por parte del gobierno federal (Bunis y García 1997)[1] sus padres podrían ser inmigrantes indocumentados, residentes legales o ciudadanos naturalizados.

"Ilegal" se refiere a los residentes no autorizados que entraron en el país sin permiso de las autoridades gubernamentales, o pueden haber entrado con permiso – visados de turista o de estudiante – pero que sobrepasaron la estancia permitida en los EE.UU. La "ilegalidad," como Susan B. Coutin observa, ha significado que "las personas pueden estar físicamente presentes pero legalmente ausentes, existentes en un espacio fuera de la sociedad, un espacio de 'no existencia,' un espacio que no es en realidad 'otro lugar' o más allá de las fronteras, sino que es más bien una dimensión oculta de la realidad social" (2007: 9). Una ligera variación en la representación de Coutin es que estar en situación irregular no es estar "fuera de la sociedad," sino que se le permite participar en algunos aspectos de la sociedad, la escolarización obligatoria, por ejemplo, pero no otros como el trabajo. Como condición, ser "ilegal" contribuye subjetivamente al entendimiento del mundo y de la identidad y, por lo tanto, debe mantenerse como un concepto y un identificador social (Coutin 2000; De Genova 2002; Menjívar 2006; Suárez Navaz 2004; Willen 2007).

La integración cultural y social de los hijos de inmigrantes irregulares no es tan fácil de caracterizar como, por ejemplo, la participación en el mercado laboral y sus ingresos (Hirschman 2013). La cultura no es una cosa, ni una cantidad, ni algo que crece linearmente a lo largo de un año. La cultura y el cambio cultural son más efímeros, a menudo, captados indirectamente. Más aún los cambios en las creencias y prácticas culturales pueden ocurrir en varias direcciones simultáneamente a menudo dificultando establecer aseveraciones causales. Los individuos y los grupos aprenden en su socialización, cuando comparten e intercambian ideas, estilos, preferencias y asisten al colegio y los servicios religiosos y se casan. La asimilación, aculturación y la hibridación se unen en la "tendencia principal", son términos que usamos para captar los cambios que tienen lugar entre los inmigrantes, sus descendientes y otros miembros de sus comunidades y de la nación (Alba y Nee 2003; Chávez 2006).

Integrar implica que las personas de diferentes orígenes raciales o étnicos se unen en una asociación sin restricciones y de igualdad ("se integran"). Varios factores influyen en la integración, uno de ellos, y no el menos importante, es el estatus migratorio (Bravo-Moreno 2009, 2012; Gonzales y Chávez 2012; Massey y Pren 2012). Dado que los niños en situación irregular crecen impregnados de la cultura en EE.UU., su irregularidad plantea dilemas fundamentales. A menudo deben tomar decisiones vitales críticas dentro de las limitaciones de su estatus migratorio como ilustra el comentario de Lupe al comienzo de este capítulo. Es importante destacar que la integración de los hijos de los inmigrantes no debe ser vista como una situación de se está o no se está integrado. Más bien, la integración se ve afectada por una miríada de factores que están a menudo en proceso de cambio. Incluso el estatus de irregularidad no es fijo, ya que existen leyes para la regularización de esa población inmigrante, a pesar de que estas leyes se hayan convertido en mucho más restrictivas con el tiempo. La política de "acción diferida para la llegada de las niñas y niños" (*Deferred Action for Childhood Arrivals*, DACA) del presidente Obama permite a los hijos e hijas de inmigrantes irregulares, la generación 1.5, solicitar una concesión de medidas (*grant of relief*) al Departamento de Seguridad Nacional y este es un ejemplo de la naturaleza flexible de estatus migratorio (Chávez 2013; Gonzales y Terriquez 2013). Además, el Congreso de EE.UU. podría aprobar una reforma migratoria que también proporcione avenidas más amplias para la regularización del estatus migratorio, como se hizo en 1986 con la Ley de Reforma y Control de Inmigración (IRCA). Ello resultó en que un 70 por ciento de inmigrantes irregulares entre 1986 y 1988 pudieron cambiar su situación jurídica, por lo general, a una residencia legal permanente (Yoshikawa y Kholoptseva 2013: 9).

La clave es no considerar la irregularidad como el único factor que influye en el apego a la sociedad estadounidense, ni debe ser el foco de la política de integración social y cultural de los inmigrantes y de sus hijos (Jones-Correa y Graauw 2013). Al mismo tiempo, no debemos minimizar el efecto que la regularización de la situación de los inmigrantes irregulares de la generación 1.5 tendría en su integración (Massey 2013). Este capítulo examina varios factores que indican cómo se están integrando los hijos de mejicanos y otros inmigrantes latinoamericanos en la sociedad estadounidense: el uso del español y del inglés, la educación y el nivel de ingresos. Sin embargo, para contextualizar estos ejemplos de integración, comienzo por un breve análisis sobre la forma en que se han caracterizado los hijos de mejicanos y otros inmigrantes de América Latina en el discurso público estadounidense como si fueran una amenaza para la sociedad. Las vidas de los hijos de los inmigrantes mejicanos y otros inmigrantes de Latino América de cualquier estatus migratorio y ciudadano existen dentro de un discurso anti-inmigrante, anti-mejicano y anti-latino más amplio que se ha centrado en una política de reproducción (Bravo-Moreno 2003, 2006; Chavez 2004).

Cuestiones tales como el cambio demográfico, las tasas de fecundidad de los inmigrantes y de sus hijos, el "oscurecimiento" de los americanos y la "toma de poder" del suroeste de los EE.UU. caracterizan el discurso público sobre los hijos de los mejicanos y de otros inmigrantes latinoamericanos. Este discurso de amenaza dificulta el desarrollo de políticas y leyes que faciliten la integración de estos jóvenes. En el siguiente apartado se analiza este discurso sobre la amenaza latina y la ambigua posición en la que sitúa a las hijas e hijos de la población inmigrante.

Discurso público sobre los hijos de inmigrantes como una amenaza

La integración de los niños extranjeros y nacidos en Estados Unidos de inmigrantes en situación irregular se enmarca en un discurso público que se centra en los peligros de la capacidad reproductiva de Méjico, y de otras mujeres y hombres de América Latina, tanto extranjeros como nacionales. Durante los últimos cincuenta años, el discurso sobre la inmigración en los Estados Unidos se ha vuelto decididamente más alarmista, especialmente en relación con Méjico y otros inmigrantes latinoamericanos, lo que he denominado la narrativa de la amenaza latina (Chávez 2001). El debate, a menudo vociferante, se ha ampliado para incluir a los latinos nacidos en Estados Unidos cuya reproducción, tanto biológica como social, se ha caracterizado como una amenaza para la nación (Chávez 2013). La amenaza se basa en un conjunto de creencias: que las mejicanas y mejicanos así como otros latinoamericanos no pueden, o no quieren controlar su fertilidad; que los latinos, encabezados por los mejicanos y mejicano-americanos, no están dispuestos a integrarse socialmente, no están dispuestos a aprender inglés y la cultura en los EE.UU., y se están preparando para apoderarse del suroeste de los Estados Unidos.

Elevado índice de fertilidad y de crecimiento poblacional

El tema de la "alta" fertilidad de las mujeres mejicanas apareció en *U.S. News & World Report* del 4 de julio de 1977. La portada de la revista se titulaba: "BOMBA DE RELOJERÍA EN MÉJICO: "¿Por qué no se pondrá fin a la invasión de 'Ilegales'?". El artículo aclaró que la "bomba de relojería" era la población de Méjico y la tasa de crecimiento que resultaría. El artículo destacó la fertilidad de los mejicanos y su incapacidad de producir puestos de trabajo para su población y que, como consecuencia, daría lugar a una mayor presión de la inmigración sobre los Estados Unidos en el futuro. Es importante señalar que *U.S. News & World Report* llamaron la atención de sus lectores sobre la amenaza externa que planteaba la capacidad reproductiva de las mujeres mejicanas, una amenaza que también era interna porque no solo se trataba de las mujeres inmigrantes mejicanas y su elevado nivel de fertilidad, sino también se trataba de sus hijas e hijos nacidos en los Estados Unidos resultando en un rápido crecimiento de población latina en los Estados Unidos.

El crecimiento de la población latina en EE.UU. a menudo se combina con la disminución de la población inmigrante procedente de Europa y de la proporción cada vez menor de los blancos entre la población de los EE.UU. Por ejemplo, la edición de la revista *Newsweek* del 17 de enero de 1983 señalaba que entre 1970 y 1980 la población latina creció un 61 por ciento, en gran parte debido a la inmigración y a las tasas de fecundidad más elevadas, y porque desde mediados de la década de 1960 hubo un 46,4 por ciento menos de inmigrantes procedentes de Europa. La política de fertilidad y de reproducción no se limita a los inmigrantes latinos, sino que se incluye a las latinas nacidas en Estados Unidos, cuya presunta elevada fecundidad se caracteriza por ser, en parte, responsable de los cambios demográficos en la composición racial de la nación estadounidense.

Un segundo tema se centra en el uso que los inmigrantes irregulares hacen de los servicios sociales, "sacándoles" los puestos de trabajo a los ciudanos estadounidenses, y delinquiendo. La edición de 25 de abril, 1977 de la revista *U.S. News & World Report* se centró en estos temas, comenzando por el titular: "¿Crisis fronteriza? Los Ilegales Fuera de Control." La metáfora sobre la invasión planteó la posibilidad de una nación en estado de sitio, cuya seguridad nacional estaba en juego: "No hay duda: los EE.UU. han perdido el control de sus fronteras" (Kelly 1977: 33). Pero en concreto a lo que hace referencia la expresión "fuera de control" es el uso de los servicios sociales y las ayudas sociales que pone en peligro la seguridad económica de la nación.

Los temas a menudo se entrelazan, especialmente los de la reproducción latina biológica y social, la inmigración y el uso excesivo de los servicios sociales. Tanto *U.S. News & World Report* (7 de marzo de 1983) como la revista *Newsweek* (25 de junio de 1984) publicaron portadas que servían como ejemplos. La portada de *U.S. News & World Report* anunció "La invasión de México: Sigue creciendo," ilustrada con una fotografía de hombres y mujeres siendo transportados por un canal. A la cabeza había una mujer sentada sobre los hombros de un hombre. *Newsweek* utilizó una cobertura similar, una fotografía de un hombre que lleva a una mujer a través de un río poco profundo. La mujer llevaba un pañuelo en la cabeza y un largo chal, su bolso lo llevaba un hombre, lo que sugiere que estaban viajando por algún lugar con un propósito y durante un largo periodo de tiempo.

La mujer sostenía un bastón. El título decía: "¿Se está cerrando la puerta? El enfurecido debate sobre la inmigración ilegal. Cruzando el Río Grande."

Con las mujeres de forma tan destacada en las portadas de estas dos revistas nacionales advertían de una "invasión" y también se relacionaba con la fertilidad y la reproducción. En lugar de un ejército invasor, o de un trabajador migrante estereotipado, las imágenes sugieren una invasión más insidiosa, que incluye la capacidad de los invasores para reproducirse. Las mujeres que llegan a territorio estadounidense traen consigo las semillas de futuras generaciones. En las imágenes no se señala simplemente una preocupación por los trabajadores indocumentados, sino la preocupación por los inmigrantes que se quedan y se reproducen en sus familias y, por extensión, sus comunidades en los Estados Unidos. Estas imágenes y los artículos que las acompañan, centraron la atención en las cuestiones de crecimiento de la población, el uso de la atención prenatal, los servicios de salud de los niños, la educación y otros servicios sociales. John Tanton, un oftalmólogo de Michigan, que había sido presidente de la organización denominada "Crecimiento Cero de la Población" y el fundador de la Federación para la Reforma Migratoria Estadounidense, declaró en términos hiperbólicos su visión sobre la importancia de la inmigración en el alarmante cambio demográfico. También fue un ardiente promotor del control de la población, la restricción de la inmigración, y convertir el inglés en el idioma oficial de los Estados Unidos. Tanton escribió un memorando, ahora infame, en 1988 acerca de la fertilidad latina y de "la avalancha latina": "¿Traerán los inmigrantes latinoamericanos consigo la tradición de la mordida (soborno), la falta de participación en los asuntos públicos, etc.? ¿Entregará pacíficamente la población mayoritaria actual su poder político a un grupo que es simplemente más fértil? ... Sobre la cuestión demográfica: ¡Tal vez este es el primer caso en el que los que tienen la bragueta subida van a quedarse atrapados por los que no la tienen"! (Conniff 1993: 24).

La edición del *National Review* del 22 de Junio de 1992 presentaba una ilustración de la Estatua de la Libertad con una expresión muy seria en su rostro y su brazo extendido con la palma hacia arriba en un gesto vacilante. El texto nos informaba de que estaba redirigiendo el flujo de inmigrantes hacia otro país: "¿Cansado? ¿Pobre? ¿Acurrucado? ¿Arrojados por la tempestad? Inténtelo en Australia. Repensar la Inmigración." En el artículo de fondo, "Es hora de repensar la Inmigración", Peter Brimelow (1992: 45) percibía a los hispanos como particularmente problemáticos: "La emergencia de una extraña anti-nación dentro de los EE.UU. es sintomático de la anti-idea americana, los llamados hispanos". Brimelow utiliza los latinos como un púlpito acosador desde el que lanzar una diatriba sobre el bilingüismo; multiculturalismo; votos multilingües; la ciudadanía para los hijos de los inmigrantes ilegales; el abandono del inglés como requisito previo para la ciudadanía; la erosión de la ciudadanía como único requisito para votar; el bienestar y la educación de los inmigrantes ilegales y sus hijos; y del Congreso y la distribución legislativa estatal basada en las poblaciones en las que se encuentran los inmigrantes irregulares (Brimelow 1992). Para Brimelow y *The National Review*, los latinos eran un problema por su reproducción biológica y social.

La amenaza planteada por los hijos de inmigrantes irregulares era evidente en el debate en torno a la Proposición 187 de California en 1992. Aunque esta proposición era aparentemente sobre la mano de obra irregular, el coste de sus hijos era lo más importante. Los promotores de la Proposición 187 trataron de frenar la inmigración irregular al negarles los servicios sociales, en particular, la atención prenatal y la educación y los servicios de sanidad para sus hijos. Bette Hammond, una de las organizadoras de la Proposición 187 hizo hincapié en la amenaza de la reproducción: "Vienen aquí, tienen a sus bebés, y cuando se convierten en ciudadanos todos esos niños utilizan los servicios sociales" (Kadetsky 1994). Pete Wilson, gobernador de California de 1991 a 1999, también denegó a las mujeres inmigrantes irregulares la atención prenatal como una prioridad de su administración (Lesher y McDonnell 1996). La Ley de Reforma del Bienestar de 1996 también se dirigió a los servicios médicos para las mujeres inmigrantes (Fix y Passel 1999).

La amenaza de la fertilidad mejicana a la sociedad americana continúa en el siglo XXI. En 2004, Samuel P. Huntington (2004: 32) dio la alarma en la revista Foreign Policy: "En esta nueva era, el desafío más inmediato y más serio a la identidad tradicional de los Estados Unidos proviene de la inmensa y continua inmigración de América Latina, especialmente de Méjico, y las tasas de fecundidad de los inmigrantes en comparación con los nativos americanos blancos y negros".

Reconquista del suroeste de los EE.UU.

La reproducción, la inmigración y la reconquista se mezclaron en la cubierta de *U.S. News & World Report* del 19 de agosto de 1985. El título de la portada anunciaba: "La frontera que desaparece: ¿Creará la migración mexicana una nueva nación?" El artículo que se adjunta titulado "La desaparición de fronteras" (Lang y Thornton 1985: 30), caracteriza la reconquista:

> Ahora suena la marcha de los nuevos conquistadores en el suroeste de los Estados Unidos. Los herederos de Cortés y Coronado están alzándose de nuevo en la tierra de sus antepasados que se la arrebataron a los indios y que la perdieron ante los estadounidenses. Por imposición demográfica y cultural los hispanos están cambiando la política, la economía y la lengua en los Estados de los Estados Unidos que tienen frontera con México. ... Su movimiento es, pese a su carácter tranquilo y en gran medida pacífico, tanto una invasión como una revuelta. A la vanguardia están los nacidos aquí, cuyas raíces son profundas después de haber vivido durante generaciones aquí, sobreviviendo a la dominación anglosajona y que están ascendiendo dentro del sistema estadounidense, para tomar el poder que consideran su derecho de nacimiento. Detrás de ellos viene una masa imparable, sus parientes que residen más abajo de la frontera, quienes también reclaman tierras ancestrales en el suroeste, que era la mitad norte de Méjico hasta que los EE.UU. se lo arrebató a mediados de la década de 1800.

Es significativo, en esta representación de la narrativa de la reconquista, que la amenaza se extiende a los estadounidenses de origen mejicano cuyas familias han vivido muchas generaciones en los Estados Unidos. Sus "números en expansión" (léase: el crecimiento demográfico) son el combustible que hace la reconquista posible. También es notable que incluso después de generaciones, los mejicano-americanos se caracterizan por no estar socialmente integrados hasta el punto de ser una amenaza interna. En esencia, su lealtad a la nación es sospechosa ya que se representan como parte de una conspiración para apoderarse del territorio de los EE.UU. Samuel P. Huntington alertó de que un mejicano asumiría el control: "La invasión de más de 1 millón de civiles mejicanos es una amenaza (comparable con un millón de soldados mejicanos) a la seguridad de la sociedad americana, y los estadounidenses deben reaccionar contra esta amenza con una fuerza similar. La inmigración mejicana se perfila como un desafío único y perturbador hacia nuestra integridad cultural, nuestra identidad nacional, y potencialmente a nuestro futuro como país" (Huntington 2000: 22).

El efecto combinado de las representaciones de la amenaza de la fertilidad fuera de control, la amenaza del uso excesivo de los servicios sociales por parte de los inmigrantes, y la amenaza de una reconquista de los Estados Unidos es retratar a los latinos como una amenaza para la nación. Como Pat Buchanan dijo en MSNBC (24 de marzo de 2009):

> Creo que Méjico es la mayor crisis de política exterior a la que Estados Unidos se enfrenta en los próximos 20 ó 30 años. ¿A quién le va a importar de aquí a 30 años si un suní o un chií esté en el poder en Bagdad o quién gobierne en Kabul? Vamos a tener 135 millones de hispanos en los Estados Unidos en 2050, muy concentrados en el suroeste. La cuestión es si vamos a sobrevivir como país.

La supuesta inminente toma de control – la reconquista – del suroeste de Estados Unidos llevó al gobernador de Arizona, Jan Brewer, a firmar la Ley del Estado sobre los estudios étnicos, conocida como HB 2281, el 12 de mayo de 2010. La Ley dice: "Un distrito escolar o las escuelas subvencionadas en este Estado no incluirán en su programa de educación ningún curso que incluya los siguientes temas: 1 Promover el derrocamiento del gobierno de los Estados Unidos."[1] Posteriormente los grupos anti-inmigrantes en Arizona utilizaron esta ley para deshacerse de los estudios mejicano-americanos en las escuelas secundarias de Arizona, alegando que estos programas promovían una toma de posesión de los Estados Unidos de América. Las reclamaciones carecían de evidencia, pero la omnipresencia de la narrativa sobre la amenaza latina ahogaba cualquier prueba de lo contrario (*LA Times* 2012).

Tales temores no se han perdido en la retórica que rodea las campañas políticas. Por ejemplo, basta con que se fotografíen tres hombres que parecen mejicanos, con el subtítulo de "Illegal Aliens" ["ilegales"], y esto es suficiente para evocar la narrativa sobre la amenaza latina, como demostró el anuncio de Sharron Angle postulándose contra Harry Reid para el escaño en el Senado de EE.UU. en Nevada en 2010. Al final resultó que estos jóvenes habían sido fotografiados en Méjico, y que no habían pisado los Estados Unidos. Otro ejemplo fue el anuncio político del senador de Arizona Russell Pearce. El anuncio mostraba una fotografía de una mujer sujetando a una niña y a su alrededor otros niños de diferentes edades sentados en el suelo en un lugar que parece un desierto, como si estuvieran descansando mientras cruzan la frontera entre Méjico y EE.UU. Las palabras "Terminar con la ciudadanía como derecho al nacer en suelo estadounidense" están escritas en negrita bajo la imagen. Aunque la mujer no parece estar embarazada está sujetando a una niña pequeña, elementos que evocan lo que dice Daniel Ibáñez Morales (2009: 65): "La visión paradigmática de la inmigración 'ilegal' seguramente incluye una mujer mejicana de piel morena y mestiza embarazada de nueve meses cruzando el Río Grande al amparo de la noche."

En la misma línea, el candidato presidencial Herman Caín utilizó la amenaza latina para promover el entusiasmo de la multitud en un mitin en Tennessee el 15 de octubre 2011. Propuso hacer frente a la inmigración mediante la construcción de un muro en la frontera de Méjico y Estados Unidos: "Tendrá 6 metros de altura con alambre de púas en la parte superior, electrificada y con un cartel al otro lado que diga: "Advertencia: Te vas a matar" (Wyatt 2011). A pesar de que más tarde afirmó que había sido una broma, también dijo que consideraría tal política bajo su presidencia. Incluso como una broma, la visión de inmigrantes mejicanos electrocutados es una imagen muy preocupante. Pero tales medidas drásticas retóricamente coinciden con la caracterización extrema de los inmigrantes mejicanos como una amenaza para la nación. La política de inmigración también se refleja en las políticas públicas y en las leyes. Dos ejemplos de la administración del presidente Obama lo muestran con claridad: en primer lugar, el presidente Obama respondió a la preocupación del público por la inmigración aumentando la amenza de la deportación para los inmigrantes indocumentados. En 2009 se deportaron 387.790 personas, un aumento del 5% con respecto a 2008, el último año bajo la administración de George W. Bush (Medrano 2010).

Sin embargo, en un cambio dramático en la política, la administración de Obama, en agosto de 2011, se inició la revisión de todos los casos de deportación. Los que no habían sido condenados por un delito posiblemente recibirían una suspensión de su deportación y se les permitiría la estancia y también solicitar permisos de trabajo (Preston 2011). Sin embargo, a finales del mes de marzo de 2012, la revisión de cerca de 300.000 casos de deportación pendientes sólo había dado lugar a que a 2.609 hombres y mujeres se les permitiera permanecer temporalmente en los Estados Unidos (Foley 2012). En segundo lugar, el presidente Obama inició la Acción Diferida para los niños y niñas recién llegados (Deferred Action for Childhood Arrivals – DACA) el 15 de junio de 2012. DACA permite que el Departamento de Seguridad Nacional conceda indemnizaciones a las personas en situación irregular que hayan recibido la orden de abandonar el país o la concesión de indemnizaciones a las personas en situacion irregular que han llegado, pero que no han sido sometidos a un proceso de deportación. DACA. Para poder ser elegido los inmigrantes en situación irregular deben de haber llegado a los Estados Unidos siendo menores de 16 años o ser menores de 31 años a fecha del 15 de junio de 2012 o que hayan vivido continuamente en los Estados Unidos a partir del 15 de junio de 2017 y no hayan cometido un delito grave o un delito menor signficativo y que no plantean una amenaza para la seguridad nacional y han seguido una formación o el servicio militar.

Es importante destacar que DACA no ofrece un cambio al estatus de residente legal permanente o la ciudadanía. Las personas que llegan a los Estados Unidos bajo DACA se enfrentan a una posible deportación en el futuro, a menos que el Congreso apruebe una reforma migratoria integral y proporcional, esto es, una via hacia la ciudadanía. Mientras tanto, las personas que reciben la acción diferida se consideran bajo el manto de la ley en los Estados Unidos y pueden solicitar un permiso laboral, obtener el permiso de conducir y beneficios del Estado (Winograd 2012). El debate público sobre la inmigración y las posibles amenazas planteadas por los hijos de inmigrantes indocumentados enmarca cuestiones de integración social y cultural. El comentario de Lupe al comienzo de este capítulo indica la desesperación que algunos jóvenes en situación irregular pueden sentir dadas sus limitadas opciones en la educación y el mercado laboral. Siguiendo a Lupe Catarina, de 21 años de edad, estudiante de la Universidad de California, con una media de nota de 3,9 (considerada una nota muy alta) llegó a los Estados Unidos cuando tenía 8 años. Catarina habló específicamente sobre integración y pertenencia:

Creo que si tienes obstáculos para integrarte, significa que no quieren que te integres. Obviamente, te ponen obstáculos para que no te integres, por lo que concluyes que ...¿sabes qué? no me quiero integrar. Incluso si ustedes deciden en algún momento que quieren que me integre por alguna razón, ya no deseo integrarme. Después del 11 de septiembre me sentí americana. Y es sorprendente porque, independientemente de las desigualdades políticas, pienso en mi vida y lo que habría sido si no hubiera estado aquí. Y aquí estoy. Hay obstáculos, pero es mejor. Es mejor aquí, incluso con las desigualdades. Supongo que es la naturaleza humana. Sólo queremos algo mejor.

La prevalencia de la narrativa de la amenaza latina ha conducido a las contra-narrativas, sobre todo entre la generación 1.5, los conocidos como los soñadores (DREAMers) haciendo referencia a la Ley de Desarrollo, Ayuda y Educación de Menores Extranjeros (DREAM Act). En lugar de aceptar pasivamente esta situación, muchos estudiantes en situación irregular de todo el país se han unido bajo la bandera IRREGULARES Y SIN MIEDO que formó una serie de organizaciones, tales como La Liga de Justicia para los Jóvenes Inmigrantes y la Coalición DREAM Act con el objetivo de promover una legislación federal que proveyera una manera de legalizar su situación que les permitiese acceder a la educación obligatoria, a las universidades, recibir ayuda económica federal, alistarse en el ejército y buscar otras vías de integración social. Este debate sobre la narrativa de amenaza dirigido a los y las jóvenes latinos sugiere una serie de preguntas: ¿ Se están integrando los hijos de los mejicanos y otros inmigrantes latinoamericanos en la sociedad y cultura de los EE.UU.? ¿Desean estos jóvenes aculturarse a los EE.UU.? Para explorar estas cuestiones, este capítulo examina factores como la educación, los ingresos económicos, qué lengua utilizan, con quién se casan y cuáles son sus preferencias religiosas.

Analizando la integración sociocultural

Para examinar la integración de los hijos adultos de inmigrantes mejicanos en el área de Los Angeles (California) utilizaré el proyecto sobre "Inmigración y Movilidad Intergeneracional en el Área Metropolitana de

Los Ángeles" (IIMMLA). Los investigadores principales fueron Rubén G. Rumbaut, Frank D. Bean, Susan K. Brown, Leo R. Chávez, Louis DeSipio, Jennifer Lee, y Min Zhou. Fue llevado a cabo en el año 2004 con el apoyo de la Fundación Russell Sage y nos centramos en los niños y jóvenes adultos de inmigrantes que formaban parte de las principales poblaciones de inmigrantes en los cinco condados del área metropolitana de Los Angeles (desde el condado de Ventura, en el norte de Riverside hasta San Bernardino en el sur) y se utilizó una encuesta telefónica al azar para recoger información de 4.780 personas de entre 20 y 40 años y que su madre o padre fuera inmigrante.

El estudio se diseñó como una muestra de probabilidad aleatoria de las personas cuyos padres eran de nacionalidad mejicana, o de centroamérica (El Salvador o Guatemala), o de China (tanto de la parte continental como de Taiwan), o de nacionalidad filipina, coreana o vietnamita, que residían en hogares con teléfono en el área metropolitana de Los Ángeles. Debido a la importancia del grupo de origen mejicano en la experiencia inmigrante en Los Ángeles, realizamos un sobre-muestreo de la población mejicana. Este capítulo se centra en los encuestados de origen mexicano.[3] El proyecto IIMMLA encuestó a inmigrantes mejicanos adultos (N = 125), a jóvenes de la generación 1.5 hijos e hijas de inmigrantes mejicanos (N = 190) de segunda generación, a los hijos e hijas de inmigrantes mejicanos nacidos en los Estados Unidos (N = 553), y a mejicano-americanos de tercera generación o de generaciones posteriores (N = 401).

El idioma

El idioma es un aspecto clave de la integración cultural. Casi todos los hijos adultos de inmigrantes mejicanos en el área de Los Ángeles crecieron en hogares donde se hablaba español. Claramente, sus padres eran de habla hispana que se comunicaban con sus hijos en su lengua materna. Sin embargo, muchos de estos hijos adultos de inmigrantes ahora prefieren hablar inglés en casa, con la segunda generación nacida en Estados Unidos (64%), es casi el doble de probable que en el caso de la generación 1.5 (38%). Sólo el 25% de la tercera generación o de generaciones posteriores que viven en los Estados Unidos hablaba español en casa durante su crianza, y ahora casi todos (96%) prefieren hablar inglés en casa.

Este cambio de español a inglés puede ocurrir rápidamente, de padres migrantes a sus hijos nacidos en los Estados Unidos y de generaciones venideras. Más aún, mientras que los hijos de los inmigrantes pueden hablar español, sólo alrededor de la mitad dijo que hablaban muy bien. Los hallazgos, sin embargo, indican un mayor nivel de comprensión de la lengua oral. Hacia la tercera generación y en las posteriores se da una marcada disminución de la fluidez con la que pueden hablar, comprender y leer el español. El sistema educativo de California no parece que funcione adecuadamente con relación al desarrollo del bilingüismo o de la retención de las habilidades de lectura del español y de su práctica oral. Más bien, los hijos de los inmigrantes mejicanos adquieren rápidamente el idioma inglés. Estos patrones sugieren que la aculturación lingüística está ocurriendo entre la población de origen mejicana en California. A nivel nacional, según el Censo de los EE.UU., aproximadamente el 92% de los niños y niñas nacidos de inmigrantes latinoamericanos en Estados Unidos hablan inglés bien o mejor que el español.[4]

Educación

El patrón más relevante en el nivel de educación es la diferencia entre los niños y niñas nacidos en Méjico y aquellos nacidos en los Estados Unidos de inmigrantes mejicanos. Muchos (37%) de la generación 1.5 no terminaron la educación secundaria, en comparación con sólo el 19% de la segunda y posteriores generaciones. Menos de la generación 1.5 (38%) se matriculó en cursos a nivel universitario o de diplomatura en comparación con la segunda generación (53%) y la tercera generación o posteriores (55%).

Cada una de las generaciones examinadas mejoró el nivel educativo alcanzado por sus padres. La generación 1.5 superó a sus padres (19%) y a sus madres (14%) en la tasa de finalización de la educación secundaria, y era más probable que hubieran estudiado niveles superiores a la educación secundaria que sus padres (12%) y madres (9%). Era más probable que la segunda generación obtuviera parte o la totalidad de una educación post-secundaria (23% de los padres y el 20% de las madres). Un patrón similar resultaba evidente en la tercera generación o anteriores, el 36% de sus padres y el 23% de sus madres continuó su educación después de la secundaria.

Aunque los hijos de los inmigrantes han superado los niveles de educación de sus padres, siguen a la zaga de sus homólogos blancos y negros en el área de Los Ángeles. Como se señaló anteriormente, también recopilamos información de 406 blancos de tercera generación y posteriores y de 405 negros. Era más probable que tanto los blancos (76%) como los negros (65%) tuvieran algunos años de educación universitaria o hubieran finalizado sus estudios universitarios en comparación con los pocos más de la mitad de la segunda generación, la tercera y posteriores generaciones de origen mejicano en este estudio.

Además, el nivel educativo de la generación 1.5 se complica por su estatus migratorio. Casi la mitad de los entrevistados eran inmigrantes en situación irregular de la generación 1,5 que habían entrado en EE.UU. ilegalmente y el 19% todavía estaban en situación irregular en el momento de la entrevista. En los Estados Unidos, los niños en situación irregular tienen acceso a la educación primaria y secundaria como resultado de la decisión de la Corte Suprema de los EE.UU. en el caso Plyler v Doe en 1982 (Olivas 2012). El acceso a la universidad, sin embargo, ha tenido una historia más complicada y varía según los Estados. Algunos Estados no permiten a los estudiantes en situación irregular el acceso a las universidades financiadas públicamente, mientras que otras universidades permiten el acceso, pero cobran la matrícula como si fueran estudiantes extranjeros, que suele ser mucho más cara que la de aquellos estudiantes con residencia en el Estado, y se les prohíbe tener acceso a becas. Actualmente California permite a los estudiantes en situación irregular tener acceso a las universidades públicas y pagan como residentes del Estado de California (Abrego 2008). Sin embargo, hasta el alivio temporal proporcionado por DACA, los jóvenes en situación irregular educados en California y en los Estados Unidos no podían trabajar legalmente en los Estados Unidos (Gonzales y Terriquez

2013). Es importante destacar que DACA sólo ofrece una solución temporal a este dilema, y sólo una reforma migratoria integral, con una vía hacia la ciudadanía, pueden solventar permanentemente esta situación.

Las entrevistas se llevaron antes de DACA y muestran el dilema al que se enfrenta la generación 1.5 en situación irregular y que se refleja en el comentario de Lupe que figura al comienzo de este capítulo. En ese momento, los jóvenes no sabían si obtener una educación valía la pena si no podían trabajar legalmente. Estos obstáculos a la educación y al mercado laboral legal se reflejan en la educación y en los ingresos. Se observó que la generación 1.5, de hijos de inmigrantes mejicanos, que llegó a los Estados Unidos ilegalmente era menos propensa (33%) que aquellos que habían entrado legalmente (43%) de haber continuado su educación después de la secundaria. Sin embargo, sólo el 11% de la generación 1.5 que aún seguía en situación irregular en el momento de la entrevista obtuvo algún tipo de educación después de la secundaria. Se enfrentaban al dilema del que Lupe hablaba: no poder encontrar una manera de superar los obstáculos.

Una última cuestión sobre el estatus migratorio y la narrativa sobre la amenaza latina se refiere a los hijos nacidos en Estados Unidos de inmigrantes en situación irregular. Debido a que estos niños y niñas son ciudadanos estadounidenses no deberían tener ningún problema en su acceso a la educación primaria y secundaria. Todo lo que los padres deben de demostrar es que residen en el distrito de la escuela, y esto pueden hacerlo con un recibo de gas, de electricidad o de alquiler o con cualquier otro documento que tenga su dirección postal. Sin embargo, ha habido suficientes casos de administrativos en las escuelas que exigen de los padres que demuestren que son residentes legales de los Estados Unidos, una práctica que ha llevado a algunos padres a no inscribir a sus hijos en las escuelas públicas, incluyendo niños que son ciudadanos por haber nacido en los EE.UU. El problema es lo suficientemente grave para que los Departamentos de Justicia y de Educación de EE.UU. hayan tomado medidas mediante el establecimiento de directrices sobre la adecuada identificación requerida a los padres inmigrantes (Phelps 2014).

El menor nivel de estudios y la ley existente en contra del empleo de inmigrantes en situación irregular se refleja en los ingresos personales de la generación 1.5. Sólo el 20% de los que originalmente entró en el país ilegalmente tenía $ 30.000 de ingresos personales anuales o más, comparado con

el 36% que entró legalmente. En comparación, el 34% de la segunda generación y el 41% de la tercera generación o posteriores que tenían $30.000 de
ingresos o más. Pero el dato de los ingresos es más dramático para aquellos
de la generación 1.5 que seguían en situación irregular en el momento de la
entrevista. Sólo el 2% tenía ingresos personales de $ 30.000 o más.

Conclusión

La aculturación lingüística está ocurriendo con bastante rapidez entre los
hijos de los inmigrantes mejicanos en el área de Los Ángeles. Sin embargo,
la integración social de la generación 1.5 en términos de educación y de
ingresos es escasa y está seriamente perjudicada por su estatus migratorio.
Entrar al país como inmigrante en situación irregular sigue afectando
negativamente el nivel educativo y los ingresos personales. Permanecer en
el país como inmigrante en situación irregular es mucho peor. Estos hallazgos sugieren que las mejoras significativas en la integración sociocultural
no se producirán hasta que se ofrezca una solución más permanente a los
obstáculos a los que se enfrenta la generación 1.5. Más concretamente, la
integración sociocultural sería mucho mayor si se ofreciera la oportunidad
a la población inmigrante que está en situación irregular de convertirse
en residentes legales permanentes, esto es, el denominado camino hacia
la ciudadanía. Sin embargo, los responsables políticos tienen dificultades
para ponerse de acuerdo sobre una reforma migratoria integral, en parte
debido al discurso de la amenaza latina que se ha analizado en este capítulo.

Los hijos de inmigrantes mejicanos continuarán llevando la carga de
la incapacidad de los políticos para encontrar una solución racional a la
presencia de inmigrantes en situación irregular. Mientras que estos están
aprendiendo el idioma y la cultura de los Estados Unidos, los hijos de inmigrantes mejicanos no están siendo tratados en igualdad de condiciones en
la educación o en el mercado laboral. Las soluciones a corto plazo, como
DACA sólo alivian las ansiedades y los obstáculos para algunos miembros de
la generación 1.5 durante un tiempo breve. Se tendrán que ofrecer soluciones

más integrales a los hijos e hijas de los mejicanos para que disfruten de mejores oportunidades de integración sociocultural. Sin embargo, esto implicaría un nuevo discurso, no de amenaza, sino de contribución y de pertenencia.

El problema es que continuar en la situación actual no es una solución. La impresión subjetiva de los hijos de inmigrantes en situación irregular y de su lugar en la sociedad es de no ser aceptados, de ser desechables. Perciben que la sociedad está dispuesta a abandonarlos en un limbo político y social, en el que están presentes físicamente, pero ausentes legalmente. Incluso los hijos de inmigrantes en situación irregular que han nacido en los EE.UU. y que, por lo tanto, son ciudadanos a menudo sienten que llevan el estigma del estatus migratorio de sus padres (Chávez 2013). No son percepciones injustificadas, sino el resultado de experimentar la vida en los Estados Unidos, una vida en la que sus metas se encuentran a la espera de decisiones políticas. Sus vidas se colocan en vía muerta o se descarrilan aparentemente sin que la sociedad, en general, se preocupe. Repitiendo el lamento conmovedor de Catarina: "Te ponen obstáculos para que no te integres, por lo que concluyes que ... ¿sabes qué? no me quiero integrar. Incluso si ustedes deciden en algún momento que quieren que me integre por alguna razón, ya no deseo integrarme". Tal desesperación entre los hijos de inmigrantes en situación irregular refleja los obstáculos reales para su integración social y cultural. A pesar de encontrar soluciones políticas capaces de reducir estos obstáculos, esas soluciones están sumidas en muchos desacuerdos fundamentales sobre la inmigración, y contaminadas por la narrativa sobre la amenaza latina. Algo en lo que toda la nación debería estar de acuerdo es que estos jóvenes son parte del futuro de los Estados Unidos; por lo tanto, sus oportunidades deberían mejorarse no limitarse por su propio bien y por el bien de la nación.

Referencias

Abrego, Leisy J. (2006). "I Can't Go To College Because I Don't Have Papers": Incorporation Patterns of Latino Undocumented Youth. *Latino Studies* 4: 212–231.

—— (2008). Legitimacy, Social Identity, and the Mobilization of Law: The Effects of Assembly Bill 540 on Undocumented Students in California. *Law & Social Inquiry* 33 (3): 709–734.

—— (2011). Legal Consciousness of Undocumented Latinos: Fear and Stigma as Barriers to Claims-Making for First- and 1.5-Generation Immigrants. *Law & Society Review* 45 (2): 337–370.

Alba, Richard D., and Victor Nee (2003). *Remaking the American Mainstream: Assimilation and Contemporary Immigration*. Cambridge: Harvard University Press.

Bean, Frank D., Susan K. Brown, and Rubén Rumbaut (2006). Mexican Immigrant Political and Economic Incorporation. *Perspectives on Politics* 4: 309–313.

Bravo-Moreno, Ana (2003). Desigualdades en la salud reproductiva de las mujeres inmigrantes en Madrid. Migraciones 13: 137–183.

—— (2006). *Migration, Gender and National Identity: Spanish Migrant Women in London*. Oxford: Peter Lang.

—— (2009). Socio-cultural Belonging in Legal Limbo. In *Representation, Expression and Identity: Interdisciplinary Perspective*, edited by T. Rahimy. pp. 53–68. Oxford: Inter-Disciplinary Press.

—— (2012). Negotiating identities in school settings: "Latinos" in Madrid and Buenos Aires. In *Enlightenment, Creativity and Education: Polities, Politics, Performances*, edited by L. Wikander, C. Gustafsson and Ulla Riis. pp. 209–230. Rotterdam: Sense Publishers.

Brimelow, Peter (1992). Time to Rethink Immigration? *The National Review*, June 22, 30–46.

Bunis, Dena, and Guillermo X. Garcia (1997). New Illegal-immigration law casts too wide a net, critics say. *The Orange County Register*, 31 March, News 1.

Chavez, Leo R. (2001). *Covering Immigration: Popular Images and the Politics of the Nation*. Berkeley: University of California Press.

—— (2004). A Glass Half Empty: Latina Reproduction and Public Discourse. *Human Organization* 63 (2): 173–188.

—— (2006). Culture Change and Cultural Reproduction: Lessons from Research on Transnational Migration. In *Globalization and Change in Fifteen Cultures: Born in one World and Living in Another*, edited by J. Stockard and G. Spindler. pp. 283–303. Belmont, CA: Thomson-Wadsworth.

—— (2013). Illegality Across Generations: Public Discourse and the Children of Undocumented Immigrants. In *Constructing "Illegality": Critiques, Immigrants' Experiences, and Responses*, edited by C. Menjivar and D. Kanstroom. Cambridge: Cambridge University Press.

—— (2013). *The Latino Threat: Constructing Citizens, Immigrants, and the Nation*. 2nd ed. Stanford: Stanford University Press.

Conniff, Ruth (1993). The War on Aliens: The Right Calls the Shots. *The Progressive*, October, 22–29.

Coutin, Susan Bibler (2000). Denationalization, Inclusion, and Exclusion: Negotiating the Boundaries of Belonging. *Journal of Global Legal Studies* 7: 585–594.

——(2007). *Nations of Emigrants: Shifting Boundaries of Citizenship in El Salvador and the United States*. Ithaca and London: Cornell University Press.

De Genova, Nicholas P. (2002). Migrant "Illegality" and Deportability in Everyday Life. *Annual Review of Anthropology* 31: 419–447.

Fix, Michael E., and Jeffrey S. Passel (1999). Trends in Noncitizens' and Citizens' Use of Public Benefits Following Welfare Reform: 1994–1997. Washington, DC: Urban Institute.

Foley, Elise (2012) Deportation Review Gives Reprieves to 2,609 Immigrants. *Huffington Post* (April 20). Disponible en: <http://www.huffingtonpost.com/2012/11/27/achieve-act-kay-bailey-hutchison-jon-kyl_n_2198732.html>.

Gonzales, Roberto G., and Leo R. Chavez (2012) "Awakening to a Nightmare": Abjectivity and Illegality in the Lives of Undocumented 1.5 Generation Latino Immigrants in the United States. *Current Anthropology* 53 (3): 255–281.

Gonzales, Roberto G., and Veronia Terriquez (2013). *How DACA is Impacting the Lives of Those Who Are Now DACAmented: Preliminary Findings from the National UnDACAmented Research Project*. Immigration Policy Center, Center for the Study of Immigrant Integrant, University of Southern California. Disponible en: <http://www.immigrationpolicy.org/just-facts/how-daca-impacting-lives-those-who-are-now-dacamented>.

Hirschman, Charles (2013). The Contributions of Immigrants to American Culture. *Daedalus* 142 (3): 26–47.

Huntington, Samuel P. (2000). The Special Case of Mexican Immigration: Why Mexico is a Problem. *The American Enterprise*, December, 20–22.

——(2004). The Hispanic Challenge. *Foreign Policy*, March/April, 30–45.

Jones-Correa, Michael, and Els de Graauw (2013). The Illegality Trap: The Politics of Immigration & the Lens of Illegality. *Daedalus* 142 (3): 185–198.

Kadetsky, Elizabeth (1994). "Save Our State" initiative: Bashing Illegals in California. *Nation*, October 17, 418–422.

Lang, John S., and Jeannye Thornton (1985). The disappearing Border: Will Mexican Migration Create a New Nation? *U.S. News & World Report*, August 19, 30.

LATIMES, Los Angeles Times (2012) A Lesson For Arizona. *Los Angeles Times*, June 10, A29.

Lesher, Dave, and Patrick McDonnell (1996). Wilson Calls Halt to Much Aid for Illegal Immigrants. *Los Angeles Times*, 28 August, A1.

Massey, Douglas S. (2013). America's Immigration Policy Fiasco: Learning From Past Mistakes. *Daedalus* 142 (3): 5–15.

Massey, Douglas S., and Karen A. Pren (2012). Unintended Consequences of US Immigration Policy: Explaining the Post-1965 Surge from Latin America. *Population and Development Review* 38 (1): 1–29.

Menjívar, Cecilia (2006). Liminal Legality: Salvadoran and Guatemalan Immigrants' Lives in the United States. *American Journal of Sociology* 111: 999–1037.

Morales, Daniel I. (2009). In Democracy's Shadow: Fences, Raids and the Production of Migrant Illegality. *Stanford Journal of Civil Rights and Civil Liberties* 5 (23): 23–87.

Negron-Gonzales, Genevieve (2009). Hegemony, Ideology & Oppositional Consciousness: Undocumented Youth and the Personal-Political Struggle for Educational Justice. In *Institute for the Study of Social Change, Working Paper 36*: University of California, Berkeley.

Olivas, Michael A. (2012). Dreams Deferred: Deferred Action, Prosecutorial Discretion, and the Vexing Case(s) of DREAM Act Students. *William & Mary Bill of Rights Journal* 21: 463–547.

——(2012). *No Undocumented Child Left Behind: Plyler v. Doe and the Education of Undocumented School Childen*. New York: New York University Press.

Passel, Jeffrey S., and D'Vera Cohn (2009). A Portrait of Unauthorized Immigrants in the United States. Washington, D.C.: Pew Hispanic Center.

Phelps, Timothy M. 2014. Anti-Immigrant School Bias Called "Troubling". *Los Angeles Times*, May 9, A9.

Portes, Alejandro, and Rubén G. Rumbaut (2001). *Legacies: The Story of the Immigrant Second Generation*. Berkeley: University of California Press.

Preston, Julia (2011). U.S. Issues New Deportation Policy's First Reprieves. *The New York Times*, August 23, A15.

Ramirez, Eddy (2008). *Should Colleges Enroll Illegal Immigrants?*, August 13. Disponible en: <http://www.usnews.com/articles/education/2008/08/07/should-colleges-enroll-illegal-immigrants.html>.

Rincón, Alejandra (2008). *Undocumented Immigrants and Higher Education: Sí Se Puede*. New York: LFB Scholarly Publishing.

Rumbaut, Rubén G. (2004). Ages, Life Stages, and Generational Cohorts: Decomposing the Immigrant First and Second Generations in the United States. *International Migration Review* 38: 1160–1205.

Suárez-Navaz, Liliana (2004). *Rebordering the Mediterranean: Boundaries and Citizenship in Southern Europe*. New York: Berghahn Books.

Willen, Sarah S. (2007). Toward a Critical Phenomenology of "Illegality": State Power, Criminality and Abjectivity Among Undocumented Migrant Workers in Tel Aviv, Israel. *International Migration* 45 (3): 8–38.

Winograd, Ben (2012). DACA Approvals Surpass 50,000. *Immigration Impact* (November 16). Disponible en: <http://immigrationimpact.com/2012/11/16/breaking-daca-approvals-surpass-50000>.

Wyatt, Edward (2011). Cain Proposes Electrified Border Fence. *The New York Times*, October 15.

Yoshikawa, Hirokazu, and Jenya Kholoptseva (2013). *Unauthorized Immigrant Parents and Their Chidren's Dedvelopment: A Summary of the Evidence* (March). Migration Policy Institute. Disponible en: <http://www.migrationpolicy.org/pubs/COI-Yoshikawa.pdf>.

Notas

1 El 1996 Illegal Immigration Reform and Immigration Responsibility Act está disponible en: <http://www.uscis.gov/ilink/docView/PUBLAW/HTML/PUBLAW/0-0-0-10948.html> (consultado el 16 de mayo de 2013).

2 Arizona HB 2281 está disponible en: <http://www.azleg.gov/legtext/49leg/2r/bills/hb2281s.pdf>.

3 La muestra incluyó a otras personas aparte de estos grupos nacionales que no se consideran en este capítulo: a blancos, afroamericanos, otros latinoamericanos que los mencionados más arriba, otros asiáticos y del Medio Oriente en EE.UU.

4 IPUMS-USA, Censo de 2000, 5% Extract. Jovenes con edades entre 6–15.

3 ¿Superestrella o académico? Las percepciones de los jóvenes varones afro-americanos sobre sus oportunidades en un tiempo de cambio

> La cosa estereotípica de los negros ... es que siempre crecen en el gueto, especialmente los negros. Dicen que los negros siempre están en el peor lugar, en el gueto. Por lo tanto, nunca vas a ver hombres negros de éxito y podemos ver que eso no es verdad porque tenemos un presidente de la nación que es negro.
>
> —STEVE, 17 años, estudiante de educación secundaria

> [¿Cuáles son tus aspiraciones?] Posiblemente ir a la NFL (fútbol americano), ese es mi sueño, pero si no lo consigo pues puedo meterme en algo relacionado con la industria inmobiliaria.
>
> —DRAKE, 18 años, estudiante de educación secundaria

Los hombres afroamericanos[1] típicamente están sobre-representados en lo más bajo de la escala de éxito en las estadísticas de rendimiento académico, se les suspende y se les expulsa de la escuela más que a ningún otro grupo racial (Tienda y Wilson 2002). Se les clasifica como retrasados mentales o de sufrir de una discapacidad en el aprendizaje (Harry, Kinger y Moore 2000). Y se les asigna a cursos de recuperación y se les excluye de los cursos avanzados y de cursos de preparación para la universidad (Conchas 2006; Oakes 2005). Se atribuye el bajo rendimiento de los jóvenes afroamericanos a factores escolares como la segregación racial (Howard 2008; Orfield y Eaton 1996) la falta de equidad en la distribución de las becas (Kozol 1991), y la política de gobierno escolar (Datnow y Murphy 2002). Además, los hombres afroamericanos con frecuencia se enfrentan a condiciones desfavorables en el entorno urbano (Conchas y Vigil 2012; Noguera 2003;

Rendón 2013) y luchan contra estereotipos negativos y representaciones proyectadas por los medios de comunicación y la sociedad (Brooks 2009).

Estas desigualdades estructurales están profundamente enraizadas en la historia de los Estados Unidos y han contribuido a las bajas tasas de movilidad social de los afroamericanos (Conchas y Vigil 2012; Wilson 2006). Sin embargo, una gran mayoría de jóvenes afroamericanos han logrado tener éxito y prosperar (Conchas 2006; Conchas y Noguera 2004; Howard 2008). Las investigaciones más recientes se enfocan en comprender cómo y porqué la juventud no dominante en la sociedad ha superado barreras estructurales y prosperan en las escalas sociales (Conchas 2006; Howard 2008). Este capítulo se construye sobre esta línea de investigación analizando las percepciones que tienen los estudiantes afroamericanos sobre sus oportunidades en este momento crucial en la historia de los Estados Unidos que supone la elección histórica del primer presidente afroamericano de los Estados Unidos, Barack Obama.

En esta investigación exploratoria de un estudio de caso cualitativo examinamos cómo un grupo diverso de estudiantes afro-americanos de educación secundaria – matriculados en academias urbanas del sur de California para su preparación a la universidad – perciben la movilidad social en una época marcada por la elección del presidente Obama. Aunque estos estudiantes son parte de una academia próspera y atractiva diseñada con el propósito de prepararles para la universidad, los participantes tenían experiencias educativas que arrojaban luz a la complejidad y a los desafíos asociados con el contexto de la educación urbana. Las escuelas públicas ubicadas en áreas urbanas se enfrentan a los mayores desafíos. La pobreza, la falta de acceso a viviendas adecuadas y a la sanidad, y el crimen y el desorden social, todo ello impacta en la habilidad de los estudiantes para aprender y en la calidad de la educación provista en estas escuelas (Milner 2006; Noguera 2003a; Tatum y Muhammad 2013). Este capítulo avanza en los estudios realizados en el Marco de Marginación Múltiple que documentan qué influencia tiene la economía, el medio ambiente, la historia, lo racial, lo socio-psicológico y lo cultural en la marginación académica y social entre grupos sociales no dominantes. Este capítulo sugiere que examinar las raíces de las causas históricas y culturales en la marginación de los jóvenes de color en las comunidades y escuelas urbanas es crítico para informar a los responsables de políticas, educadores, y proveedores de servicios sociales. Responder eficazmente a estos retos es una tarea complicada que se convierte en más difícil por el hecho de que las cuestiones educativas están ligadas a cuestiones y problemas que están presentes dentro del contexto urbano. Mientras que los profesionales de la educación entiendan y acepten las realidades de los jóvenes que viven en el centro de la cuidad, se desarrollarán enfoques alternativos para el triunfo académico y social entre los niños de color.

El significado histórico de la elección de Barack Obama

Las percepciones de los hombres afroamericanos sobre la elección de Barack Obama es significativa en dos sentidos: (1) la elección de Barack Obama como presidente de los Estados Unidos señaló un cambio de paradigma que rompió el techo de cristal racial que restringía la estructura de oportunidades para todas las minorías (Joseph 2008; Nagourney 2008); y (2) su tema de campaña de esperanza, cambio, y oportunidad inspiró a los afro-americanos a elevar sus posiciones sociales y económicas (Banks 2009). Los logros de Obama sugieren su potencial como modelo que podría refutar los estereotipos negativos sobre su grupo social en contextos en los que esos estereotipos son predominantes (Steele y Aronson 1995). En su campaña se utilizaba la exposición repetida de ejemplos positivos de personas negras muy conocidas (e.g., Martin Luther King) y de mujeres ejemplares (e.g., Hilary Clinton) que resultaron en la reducción con éxito de prejuicios raciales y de género entre sus propios grupos sociales (Dasgupta y Greenwald 2001; Taylor, Lord, McIntyre, y Paulson 2011). Estos modelos pueden ser eficaces en la lucha contra los estereotipos negativos (Marx, Stapel, y Muller 2005) de los grupos que comparten el mismo género o el mismo color de piel (Lockwood 2006; Marx y Roman 2002; Marx y Goff 2005; McIntyre, Paulson, y Lord 2003).

Naturalmente, la atención de los estudiosos ha aumentado en un amplio abanico de disciplinas tratando de comprender el *Efecto Obama* y se ha encontrado en su mayoría resultados positivos en estudios académicos y sociales (Aronson, Jannoe, McGlone, y Johnson-Campbell 2009; Columb y Plant 2011; Lybarger y Monteith 2011; Plant et al. 2009; Marx et al. 2009). Basándose en un estudio cuasi-experimental, Marx y sus colegas (2009) encontraron que la exposición del video del discurso de Obama estaba relacionado con mejoras en los resultados de los exámenes de selectividad, examen previo al acceso a la universidad, *Graduate Record Examination* (GRE), a través de una gran muestra de participantes de adultos no diversos. Sin embargo, Schmidt y Nosek (2010) observaron poca evidencia de cambio sistemático en las actitudes raciales durante los años anteriores y posteriores de las elecciones del 2008. Aunque ha habido un número de estudios sobre el *Efecto Obama* para evaluar la relación del prejuicio racial y los resultados en los exámenes, no se sabe mucho sobre las perspectivas de los afro-americanos. Estos estudios se limitan a investigaciones cuantitativas que fracasan a la hora de explicar las relaciones significativas que las personas experimentan con la presidencia de Obama, especialmente sus percepciones acerca de la movilidad social en la sociedad contemporánea.

Aunque este estudio comparte un interés fuertemente arraigado en comprender el significado de la presidencia de Obama, también compartimos preocupaciones similares con otros investigadores evitando teorías de atribución causal para explicar cómo la presidencia de Obama puede estar asociada a la reducción de estereotipos (Taylor et al. 2011; Weiner 1995). Intentamos examinar crítica y exploratoriamente el sentido que los jóvenes afroamericanos varones atribuyen a la movilidad social en un tiempo de cambio tan importante. Mediante el Marco de Marginación Múltiple, vamos más allá de las investigaciones descontextualizadas, e ilustramos las múltiples facetas de las percepciones de la movilidad social de los hombres afroamericanos en el contexto de la elección de Obama, además de otros contextos de sus vidas dentro y fuera de la escuela.

Una foto instantánea del marco conceptual de marginación múltiple

Ofrecemos un marco explicativo de marginación múltiple que capta la complejidad de las experiencias de los jóvenes de población no dominante, que creció en barrios segregados con recursos limitados (Conchas y Vigil

2012), este marco refleja la complejidad y persistencia de factores ecoló-
gicos, económicos, socioculturales, y psicológicos que son la base de las
pandillas y de su participación en ellas (Vigil 1988a). Las fuerzas y procesos
macro-históricos y macro-estructurales, que ocurren en los niveles más
amplios de la sociedad, conducen a la inseguridad económica y a la falta
de oportunidades. Estas fuerzas también forman parte de la adaptación
de grupos no dominantes como, por ejemplo, las poblaciones inmigrantes
recién llegadas que se enfrentan a instituciones de control social fragmenta-
das, teniendo a la vez que mantener el hogar y la familia, y superar barreras
psicológicas y emocionales.

El Marco de Marginación Múltiple está lleno de matices y tiene en
cuenta aspectos como el tiempo, el lugar, y las personas como prismas
importantes para ayudar a futuros investigadores. Estas variables les ayu-
darán a entender las dinámicas de socialización de la calle y a desarrollar
alternativas significativas a las culturas de los grupos callejeros. El tiempo
refleja los hábitos económicos, sociales, y políticos que influyen en las
personas y eventos, mientras tanto el lugar – como el barrio o la escuela –
representa realidades locales, inmediatas y, a menudo, cambiantes. La gente
cambia con el tiempo y de lugar, y nuevas y diferentes fuerzas entran en
juego, como la inmigración o la reestructuración económica. Estas fuerzas
pueden alterar significativamente los sentimientos, pensamientos, y acciones de una persona. El abandono escolar y social es una consecuencia de la
marginación; es la relegación de ciertas personas o grupos hacia los márgenes de la sociedad, donde las condiciones socio-económicas conducen a
la impotencia. Este proceso ocurre en múltiples niveles como resultado de
diferentes fuerzas en juego durante un largo periodo de tiempo. Algunos
de los jóvenes socializados en las bandas callejeras provienen de circunstancias inestables. A pesar de estos contratiempos, muchos jóvenes logran no
solo sobrevivir sino prosperar y ser exitosos (Conchas 2006). El marco de
explicación de marginación múltiple funciona como un marco conceptual
porque abarca el abandono y el reenganche que ocurre en múltiples niveles
tanto micro como macro.

En este capítulo conceptualizamos cómo la marginación entre los niños
de color en barrios con pocos recursos les conduce a la socialización en la
calle, e incluso aquellos jóvenes que rinden académicamente no son inmunes

(Conchas y Vigil 2012; Rendón 2013). El fenómeno de la socialización en la calle ayuda a explicar la aparición del abandono y de la desconexión de la escuela. Definimos socialización como el proceso dinámico por el cual una persona aprende los comportamientos y normas de un grupo social y se comporta como un miembro eficaz. La socialización en la calle surge y continúa cuando los controles sociales se rompen y los procesos del desarrollo humano se quebrantan por situaciones y condiciones estresantes. La socialización en la calle, a su vez, mina y transforma el desarrollo humano de los jóvenes marginados de tal forma que se institucionaliza una subcultura callejera.

Metodología y contexto

Se empleó el diseño del estudio de caso como metodología porque permite al investigador centrarse en el fenómeno dentro del contexto del mundo real (Yin 2009). Este estudio se integra dentro de un proyecto comparativo más amplio sobre niños latinos, asiáticos y afro-americanos durante dos periodos 2008–2009 y 2012–2013. El proyecto de investigación fue típico en su meta – determinar la eficacia de la implementación de Palmview Male Cooperative y su habilidad para mejorar los resultados educativos de sus miembros. Los datos presentados en este capítulo se derivan del primer periodo 2008–2009. Los datos recogen información sobre una población diversa de jóvenes varones[2] que asisten a una academia para estudiar cursos extracurriculares. El estudio sobre los estudiantes de Palmview Male Cooperative se repitió a lo largo del curso 2012–2013.

Este capítulo se basa en datos derivados de entrevistas semi-estructuradas[3] con 24 jóvenes varones afro-americanos como parte de un estudio más amplio de Palmview Male Cooperative. Las entrevistas se diseñaron para obtener perspectivas con más matices sobre la implicación del estudiantado en Palmview Male Cooperative y las interacciones con sus iguales y el personal de la escuela, sus aspiraciones con referencia a estudios universitarios, la universidad, sus expectativas, sus ideas sobre el éxito, la raza, la cultura, la clase social y sus percepciones sobre el género. A través de estas entrevistas, tratamos de ilustrar las perspectivas de estos jóvenes varones sobre raza, educación, y los logros académicos en sus vidas. De esta forma, esperamos mostrar cómo las experiencias y percepciones de los estudiantes dentro y fuera de la educación secundaria influyeron en sus aspiraciones y expectativas profesionales. Son narrativas sugerentes dado que nuestro reciente periodo histórico representa, para muchos, una nueva era para los jóvenes de grupos no-dominantes bajo el liderazgo de un presidente afro-americano.

Palmview Male Cooperative (PMC) como contexto de investigación

El PMC es una iniciativa de los distritos que está diseñada para lograr dos objetivos principales: (1) incrementar la población de estudiantes que finalizan los estudios de secundaria (2) apoyar la planificación de carreras profesionales para aquellos estudiantes varones prometedores que están sub-representados (extraído de la declaración de propósitos de la escuela). Aunque el programa se desarrolló para atajar la baja proporción de estudiantes afro-americanos y latinos que finalizaban la educación secundaria en el Sunny Unified School District (SUSD), no solo está dirigido a estudiantes que van mal académicamente. Los miembros del PMC incluyen el presidente y el vicepresidente de cuarto grado de la secundaria (17–18 años de edad), estudiantes que van a ir a la universidad, estudiantes que están recuperando asignaturas, estudiantes con un promedio de C (con una nota de suficiente), atletas estrella, y estudiantes que regresan de una escuela de continuación como una segunda oportunidad de finalizar la secundaria en su escuela local.

Estas diferencias son una característica importante. Al incluir estudiantes con niveles de rendimiento académico diferente la escuela fomenta relaciones entre los estudiantes que son miembros de círculos académicos y sociales muy diversos. El propósito tácito es que los estudiantes con alto rendimiento académico y con acceso a redes sociales profesionales tengan una influencia positiva en los estudiantes que están en peores condiciones. El programa también está dirigido a impulsar el interés de los estudiantes en perseguir distintas opciones profesionales, especialmente aquellos que juegan en los equipos deportivos de la escuela. Un núcleo de profesores trabaja en comunidades de aprendizaje pequeñas y personalizadas para preparar a los estudiantes en profesiones relacionadas con la sanidad, la ciencia, y la tecnología. El énfasis en profesiones que no estén relacionadas con el deporte o el entretenimiento tiene implicaciones en los hallazgos de este estudio.

Contexto de investigación de las escuelas de educación secundaria en la ciudad

Palmview Male Cooperative es parte de Smith High School, una gran escuela pública localizada en una gran ciudad en el Sur de California[4]. Durante el año académico 2008–2009 y de manera similar durante el año académico 2012–2013, se matricularon 4.364 estudiantes y el número medio de alumnado en una clase típica era de 27 a 30 alumnos. La tabla 1 muestra la composición étnica/racial de la escuela durante el año escolar 2008–2009. Los estudiantes blancos e hispanos constituyen el 71,8% de la población escolar, 38,8% y 33% respectivamente. Los afro-americanos representan un 13,7% de la populación estudiantil y los asiáticos representan un 10,6%. El número de estudiantes de la Smith High School que podían acogerse al almuerzo gratis o de coste reducido es más bajo que el promedio del distrito, 48,4% en Smith High School y 67% en el resto del distrito. Solamente el 9,8% de estudiantes de Smith High School está aprendiendo inglés comparado con el 24,7% de media del distrito.

La comparación de estos datos ilustra dos rasgos notables de Smith High School, primeramente, Smith aunque situada en una comunidad de clase media también tiene rastros de lo acaudalado y vecindarios de clase trabajadora. Los resultados en un grupo estudiantil que es altamente diverso económicamente, y diversamente en cuestión de preparación académica. En segundo lugar, Smith es una de las cuatro escuelas de educación secundaria en el distrito seleccionado clasificada como una de las mejores escuelas por *Newsweek* teniendo en cuenta el número de estudiantes que se matriculan en cursos avanzados, entre otros factores importantes. Estos factores son importantes de considerar antes y durante el estudio porque influyen en la cultura de la escuela, las experiencias de los estudiantes en la comunidad y sus interacciones con sus compañeros de diferente nivel socioeconómico y orígenes raciales.

La Muestra

Un estudio más pequeño sobre 24 estudiantes de educación secundaria fue extraído de un proyecto de investigación más amplio para poder examinar de cerca las relaciones sociales entre los jóvenes africano-americanos del PALMVIEW MALE COOPERATIVE. La muestra de estudiantes comprendía jóvenes en los cursos 10 y 11, esto es, estudiantes con edades comprendidas entre 15 y 17 años, quienes ofrecieron una colección de experiencias diversas, incluyendo distintos niveles de rendimiento académico, expectativas profesionales, deportistas y no deportistas, y estudiantes provenientes de clase trabajadora a clase media. Además de codificar la información para identificar temas emergentes, redactamos informes de los casos que facilitaron la comparación cruzada entre estudiantes.

Análisis de los datos

El análisis cualitativo empezó con una cuidadosa codificación de cientos de páginas de entrevistas desglosadas analíticamente como un proceso interpretativo. Se repasaron los datos de las entrevistas frase a frase con el propósito de identificar palabras recurrentes, frases, expresiones, y eventos significativos o aspectos de las percepciones de los participantes sobre la desigualdad urbana y la movilidad social. A través de este enfoque se creó una larga lista de códigos. Después los datos fueron re-codificados y agrupados en grupos temáticos que permitió la construcción de categorías micro y macro que apoyaban o dificultaban la sensación de optimismo y éxito del estudiante. Estos códigos temáticos o categorías a su vez se aplicaron a nuevos datos. A lo largo de este proceso mantuvimos nuestra mente abierta a nuevos códigos y nuevas formulaciones que la información nos proveía. En esta fase, se examinaron las relaciones entre categorías utilizando informes teóricos. Este proceso co-construido para comprender las perspectivas de los estudiantes nos ayudó a clarificar y a organizar relaciones entre las categorías y la expansión eventual del marco explicativo de marginación múltiple.

Resultados

En esta sección, mostramos cómo la sensación de movilidad social de los estudiantes está influida por procesos estructurales y culturales, una combinación de procesos de socialización y marginación dentro y fuera de la escuela. Presentamos cinco hallazgos principales que surgieron de las entrevistas exploratorias. Las entrevistas no fueron específicamente diseñadas para averiguar lo que se encontró en estas cinco categorías; más bien los temas surgieron orgánicamente basados en las respuestas de los estudiantes. Los cinco temas principales incluyen las percepciones de los estudiantes sobre: a) la elección de Barack Obama, b) las percepciones sociales sobre la negritud en Estados Unidos, c) la racialización en la escuela, d) la pobreza y las limitaciones percibidas fuera del ámbito escolar, e) conflictos entre las aspiraciones y las expectativas. Las secciones A y B describen cómo los estudiantes perciben sus oportunidades y su propia movilidad dentro del sistema, tanto psicológicamente como socialmente, y cómo creen que la sociedad percibe su movilidad social (elemento macro-histórico).

Las secciones C y D describen las condiciones a las que los estudiantes se enfrentan dentro y fuera de la escuela que directamente influyen en sus percepciones de movilidad social (ecológicamente, económicamente, y micro y macro estructuralmente). La sección E describe las aspiraciones y expectativas de los estudiantes sobre su movilidad social dentro la comunidad y del contexto escolar (socio-culturalmente). Más adelante presentamos estos cinco hallazgos e intentamos situarlos dentro de un contexto socio-histórico más amplio en un esfuerzo por dilucidar cómo las escuelas y las condiciones sociales crean formas compuestas de marginación en las aspiraciones y expectativas entre los jóvenes varones de color.

Las perspectivas de los estudiantes sobre la elección de Obama: Aspectos macro-históricos y macro-estructurales

A los estudiantes no se les preguntó explícitamente sobre la elección de Barack Obama, sin embargo, cuando se les preguntó sobre sus su auto-percepción y sus expectativas de movilidad social, muchos de ellos expresaron un sentimiento de transformación positiva en las expectativas de la sociedad con relación a los afro-americanos y una sensación de que las puertas de la oportunidad se abrirían radicalmente dada la elección de un presidente negro. Jonathan ofreció una vívida y concienzuda explicación acerca del significado de la victoria de Obama:

> La mayoría de los americanos esperan que ni siquiera podamos terminar la secundaria. Cuando un afro-americano obtiene una maestría o un doctorado sabes que es algo muy raro y la mayoría de afro-americanos lo celebran cuando algo así sucede porque dicen, "¡lo consiguió!" o cuando Obama se convirtió en presidente, muchos afro-americanos decían "ya tenemos a uno de nosotros ahí" ... ahora podemos hacer algo, ya no hay excusas como "oh, me será muy difícil porque soy afro-americano".

Jonathan introdujo su explicación con la observación de que histórica-mente la sociedad esperaba poco con respecto a los logros académicos de los afro-americanos. Sin embargo, al evaluar el significado de la presidencia de

Obama, describía cómo la mentalidad de los afro-americanos ha cambiado rotundamente por el hecho de que una persona negra alcanzara la posición de presidente de la nación. La valoración de los estudiantes sugiere que la presidencia de Obama se extiende más allá de una influencia puramente política; también es aplicable a un estudiante que trate de progresar en un contexto académico. Jonathan equiparó los logros de una persona que haya obtenido un doctorado o titulo de maestría con alguien que alcanza la presidencia en el sentido de que ambos lo "han conseguido". Esto es una indicación de que valoran altamente los logros académicos. Además, los comentarios de Jonathan revelan una perspectiva positiva con respecto a las oportunidades para los afro-americanos en los Estados Unidos y una creencia en que son ilimitadas. Esta opinión puede ser una ventaja considerando los estudios sobre la importancia que juega la sensación de agencia (de poder), de esperanza y de motivación para persistir (Suarez-Orozco y Suarez Orozco 1995).

Como se evidencia en las conversaciones con los estudiantes en la muestra, conocían las injusticias raciales que los afro-americanos habían soportado durante siglos, y también sabían situar a Obama históricamente entre otros afro-americanos que fueron cruciales en el movimiento de los derechos civiles. Por ejemplo, la habilidad de Kevin para comprender cómo el triunfo de Obama se había desarrollado en un largo proceso de logros comenzando por el esfuerzo de Harriet Tubman en "liberar a los esclavos en la época de la esclavitud", reconociendo el triunfo de Martin Luther King en darnos "nuestros derechos para que él (Obama) pudiera estar en la Casa Blanca". La perspectiva de marginación múltiple es instrumental para ilustrar las experiencias de los estudiantes en cómo la elección de Obama aumentó la consciencia sobre las contribuciones realizadas por otros líderes afro-americanos relevantes. Los comentarios de estos estudiantes indican que la presidencia de Obama significó más que un logro individual; era un tributo a todos los logros de los personajes importantes en la historia afroamericana.

Los estudiantes percibían a Obama como un modelo a seguir y a su triunfante campaña presidencial como una victoria inspiradora entre los esfuerzos jurídicos y cívicos que todos los líderes afro-americanos y ciudadanos de a pie ejercieron en el pasado. Kevin comenta el significado de la elección de un presidente negro:

La gente estaba muy orgullosa. Decían: "una cara negra en la Casa Blanca" ... eso te debe motivar para mejorar. Entonces quizás ... puedes hacer lo que quieras hacer. Que él (Obama) se convirtiese en presidente aumenta las expectativas sobre lo que puedes hacer ... nos motivó.

Los estudiantes veían el poder de la influencia de la victoria de Obama. Los sentimientos de Kevin subrayan la imagen simbólica de un presidente afro-americano como una fuerza motivadora para ayudar a los afro-americanos a mejorar sus trayectorias profesionales y perseverar en un mundo de oportunidades limitadas. De hecho, este estudiante capta el espíritu de muchos afro-americanos y otros alrededor del mundo para quienes Obama es un poderoso símbolo de esperanza, libertad, y progreso. Finalmente, los estudiantes se emocionaban al observar cómo la presidencia de Obama cambiaría el modo en que se percibe a los hombres negros. Todd exclamó que "él (Obama) ha abierto la puerta para todas las razas y ha demostrado que, en realidad, puedes hacer algo con tu vida. No tienes por qué aguantar que alguien te menosprecie y te diga que no lo lograrás".

Por consiguiente, desde las perspectivas de los estudiantes, podemos ver cómo la percepción sobre la estructura de oportunidades se ha abierto, teóricamente, para todos los miembros de la comunidad afro-americana. Con este hallazgo no pretendemos sugerir que la raza no es un factor importante dentro de la sociedad o que la justicia social no debería continuar centrándose en iniciativas de reforma. Más bien, sólo tratamos de ilustrar las perspectivas de los jóvenes varones afro-americanos dentro de la muestra como una manera de comenzar un debate sobre lo que significa para los propios afroamericanos percibir la falta de restricciones asociadas con ser negro cuando, de hecho, se ha elegido a un hombre negro como presidente de los Estados Unidos. Estas voces enfatizan los puntos de vista de los jóvenes negros en la muestra que asignan un gran valor al éxito académico y creen que la elección de Obama demuestra que las posibilidades para sus logros académicos son ilimitadas. Los siguientes apartados seguirán desarrollando las percepciones de los estudiantes sobre la movilidad social y sus aspiraciones en sus trayectorias profesionales dentro de un contexto donde creen que ya no pueden poner su raza como excusa.

Las percepciones de los estudiantes sobre ser negro en los Estados Unidos: Aspectos psicológicos

En contraste con la idea en la comunidad afro-americana de que las posibilidades para los afro-americanos eran ilimitadas, los estudiantes de esta muestra relataron ser conscientes de las percepciones negativas que sostenían sobre los afro-americanos aquellos que no pertenecían a esa comunidad. Cuando se preguntó a los estudiantes sobre sus percepciones acerca de cómo veía el resto de la sociedad la comunidad afro-americana declararon sentirse afectados por los estereotipos raciales sobre sus aspiraciones profesionales y sus expectativas. A Kevin, un estudiante muy trabajador de 17 años que aspira a ser arquitecto se le preguntó acerca de cómo representan los medios de comunicación a los afro-americanos. Él, cándidamente, respondió: "hay tantas representaciones negativas en la balanza ... se nos ve como violentos, ruidosos, hablando a voces en los teatros, echando a perder la función para el resto de los asistentes, somos los que perpetramos violaciones en grupo, disparamos a la gente, vamos a prisión". Como Kevin, muchos estudiantes relataron representaciones negativas en los medios de comunicación de los afro-americanos. Subrayaron que se percibe a los afro-americanos como gente con características repugnantes que chocan con las normas sociales.

La proyección social de estereotipos tan dañinos acerca de los afro-americanos, especialmente de los hombres afro-americanos, podría tener un efecto perjudicial sobre cómo estos estudiantes se perciben a sí mismos. Jonathan, un estudiante de la academia, que deseaba convertirse en sociólogo, compartió sus ideas y hasta su incapacidad para resistirse al ataque de de los estereotipos negativos. Admitió que "cuando tanta gente te dice que las estadísticas demuestran que el 85% o el porcentaje que sea ... de afro-americanos fracasan ... comienzas a creértelo, sabes, y es más difícil y tú vas a terminar formando parte de ese porcentaje. Por lo tanto ¿para qué intentarlo, siquiera?". Aquí podemos observar cómo los hechos y las estadísticas que aparecen incluidos en un contexto empírico o científico pueden ser perjudiciales para estos jóvenes ya que provocan desesperanza. De hecho, la mayoría de los estudiantes obtenían sus ideas negativas sobre los afro-americanos a través de los medios de comunicación. Sam describió la realidad construida por los medios de comunicación que ratifica un orden social. Este orden social relega a las minorías, particularmente a los afro-americanos, a una clase inferior. Sam comenta:

> Raramente ves a un jefe negro o latino, siempre se ve al hombre blanco y está en todas partes. Está en la televisión, está en las películas, las revistas, por donde mires ... y siempre se ve al negro o al latino ... detrás de un pequeño escritorio trabajando y el jefe blanco siempre está revisando su trabajo.

Por lo tanto, la influencia expansiva de los medios de comunicación en las películas, los programas de entretenimiento y las revistas ocupa una parte importante de las vidas de los estudiantes. Es difícil, para las mentes en desarrollo de los jóvenes, escapar a la proliferación de los estereotipos negativos. Sin embargo, estos estereotipos negativos descritos por los jóvenes contrastan marcadamente con las perspectivas de los propios estudiantes acerca de las posibilidades ilimitadas de las que pueden disfrutar los afro-americanos, basándose en el hecho de que haya un presidente afro-americano en la Casa Blanca. Mientras que los estudiantes piensan que la raza no es un factor determinante para la movilidad social, las bajas expectativas que perciben socialmente tienen un gran peso en sus mentes.

Si revisitamos lo que nos contó Jonathan, dijo que sus padres le recordaban continuamente su situación de desventaja en la vida afirmando que: "'siempre será más difícil para ti por el color de tu piel' ... se ha marcado en mi cerebro ... tengo que trabajar más duramente que los demás sólo por el color de mi piel y, en algunos casos, es así porque todavía hay gente racista". Estos estudiantes tuvieron la experiencia compartida de tratar de romper varios estereotipos tanto en la escuela como fuera de ella y esto nos ayuda a explicar la restricción notable en sus aspiraciones profesionales y en sus expectativas. La perspectiva de que todo es posible se alinea con las percepciones compartidas de posibilidades ilimitadas basándonos en el criterio de raza. Sin embargo, la percepción de "posibilidades ilimitadas" discrepa profundamente con la percepción que los estudiantes tienen y que reflejan los estereotipos de una sociedad más amplia. En lugar de aspirar a tener éxito académico, porque sientan el apoyo o la motivación por parte de la sociedad, los estudiantes de la muestra señalan tener un deseo de tener éxito para demostrar que la sociedad está equivocada, como una suerte de resistencia en contra de la posición de marginación en la que se encuentran en la sociedad, en general. Esto, por supuesto, se extiende al entorno escolar.

Perspectivas de los estudiantes sobre la racialización en la escuela: Aspectos micro-estructurales y socioculturales

Cuando se exploraron las experiencias escolares, los estudiantes dijeron sentir una marcada discriminación racial dentro de sus escuelas. Consideraban que en la cultura escolar influía un orden social basado en características raciales y étnicas. Cuando se les pidió a los estudiantes si podían ordenar a sus compañeros en una jerarquía racial Cliff respondió: "Los afro-americanos estarían al final ... antes de ellos los latinos, antes de los latinos los asiáticos y por encima los blancos caucásicos, ordenándolos desde abajo hacia la cúspide de la pirámide". Según las perspectivas de los estudiantes, la escuela tendría una idea preconcebida de qué grupos raciales tendrían éxito o cuáles se quedarían en los puestos inferiores de la escala social. Sin embargo, un estudiante llamado Drew señaló que este ranking social estaba determinado por el "orden de los resultados de los exámenes".

Así lo indicaba su experiencia en un curso de inglés avanzado "ya que solo era yo y otro estudiante negro ... pero la mayoría ... eran blancos caucásicos". Es evidente que la valoración de los estudiantes sobre el orden social no es casual sino que está reflejado en la escuela y en cómo percibimos el éxito en la sociedad, en general. Muchos de los estudiantes compartieron su malestar reconociendo la presencia de discriminación racial en las aulas donde algunos profesores tenían expectativas realmente bajas de los estudiantes afro-americanos. Según Jeffrey, "Los profesores no van a enseñar tan bien ... no van a darles tanta información ... '¿Por qué dársela? no saben nada'. Probablemente, es lo que su mente les está diciendo". Esta observación sugiere que las expectativas académicas del profesorado pueden variar dependiendo de la raza del estudiante. Como resultado, los prejuicios del profesor pueden influir en que los jóvenes moderen sus aspiraciones profesionales y sus esperanzas de rendimiento académico. Otro estudiante, Drew, también apoyaba la idea de que las expectativas de los profesores podrían estar basadas en la raza del estudiante. En su opinión: "Algunos de mis profesores no esperaban que yo fuera aplicado. No me lo dijeron verbalmente, pero yo observaba lo que hacían. No esperaban que yo fuera el que contestara las preguntas en clase o hiciera mis deberes o acudiera a las tutorías para poder obtener una mejor cualificación". Cuando estaba matriculado en un curso de inglés avanzado Drew se esforzó por distanciarse de estereotipos negativos sobre los afro-americanos en un intento de no dejarse influir por las bajas expectativas académicas de sus profesores; éstas se encuentran a la par con las bajas expectativas que se expresan en los medios de comunicación sobre los afro-americanos. Estos espacios múltiples de bajas expectativas crean múltiples espacios donde la muestra de jóvenes varones afro-americanos se siente marginada.

Percepciones de los estudiantes sobre la pobreza, las pandillas y el racismo fuera de la escuela: Aspectos ecológicos, económicos, micro y macro-estructurales

Además de los estereotipos sobre los hombres afro-americanos y la desigualdad racial en la escuela, los estudiantes hablaron elocuentemente sobre el impacto del barrio y otras influencias en sus percepciones sobre la movilidad social. A lo largo de nuestros encuentros con los estudiantes cuando hablaban de sus aspiraciones y expectativas profesionales, hubo un consenso general acerca de que no podían escaparse de los varios problemas derivados de la pobreza y del contexto social de sus comunidades y estas dinámicas sociales ampliamente han influido en sus perspectivas sobre la escolarización y sus aspiraciones.

En nuestra entrevista con Todd, explicó que los estudiantes, frecuentemente, tienen la tentación de "dejar que [la pertenencia a las pandillas] controle sus vidas y luego empiezan a decir 'oh, esto no es para mí' y empiezan a sentirse mal y dicen que ellos no pueden hacerlo a pesar de que son lo suficientemente inteligentes". Desde las perspectivas de los estudiantes, la presión de unirse a las pandillas puede tener un impacto destructivo en su auto-consciencia y en sus aspiraciones profesionales. De hecho, las subculturas de las pandillas pueden filtrarse en cada aspecto de la vida de los estudiantes con consecuencias perjudiciales, incluso si el estudiante no tiene ningún deseo de convertirse en un miembro de una pandilla, o incluso un afiliado. Por otra parte, algunos de los estudiantes que eran conocedores de las situaciones de pandillas existentes dentro y fuera de la escuela explicaron que había grandes tensiones entre afro-americanos y latinos, la mayor parte del tiempo.

> ENTREVISTADOR: Algunas personas no hablan mucho sobre raza, ya sabes. Así que si te sientes incómodo con cualquiera de estas preguntas ...
> KEVIN: Pienso que esto es algo que se debe de hablar ... la gente trata de negar que ... hay barreras raciales y esas cosas; la tensión entre los hispanos y los afro-americanos es quizás por el territorio ... algunos afro-americanos sentían que los hispanos acababan de llegar ... al sur de California y que comenzaban a vivir en sus barrios y esas cosas.

La explicación arroja luz sobre cómo la animadversión y la violencia de las pandillas entre afro-americanos e hispanos pudo haber comenzado. Desde una perspectiva histórica, los estudiantes eran conscientes de la pobreza y de su incidencia en las tensiones que se construían alrededor de las pandillas de sus barrios compitiendo por recursos limitados. Esto proporciona una comprensión más crítica sobre la importancia de la pobreza en la formación de pandillas y cómo la desigualdad racial sigue siendo un elemento importante en la vida y en los hogares de los estudiantes en la ciudad.

De hecho, los estudiantes expresaron el deseo de que su escuela fomentara un diálogo abierto y continuo sobre el impacto del racismo en sus vidas. Kevin habla sobre el tema de la raza y el racismo, y sobre si él cree que las escuelas deben esforzarse en adoptar una perspectiva post-racial. Kevin cree que es importante que las escuelas no presupongan una sociedad post-racial ya que las barreras raciales siguen intactas a muchos niveles. Kevin parecía preocupado por la idea de que la gente quería que las escuelas se declarasen ciegas ante el color, cuando la discriminación racial sigue ocurriendo, obviamente. Los estudiantes valoraban la importancia de acercar el racismo a las miradas de la gente, cuando se trata de problemas derivados de la pobreza y de las actividades relacionadas con las pandillas, para explorar cómo estos temas afectan a sus aspiraciones y expectativas.

Este debate indica que los factores contextuales del barrio a los que se enfrentan los estudiantes en gran medida influyen en sus aspiraciones y sus expectativas académicas. Por otra parte, la sugerencia de que las escuelas reconocen y abordan los problemas a los que se enfrentan los estudiantes fuera de la escuela subraya la importancia de ayuda estructural para la escuela, con el objetivo de prevenir múltiples formas de marginación que afectan a los estudiantes. Veamos ahora las aspiraciones y expectativas de los jóvenes dentro de un contexto de marginación.

Perspectivas enfrentadas de los estudiantes sobre sus aspiraciones: Aspectos psicológicos y socioculturales

Una pregunta sin respuesta sigue siendo crucial para nuestro análisis: ¿cuáles son las percepciones de los estudiantes acerca de la estructura de oportunidades, a saber: las aspiraciones y expectativas, dado el contexto de altas expectativas personales y las bajas expectativas sociales para el éxito académico de los afro-americanos? Cuando se les preguntaba sobre la movilidad profesional, los estudiantes de nuestra muestra indicaron un fuerte deseo de entrar en las disciplinas del deporte y del entretenimiento, respectivamente, en lugar de disciplinas académicas. En un clima escolar que promueve académicos y en el programa de Palmview Male Cooperative que insiste en la universidad y en el éxito profesional, el 50% de los participantes aspiraba a ser artista o deportista en lugar de indicar otras trayectorias profesionales. Este resultado está en contradicción con el resto de la cultura escolar que se enorgullece de situar a los estudiantes en universidades académicamente competitivas cuya titulación se obtiene después de cuatro años de estudio. Sólo 6 de los 24 estudiantes (25%) aspiraban, de hecho, a una profesión que requiere al menos un título de grado (4 años de estudio), con otros 3 (12,5%) hombres afro-americanos que aspiran a seguir una profesión en el ejército después de la escuela secundaria. Entre los 12 estudiantes deportistas de la muestra, 8 (67%) optaron por profesiones como deportistas o artistas, mientras que sólo 4 (33%) de los estudiantes deportistas deseaban profesiones que no correspondían con el deporte o con el entretenimiento. El hallazgo de que los estudiantes dentro de la muestra aspiran al terreno deportivo y de entretenimiento se alinea con mucha investigación previa sobre las aspiraciones de los hombres afroamericanos (Noguera 2008). Nuestros resultados se suman a la literatura existente, con tales aspiraciones aún evidentes en una época marcada por la histórica elección de un presidente afro-americano. Es importante que los estudiantes dentro de esta muestra específica prefieran profesiones en el terreno de los deportes y del entretenimiento, pero esto no quiere decir que no tengan en cuenta las bajas posibilidades de alcanzar el éxito en estas profesiones o la importancia de tener un plan alternativo que incluye tener éxito en la escuela. Drake, un estudiante del equipo de fútbol, a menudo se jactaba de la educación rigurosa de la academia a la que asistía. Aunque aspiraba a una profesión de éxito como deportista, también preparó cuidadosamente un plan de contingencia por si no alcanzase su primera opción. Drake señala que él tenía un plan A, un plan B y un plan C: "el plan A es la NFL (Liga Nacional de Futbol), el B es algún tipo de ingeniería o de profesión en el sector inmobiliario, pero si eso no funcionara, estaba pensando en ser policía".

Como muchos de sus compañeros afro-americanos, las expectativas de la industria deportiva y de entretenimiento aún son prevalentes para Drake, sin embargo, una profesión en un campo académico se mantuvo como un plan por si acaso no conseguía los anteriores. Las metas de Drake con respecto a una profesión en el fútbol parecían contradictorias con su admisión anterior acerca de encajar con "el estereotipo", ya que le molestaba. Pero a la vez observaba que las personas pueden caer en el estereotipo como un efecto dominó. Como se indica en el primer hallazgo, los estudiantes de la muestra valoraron mucho el éxito académico. No obstante, continúan deseando profesiones en línea con los estereotipos propagados por los medios de comunicación e institucionalizados por la sociedad. Tal vez lo más importante de estos resultados es cómo Drake valoró las posibilidades para que una persona se convirtiera en un jugador de fútbol profesional:

ENTREVISTADOR: Así que si tienes diez deportistas ¿cuántos crees que se conver-
tirán en una superestrella?
DRAKE: Dos.
ENTREVISTADOR: Así que si tienes a diez niños inteligentes que continúan con su
educación ¿cuántos de esos niños crees que se convertirán en médicos o abogados?
DRAKE: Probablemente ocho o nueve.

Curiosamente, Drake cree que la probabilidad de que un individuo se
convierta en una estrella del deporte es considerablemente menor en comparación con la de un individuo que persigue "el estrellato" académico.
De hecho, la investigación muestra que sólo el 0.08% de los estudiantes
de secundaria que juega al fútbol serán contratados por un equipo de la
NFL (Newlin 2010). Por otra parte, sólo una fracción se convierten en
jugadores regulares de la NFL. No obstante, los resultados indican que
algunas de las aspiraciones de los estudiantes para ir a la universidad se
guiaban de su inclinación hacia los deportes, incluso si las posibilidades
de alcanzar el éxito en carreras deportivas fueran remotas. Drew, un estudiante mencionado anteriormente, tenía fuertes aspiraciones de seguir
con estudios superiores.

Clasificó sus perspectivas universitarias comenzando por "la
Universidad de Texas ... en segundo lugar, UCLA y, en tercer lugar, USC,
y Georgetown o Georgia Tech serían la tercera y cuarta, respectivamente".
Admitió que al hacer su lista influían: "jugar a videojuegos de baloncesto
universitario y ver baloncesto de la universidad". En otro ejemplo más
extremo, un estudiante justificó su deseo de matricularse en una universidad de Minnesota debido a que los Lakers de Los Ángeles eran su equipo
favorito, y sus colores (morado y amarillo) eran los mismos que los de
los Vikings de Minnesota. A pesar de que los estudiantes mostraron una
visión más optimista respecto a la educación y a las oportunidades que
ofrece para la movilidad social, algunas aspiraciones universitarias pueden
estar determinadas principalmente por la preferencia hacia el estrellato.
No se deriva de este hallazgo fundamental que la PALMVIEW MALE
COOPERATIVE fuera ineficaz, sino que las perspectivas de los estudiantes
ilustran una expectativa primaria hacia los deportes y las profesiones del
entretenimiento que se analizará en el siguiente apartado relacionándolo
con su situación marginal en la escuela y en la sociedad.

Discusión de los resultados

Los resultados sugieren una relación importante entre las estructuras sociales, las complejidades económicas y los contextos históricos del entorno urbano que nos permite examinar las perspectivas de estos jóvenes con respecto a la movilidad social a través de un marco explicativo de marginación múltiple. Mientras que los estudiantes de la muestra describen factores prometedores en sus vidas, tales como la elección de un presidente afro-americano y la educación de alta calidad ofrecida en Palmview Male Cooperative, también observan muchas formas de marginación debido al racismo, las bajas expectativas académicas dentro y fuera de la escuela, la pobreza y los problemas de pandillas callejeras que afectan a sus percepciones de movilidad social (Fanon 1967; Rendón 2013). Esta discusión intentará desarrollar y contextualizar los factores protectores y de marginación a los que se enfrentan los jóvenes varones afro-americanos en esta muestra.

El primer resultado, es que la elección de un presidente afro-americano provocó en los estudiantes una sensación de esperanza que, en este caso, es importante comprender. En concreto, es relevante mencionar que la elección de un presidente afro-americano no necesariamente elimina las barreras históricas y estructurales a las que los negros se enfrentan en la sociedad estadounidense. La percepción de que los afro-americanos ya no tienen excusa para fracasar se apoya en una perspectiva que culpa a los individuos en vez de a la estructura social, estos individuos sufren desventajas que no son responsabilidad suya. Tradicionalmente, los conservadores de derechas o afroamericanos muy prósperos económicamente sostienen esa visión culpabilizadora (Kaiser, Drury, Spalding, Cheryan, y O'Brien 2009). El argumento de que la elección de Obama indica la erradicación del racismo institucional es problemático, teniendo en cuenta que esto puede conducir a la percepción de que ya no son necesarias iniciativas de justicia social (Kaiser et al. 2009). Sin embargo, los investigadores no han estudiado cómo una "falta de excusas" se refiere a los hombres afro-americanos. Dentro de la comunidad afro-americana, la percepción de que todo es posible sin tener en cuenta la raza puede tener otras consecuencias. Tradicionalmente, los estudiantes de minorías étnicas sufren de baja autoestima y una falta de capacidad agente dentro de entornos académicos (Suarez-Orozco y Suarez-Orozco 1995). Según los resultados de este estudio los adolescentes sienten que sus posibilidades son ilimitadas y esta sensación puede ayudar a contrarrestar la baja autoestima. Los estudiantes en esta investigación sostienen que el estatus de los afro-americanos se ha elevado debido a la elección de Obama dentro de la comunidad afroamericana y cómo su elección ha abierto muchas oportunidades profesionales que requieren de una educación universitaria para los estudiantes. Sin embargo, es importante contextualizar este resultado dentro de un contexto social más amplio donde persiste la desigualdad. Es decir, la elección de un presidente afro-americano no significa la erradicación de todas las barreras sociales e históricas a las que los afro-americanos se enfrentan.

Por el contrario, el hallazgo de que los estudiantes afro-americanos perciben una estructura más igualitaria de oportunidades implica interrogantes en cuanto a cómo esta sensación de "no hay excusas" interactúa con la realidad de las múltiples formas de marginación a las que los estudiantes se enfrentan en sus vidas diarias. A pesar de las percepciones de los estudiantes en la muestra, sobre que la elección de Obama marcó el fin de las barreras raciales, los estudiantes señalaron varios obstáculos que les marginaban creados a través de procesos ideológicos y estructurales en la sociedad. Es posible que varios factores de marginación a los que se enfrentan los estudiantes de esta muestra se relacionen con sus respuestas a preguntas acerca de sus aspiraciones profesionales teniendo en cuenta que varios estudiantes ven el deporte y el entretenimiento como sus primeras opciones en el mercado laboral.

En este sentido, observamos la influencia significativa de los estereotipos raciales que retratan, a menudo, a los afro-americanos en profesiones relacionadas con el entretenimiento o con el deporte que pueden disuadir a estos estudiantes de aspirar a otras profesiones. Las percepciones de los alumnos sobre cómo los hombres negros son representados negativamente en la sociedad, junto con las desigualdades dentro y fuera de la escuela, indican que estas actitudes concretas moderaron su optimismo con respecto a sus opciones profesionales. Según Mickelson (1990), las actitudes concretas son un reflejo del "mundo material" en el que el estudiante vive. Muchas veces, la realidad material (o estructural) para estos estudiantes abarca lo que ven en las experiencias profesionales de sus padres, con la clase socioeconómica, la raza y el género como factores que influyen en su educación. A su vez, el proceso de elegir una profesión requiere "pensar sobre las ventajas y desventajas económicas y materiales y elegir aquello que cosechará niveles óptimos de comodidad vital" (Veblen 1907, p. 305). Aunque los estudiantes respondieron positivamente sobre el impacto de la elección de Obama, todavía sentían que la pobreza prevalecía en sus vidas y que era una importante fuente de desigualdad racial y de tensiones en los barrios. Esto nos lleva a reconsiderar la existencia de factores dentro de la escuela y fuera de ella que complejizan y explican las desigualdades en la escuela.

El Marco de Marginación Múltiple nos permite examinar cómo los estudiantes perciben los estereotipos raciales que se perpetúan en los medios de comunicación y están institucionalizados en toda la sociedad. En las escuelas, los estudiantes se enfrentan muchas veces con la presión de validar la larga historia de opresión racial experimentada por la comunidad afro-americana. La ideología de la negritud se re-articula a través de un proceso dual de exponer el profundo racismo y la desigualdad, a la vez que se construye un marco de oposición alternativo. Por lo tanto, cuando los estudiantes se enfrentan a diversos estereotipos raciales, están atrapados entre validar la ideología racial dominante o forjar un movimiento para redefinir la identidad negra. Sin duda, la cobertura de los medios de comunicación de la campaña de Obama fue una señal prometedora para mejorar las aspiraciones profesionales de estos jóvenes. Sin embargo, también debemos considerar que los estereotipos negativos sobre los afro-americanos, y los estereotipos que están institucionalizados en la sociedad funcionan contra los impactos positivos del éxito de Obama.

Además, sigue siendo evidente, para los estudiantes, que las clasificaciones raciales continúan siendo relevantes para la sociedad. Cuando los estudiantes ocupan la posición incómoda de determinar a qué categorías raciales pertenecen, esto tiene "profundas implicaciones para las normas y los comportamientos que se aceptan con relación a su rendimiento académico y social" (Noguera 2003b: 51). Por lo tanto, el impacto de la marginación es más pronunciado cuando las categorías raciales están institucionalizadas en procesos culturales y estructurales en la escuela. La omnipresencia de la marginación racial ciertamente plantea dudas sobre si las escuelas adoptan políticas que garanticen la igualdad de trato para todos los estudiantes.

Los educadores han luchado muchas veces para desarrollar nuevas estrategias en el contexto escolar para abordar las necesidades educativas de todos los jóvenes que crecieron en o están expuestos a circunstancias de socialización en la calle. Las diversas estrategias escolares que se han formulado y constantemente están siendo reformuladas, a menudo, no se dirigen al segmento social cuya socialización ha sido en la calle; incluso el Palmview Male Cooperative carecía de esta perspectiva. Lamentablemente, el Palmview Male Cooperative no hubiera podido proteger a los estudiantes de las terribles circunstancias de sus vidas. Además de la desigualdad escolar, la pobreza – como fuente de actividades relacionadas con pandillas y de violencia – han tenido un impacto perjudicial en la escuela y la vida familiar. Los estudiantes afro-americanos de Palmview Male Cooperative están constantemente experimentando estas fuerzas de socialización callejera y, por lo tanto, están influidos de manera importante por esas fuerzas en el día a día ya que lo viven en el patio y se ve reforzado fuera de la escuela. De hecho, ni siquiera los jóvenes de ingresos de clase media eran inmunes a las presiones de las calles y a las influencias de sus compañeros.

Revisitando el marco de marginación múltiple

El marco de marginación múltiple se aplicó originalmente a las pandillas y a los jóvenes de la calle en barrios empobrecidos (Vigil 1988). Más recientemente, este marco se amplió para incluir a la juventud no dominante que no estaban en pandillas pero que, no obstante, se exponían a las duras realidades de socialización callejera en los barrios pobres (Conchas y Vigil 2012). Este capítulo amplía el marco para incluir a jóvenes afro-americanos de ingresos bajos y medios en tres maneras fundamentales: argumentamos que: (1) las culturas callejeras de los jóvenes son fluidas y no se limitan a

ciertas clases socioeconómicas; sugerimos que (2) la propia escuela per-
petúa el estatus de marginación para todos los niños y jóvenes de color,
independientemente de su clase social; y descubrimos cómo (3) facores
sociales más amplios empujan aún más a los jóvenes afro-americanos hacia
los márgenes de la sociedad.

El marco de marginación múltiple, explica porqué muchos adolescentes
afro-americanos aspiran hacia los ámbitos deportivo y de entretenimiento.
Argumentamos que sus aspiraciones profesionales primarias hacia el deporte
o el entretenimiento por sí mismas generan marginación. Incluso los jóvenes que no aspiran a tener profesiones en esos campos son conscientes del
hecho de que la sociedad no espera que tengan éxito. Aquí radica el poder
del marco de marginación múltiple, es apropiado para explicar las percepciones de los adolescentes afro-americanos en educación secundaria acerca
de las oportunidades en los Estados Unidos hoy en día y de las fuerzas que
elevan las aspiraciones y que limitan las expectativas.

Conclusión

A pesar de la elección de un presidente negro, los estudiantes no pueden
eludir la desigualdad estructural que está presente en la cultura y en la
sociedad americana. Ciertamente, la marea política que ha desplazado la
atención de la nación al primer presidente negro todavía se puede eclip-
sar por la falta de oportunidades en muchas comunidades urbanas que
apenas tienen recursos. El impacto del cambio cultural alcanzado por la
presidencia de Obama debe de tener en cuenta contextos de socialización
en la calle y los barrios en los que viven los jóvenes. Estos, a su vez, arro-
jan luz sobre las experiencias de la juventud contemporánea y perspectivas sobre la movilidad social. La importancia de este estudio radica en
la ventaja de recoger respuestas de jóvenes varones afro-americanos con
diferente rendimiento académico que hablaron abiertamente sobre su
escuela y sus experiencias en su barrio y que reflexionaron abiertamente
sobre sus expectativas profesionales. Las entrevistas en profundidad fueron

particularmente eficaces no sólo en proporcionar los datos necesarios para una presentación vívida y rica de sus vidas, sino también para poner de manifiesto sus perspectivas honestas sobre las realidades en la escuela y en la sociedad que, a menudo, las narrativas de los medios de comunicación eclipsan. A través de estas entrevistas, los participantes ofrecieron sus puntos de vista sobre la influencia de la elección de Obama en sus vidas en el contexto de la historia afro-americana y sobre la larga y constante lucha por la equidad social[5].

Muchos estudiantes afirmaron que la elección de Obama representaba la ruptura de un techo de cristal racial y que ahora podrían aspirar a cualquier profesión. Sin embargo, con referencia a los estereotipos de la sociedad y de los medios de comunicación sobre los afro-americanos, los estudiantes reflexionaron sobre el estrés y el malestar que sufrían cuando se enfrentaban con estas representaciones distorsionadas. Los estudiantes proporcionaron jerarquías sobre cómo las identidades raciales están socialmente clasificadas y cómo estas categorías están institucionalizadas en el sistema de registro de los estudiantes en la escuela. Además de la desigualdad racial en la escuela, los estudiantes subrayaron la importancia de la marginación y la pobreza en sus vidas y en su barrio, manifestada a través de las pandillas callejeras y socialización entre iguales. Lamentablemente, concluimos que la influencia de la elección de Obama no ejercía un efecto discernible en las aspiraciones profesionales de los estudiantes. Los estudiantes todavía desean una profesión como deportista o en el campo del entretenimiento, trayectorias profesionales que no son indicativas de una cultura de oportunidades. La desigualdad racial, la marginación y la pobreza en la escuela y fuera de ella son elementos cruciales que pueden impedir el rendimiento académico de los estudiantes y, en última instancia, limitar sus expectativas profesionales.

La marginación y, en particular, la socialización en la calle deben tenerse en cuenta con el objetivo de crear una estructura de éxito para todos. Reclamamos la necesidad de sistemas de apoyo institucionales y nuevos métodos pedagógicos que acojan la diferencia y creen una disposición positiva hacia el éxito escolar. Aunque ciertas escuelas comienzan a promover experiencias educativas positivas, no transforman igualmente las percepciones de los alumnos acerca de una estructura de oportunidades.

Antes de que ocurra un progreso tangible, debemos luchar contra el peso de la desigualdad social y económica y la socialización callejera en barrios desfavorecidos económicamente. Estos procesos tienen un impacto devastador sobre las experiencias y percepciones de los jóvenes de grupos no dominantes en términos de movilidad social.

La elección de un presidente afro-americano marcó una época de esperanza renovada y optimismo para el país. Sin embargo, la influencia de la elección de Obama únicamente no es suficiente para erradicar la larga opresión histórica de afro-americanos que está impregnada profundamente en muchas instituciones de la sociedad. Este estudio ha mostrado que la pobreza y el racismo, dando como resultado la marginación y la socialización callejera, juegan un papel prominente en las limitadas expectativas profesionales de los estudiantes varones negros. Las múltiples formas de marginación a las que se enfrentan los hombres afro-americanos en la muestra son parte integral de sus percepciones sobre la movilidad social. Es crucial que se tengan conversaciones con respecto a la desigualdad para promover una escuela y una comunidad saludable y tolerante racialmente. Este estudio ha demostrado que un individuo no es suficiente para romper el insidioso techo de cristal racial, aunque esa persona sea un presidente afro-americano de los Estados Unidos de América.[6]

Referencias

Aronson, J., Jannoe, S., McGlone, M. y Johnson-Campbell, T. (2009). The Obama effect: An experimental test. *Journal of Experimental Social Psychology*, 45, 957–960.

Banks, R. R. (2009) Beyond colorblindness: Neo-racialism and the future of race and law scholarship. *Harvard Blackletter Law Journal*, 25, p. 41–56.

Brooks, R. L. (2009). *Racial justice in the age of Obama*. Princeton: Princeton University Press.

The College Board (2002). *2002 College bound seniors: A profile of SAT program test takers.* <http://www.collegeboard.com/prod_downloads/about/news_info/cbsenior/yr2002/pdf/2002_TOTAL_GROUP_REPORT.pdf>.

Columb, C., y Plant, A. (2011). Revisiting the Obama Effect: Exposure to Obama reduces implicit prejudice. *Journal of Experimental Social Psychology, 47*(2), 499–501.

Conchas, G. Q. (2006). *The color of success: Race and high-achieving urban youth.* New York: TC Press.

Conchas, y Noguera. (2004). Understanding the exceptions: How small schools support the achievement of academically successful black boys. In *Adolescent Boys: Exploring Diverse Culture of Boyhood,* edited by Niobe Way and Judy Y. Chu. New York: New York University Press, 317–337.

Conchas, G. Q. and Vigil, J. D. (2010). Multiple marginality and education: The community and school socialization of low-income Mexican-descent youth. *Journal of Education for Students Placed At-Risk (JESPAR),* 15: 1, 51–65.

Conchas, G. Q. y Vigil, J. D. (2012). *Streetsmar schoolsmart: Urban poverty and the education of adolescent boys.* New York: Teachers College Press.

Dasgupta, N. y Greenwald, A. G. (2001). On the malleability of automatic attitudes: Combating automatic prejudice with images of admired and disliked individuals. *Journal of Personality and Social Psychology,* 81, 800–814.

Datnow, A., y Murphy, J. (eds.) (2002). *Leadership lessons from comprehensive school reforms.* Thousand Oaks: Corwin Press.

Fanon, F. (1967). *Black skins, white masks.* New York: Grove Press.

Harry, B., Kingner, J., y Moore, R. (2000). Of Rocks and Soft Places: Using Qualitative Methods to Investigate the Processes that Result in Disproportionately. In *Conference paper presented at the Minority Issues in Special Education, Harvard University November* (Vol. 17, p. 2000).

Howard, T. C. (2008). Who really cares? The disenfranchisement of African American males in pre K-12 schools: A critical race theory perspective. *Teachers College Record,* 110 (5), 954–985.

Jencks, C., y Phillips, M. (1998). *The Black-White test score gap.* Washington DC: Brookings Institution Press.

Joseph, P. E. (2010). *Dark days, bright nights.* New York: Basic Civitas Books.

Kaiser, C. R., Drury, B. J., Spalding, K. E., Cheryan, S., y O'Brien, L. T. (2009). The ironic consequences of Obama's election: Decreased support for social justice. *Journal of Experimental Social Psychology,* 45(3), 556–559.

Kozol, J. (1991). *Savage inequalities: Children in America's schools.* New York: Crown.

Lockwood, P. (2006). Someone like me can be successful: Do college students need same-gender role models? *Psychology of Women Quarterly,* 30, 36–46.

Lybarger, J. E., y Monteith, M. J. (2011). The effect of Obama saliency on indivi-
dual-level racial bias: Silver bullet or smokescreen? *Journal of Experimental Social
Psychology*, 47(3), 647–652.

Marx, D. M. y Goff, P. A. (2005). Clearing the air: The effect of experimenter race
on targets' test performance and subjective experience. *British Journal of Social
Psychology*, 44, 645–657.

Marx, D. M., Ko, S. J. y Friedman, R. A. (2009). The "Obama Effect": How a salient
role model reduces race-based performance differences. *Journal of Experimental
Psychology*, 45, 953–956.

Marx, D. M., y Roman, J. S. (2002). Female role models: Protecting women's
math test performance. *Personality and Social Psychology Bulletin*, 28(9),
1183–1193.

Marx, D. M., Stapel, D. A. y Muller, D. (2005). We can do it: The interplay of a collec-
tive self-construal orientation and social comparisons under threat. *Journal of
Personality and Social Psychology*, 88, 432–446.

McIntyre, R. B., Paulson, R. M. y Lord, C. G. (2003). Alleviating women's mathema-
tics stereotype through salience of group achievement. *Journal of Experimental
Social Psychology*, 39, 83–90.

Mehan, H., Villanueva, I., Hubbard, L., Lintz, A., y Okamoto, D. (1996). *Constructing
school success: The consequences of untracking low achieving students*. Cambridge
University Press.

Mickelson, R. A. (1990). The attitude-achievement paradox among Black adolescents.
Sociology of Education, 63 (1), 44–61.

Milner, H. R. (2006). Preservice teachers' learning about cultural and racial diversity:
Implications for urban education. *Urban Education*, 41(4), 343–375.

Nagourney, A. (2008). Obama Elected President as Racial Barrier Falls. *New York
Times* November 4. Descargado de: <http://www.nytimes.com/2008/11/05/
us/politics/05elect.html>

National Center for Education Statistics (2009). Total fall enrollment in degree-gran-
ting institutions, by race/ethnicity, sex, attendance status, and level of student:
Selected years, 1976 through 2008. Descargado de: <http://nces.ed.gov/
programs/digest/d09/tables/dt09_226.asp>.

Noguera, P. A. (2003a). The trouble with black boys: The role and influence of envi-
ronmental and cultural factors on the academic performance of African American
males. *Urban Education*, 38 (4), 431–459.

Noguera, P. A. (2003b). *City schools and the American dream*. New York: Teachers
College Press.

Noguera, P. (2008). *The trouble with black boys … and other reflections on race, equity,
and the future of public education*. San Francisco: Jossey-Bass.

Oakes, J. (2005). *Keeping track: How schools structure inequality.* (2nd ed.) New Haven, CT: Yale University Press.

Orfield, G., y Eaton, S. E. (1996) *Dismantling desegregation: The quiet reversal of Brown v. Board of Education.* New York: New Press.

Plant, A. E., Devine, P. G., Cox, W. T., Columb, C., Miller, S. L., Goplen, J. y Peruche, M. B. (2009). The Obama effect: Decreasing implicit prejudice and stereotyping. *Journal of Experimental Social Psychology*, 45, 961–964.

Rendón, M. G. (2013). Drop Out and "Disconnected" Young Adults: Examining the Impact of Neighborhood and School Contexts. *Urban Review.* <DOI 10.1007/s11256–013–0251–8>.

Schmidt, K. y Nosek, B. A. (2010). Implicit (and explicit) racial attitudes barely changed during Barack Obama's presidential campaign and early presidency. *Journal of Experimental Social Psychology*, 44, 308–314.

Steele, C. M. y Aronson, J. (1995). Stereotype vulnerability and the intellectual test performance of African Americans. *Journal of Personality and Social Psychology*, 69, 797–811.

Suárez-Orozco, C., y Suárez-Orozco, M. (1995). *Transformations: Immigration, family life, and achievement motivation among Latino adolescents.* Palo Alto, CA: Stanford University Press.

Tatum, A. W., y Muhammad, G. E. (2012). African American males and literacy development in contexts that are characteristically urban. *Urban Education*, 47(2), 434–463.

Taylor, C. A., Lord, C. G., McIntrye, R. B. y Paulson, R. M. (2011). The Hillary Clinton effect: When the same role model inspires or fails to inspire improved performance under stereotype threat. *Group Processes Intergroup Relations*, 14, 447–459.

Tienda, M., y Wilson, W. J. (2002). *Youth in cities: A cross-national perspective.* Cambridge University press.

Veblen, T. (1907). The socialist economics of Karl Marx and his followers. *The Quarterly Journal of Economics*, 21 (2), 299–322.

Vigil, J. D. (1988a). *Barrio gangs: Street life and identity in Southern California.* Austin: The University of Texas Press.

Weiner, B. (1995). Influences of responsibility and social motivation. In M. P. (Ed.), Advances in experimental social psychology. San Diego, CA: Academic Press.

Wilson, W. J. (2009). *More than Just Race: Being Black and Poor in the Inner City.* WW Norton & Company.

Yin, R. K. (2009). *Case study research: Design and methods (4th edition).* New York: Sage Publications.

Estructura de la educación secundaria en Estados Unidos

Curso 9, *Freshman Year*, edades comprendidas entre 14 y 15 años
Curso 10, *Sophomore Year*, edades comprendidas entre 15 y 16 años
Curso 11, *Junior Year*, edades comprendidas entre 16 y 17 años
Curso 12, *Senior Year*, edades comprendidas entre 17 y 18 años

Tablas

Tabla 1: Composición racial/étnica de educación secundaria Smith, 2008–2009

Raza/Etnicidad	Smith	Distrito
Indio Americano	0.50%	0.30%
Asiático	10.60%	8.30%
Isleño del Pacífico	0.60%	1.90%
Filipino	2.30%	3.70%
Hispano	38.80%	51.20%
Afro-americano	13.70%	17.50%
Blanco	33.00%	16.40%
Múltiple/No contesta	0.50%	0.80%
Total	100%	100%

Nota. Adaptado del Departamento de Educación de California (Mayo 2011). Dataquest. Recuperado de <http://dq.cde.ca.gov/dataquest/>. Derechos de autor del Departamento de Educación de California.

Tabla 2: Perfiles de estudiantes y aspiraciones profesionales
de los 24 participantes en el estudio

Nombre	Grado	Reclutado en el equipo de deportes en la escuela	Profesión ideal
David	10	Si	Actor
Jake	10	No	Chef (como en la televisión)
Ty	11	No	Diseñador (como en la televisión)
Larry	11	No	Animador
Jeffrey	10	Sí	Comentarista deportivo
Sam	10	No	Entrenador de baloncesto
James	10	Sí	Jugador de baloncesto
Drew	12	Sí	Jugador de baloncesto
Fred	10	Sí	Jugador de baloncesto
Arthur	10	Sí	Jugador de fútbol americano
Drake	12	Sí	Jugador de fútbol americano
Curtis	12	Sí	Relacionado con los deportes
Marvin	12	Sí	Colegio Comunitario (área de estudios no determinada)
Terrence	12	Sí	Marinero o universidad (campo de estudio no definido)
Cliff	12	Sí	Biólogo
Jarred	12	No	Colegio Comunitario (campo de estudio no definido)
Kevin	12	No	Arquitecto
Burt	11	No	Mecánico
Jonathan	12	No	Sociólogo
Steve	12	No	Agente inmobiliario
Todd	11	No	Orientador educativo
Marcus	11	No	Ingeniero
Raymond	11	No	Fuerzas aéreas
Bill	11	No	Militar

Nota. Los nombres son pseudónimos.

Notas

1   En este capítulo, utilizamos el término de afroamericano y moreno indistintamente.

2   Todos los identificadores son pseudónimos.

3   Es importante señalar que las entrevistas eran exploratorias y hacían preguntas generales para que los estudiantes tuvieran la libertad de contestar con sus perspectivas únicas acerca de cómo sus experiencias dentro y fuera de la escuela se relacionaban con su sentido de movilidad social – los encuentros, por lo tanto, surgieron orgánicamente.

4   Nuestro estudio se basó primeramente en las experiencias de los hombres afroamericanos viviendo en una ciudad grande y diversa localizada en el sur de California, no generalizamos sino que ampliamos teorías existentes. También conceptualizamos la educación urbana como los desafíos dentro y fuera de las escuelas – tanto la pobreza, la falta de acceso a viviendas adecuadas, salud, crimen, como desorden social – que construyen la capacidad del aprendizaje y la calidad de la educación prevista en contextos escolares distintos. Es decir, las cuestiones sobre la educación están inseparablemente vinculadas y relacionadas a cuestiones y problemas que están presentes dentro del medio ambiente urbano marcado por oportunidades limitadas.

5   Mientras estudiamos los efectos de la presidencia de Obama en los estudiantes negros, las investigaciones futuras deberían evaluar las percepciones de los Asiáticos, Latinos, blancos, y esos jóvenes que se identifican como de razas-mixtas para entender sus puntos de vista sobre la posición de los afroamericanos en la era de Obama. Esto puede incluir a las niñas y adolescentes estudiantes y ser ampliado a diferentes regiones geográficas de los Estados Unidos, en particular al área de Washington D.C. y el efecto localizado de la presidencia de Obama en la Casa Blanca. Los estudios longitudinales también pueden examinar las percepciones y actitudes de los estudiantes en diferentes puntos durante la presidencia de Obama. Estas extensiones añadirían elementos comparativos que faltan en el análisis actual, y elementos longitudinales que pudieron habernos dado una perspectiva más profunda sobre el fenómeno de un presidente Afroamericano. Estudios posteriores también pueden intentar descubrir el futuro de los caminos que han llevado a los estudiantes de minorías pobres a perseguir carreras académicas.

6   Los autores agradecen a nuestro estudiante Humberto Gaeta por traducir este texto.

ANA BRAVO-MORENO

4 Educando y aprendiendo desde procesos de racialización

Introducción

Este capítulo tiene como propósito ofrecer una visión holística de lo que ocurre en las aulas de colegios públicos desde la perspectiva del alumnado inmigrante[1], del profesorado y de aquellos profesionales que son responsables del buen funcionamiento de los centros, de asesorar a los estudiantes o de facilitar su trayectoria escolar: orientadoras-psicólogas, personal de apoyo y trabajadoras sociales. Desde esta perspectiva integral y orgánica este texto abordará los siguientes interrogantes: ¿Cuáles son las prácticas, las influencias, las percepciones que el estudiantado tiene de la escuela y de los profesionales de la enseñanza? ¿Cómo percibe el profesorado a sus estudiantes? ¿Está preparado el profesorado para cuestionar las desigualdades con el fin de transformar la práctica educativa actual? ¿Qué política educativa se ha diseñado para ejercer una educación intercultural, inclusiva de saberes, experiencias y visiones?

Este capítulo es el resultado de una investigación[2] cualitativa en Madrid y en Buenos Aires realizada en el curso académico 2009–2010. Cuando tuvo lugar el estudio la mayoría de estudiantes inmigrantes en las aulas españolas provenía de América del Sur (40,7%) seguidos por Europa (28,8%), África (20,6%) Asia y Oceanía (5,3%) y América Central (3,7%) (Ministerio de Educación 2009). Sus padres generalmente trabajaban en puestos precarios o estaban desempleados. El número total de estudiantes extranjeros en España era de 743.696 (9,7%) comparado con el caso de Madrid donde había el 13,8% en el año académico 2008–2009. Solo el 33% de los jóvenes inmigrantes de entre 16 y 18 años se matriculaba en la escuela (no obligatoria) comparado al 83,6% de españoles. El 10% de los estudiantes evaluados en PISA era de origen extranjero, una proporción próxima a la media de la

UE (9,4%) e inferior a la media de la OCDE (11,4%). Los padres autóctonos no desean que sus hijos vayan a escuelas donde haya una presencia significativa de estudiantes inmigrantes de terceros países como Latinoamérica, Marruecos o Senegal (Fernández Enguita 2008). Más aún, los hijos de inmigrantes, de minorías y estudiantes de pocos recursos económicos tienden a concentrarse en escuelas estatales a menudo en barrios marginados donde pueden permitirse el precio de la vivienda (Colectivo Ioé 2012).

En el caso de la Ciudad de Buenos Aires en el año 2010 había un total de 52,7% (223.472) de alumnos matriculados en la etapa de educación secundaria en escuelas públicas, de los cuales el 51,5% (208.122) era de Argentina, el 91,1% (4.776) de Bolivia, el 86,6% (3.346) de Paraguay, y el 86,2% (3.720) de Perú (Dirié y Sosa 2014: 41). El sistema educativo en Argentina ha sufrido una segregación escolar progresiva basada en la clase social. Mientras que las escuelas públicas acogen a la población más desfavorecida, los colegios privados proveen a familias de economías más saneadas. En general, la población inmigrante tiende a concentrarse en escuelas estatales (80%) en la Ciudad de Buenos Aires. Es posible ver cómo la clase socio-económica se relaciona con el origen nacional de los inmigrantes y el tipo de educación que reciben. Mientras que Perú, Bolivia y Paraguay han provisto de la mayoría de trabajo no cualificado en Argentina, los inmigrantes uruguayos y brasileños tienden a trabajar en profesiones que requieren más cualificación (Ceva 2006). Esta diferencia se refleja en las matrículas en la educación pública y privada, tanto en Madrid como en Buenos Aires la segmentación por clase social ocurre incluso dentro del sector público, se clasifica a algunas escuelas de estigmatizadas o escuelas gueto asociadas generalmente con una educación de baja calidad que las clases medias evitan (Fernández Enguita 2008; Neufeld y Thisted 1999).

Métodos

Con el fin de responder a los interrogantes propuestos se ha utilizado una metodología cualitativa comparativa centrada en explorar las perspectivas de los participantes en el estudio a través de entrevistas en profundidad y observaciones en los centros educativos a lo largo de seis meses. Se realizaron un total de 62 entrevistas en profundidad: 26 a profesionales de la educación y 36 a estudiantes en un total de siete institutos de enseñanza secundaria pública en la Comunidad de Madrid (4) y en la Ciudad de Buenos Aires (3) durante el año académico 2009–2010. Se trata de una investigación intensiva más que extensiva cuya preocupación principal son los procesos y las condiciones estructurales y prácticas socioculturales bajo las que operan los participantes. Klave afirma que "lo que importa en la investigación cualitativa no son los datos 'objetivos' cuantificables, sino la interpretación de relaciones significativas" (2008: 11). La elección de la muestra de escuelas se realizó teniendo en cuenta la presencia significativa de población proveniente de Latinoamérica, en el caso de España, y de países limítrofes, en el caso de Argentina, atendiendo también al carácter complejo, la organización y las lógicas de algunos centros educativos y su impacto en la formación de los jóvenes. La elección de la técnica de entrevista en profundidad y de observación permite una comprensión acerca de cómo los jóvenes y el profesorado interpretan los eventos en sus vidas; sus perspectivas dan prominencia a la agencia humana y a la asociación personal de significados (Denzin 2010; Goetz y Le Compte 1988; Hammersley y Atkinson 1994, Wolcott 2007).

La cuestión racial, étnica y de clase

En este apartado, se argumenta que las categorías raciales y étnicas de clasificación de la población que se impusieron durante la época colonial española en América Latina continúan siendo relevantes actualmente en el modo en que se construyen las identidades en ambos lados del Océano Atlántico. La vigencia de esa clasificación se alimenta a su vez de la posición socioeconómica que ocupan las poblaciones inmigrantes de Latinoamérica en ambas ciudades. Por lo tanto, no se trata simplemente de un legado clasificatorio de la historia colonial sino también de los nichos laborales que ocupan los trabajadores inmigrantes. Quijano (2009) sostiene que el modelo de dominación colonial que impuso Europa en América, y posteriormente en otras partes del mundo, fundamentó su poder simbólico en la clasificación de los grupos sociales en torno a la idea de "raza". El color de piel se volvió fundamental para construir jerarquías sociales: el grado de "blancura" estaba directamente asociado con la posibilidad de ocupar posiciones de jerarquía dentro de la estructura social y en la división del trabajo (Quijano 2009). No obstante, en la literatura existe una transición desde una perspectiva que identifica la sociedad en grupos de "razas" estratificadas compactas que compiten por los recursos, a otra perspectiva que busca trazar las maneras en que la "raza" y/o la etnia se construyen y se les confiere significados en un contexto de relaciones de poder desiguales que denominan el proceso de racialización. Existe un acuerdo amplio en la literatura (Murji, Karim, y Solomos 2005; Barot, Rohit, y Bird 2001; Miles y Torres 1999) de que la racialización es un proceso pernicioso al que se subyuga a otros individuos como parte de una red de relaciones de poder[3].

El proceso de racialización se refiere a un proceso representacional, de definición del otro, normalmente pero no exclusivamente, somático (Miles y Brown 2003: 75); y el racismo constituiría una forma específica de racialización, desde el racismo se entiende que existe una clasificación jerárquica de razas que legitima la explotación de unos grupos sobre otros (Torres 1999: 15). Por otra parte, otros autores hablan de la presencia actual de la racialización (Anthias y Pacnik 2013; Miles y Brown 2003; Moodod y Salt 2011; Castles, de Haas, y Miller 2013; Phizackela 2000; Morokvasic 2003) y argumentan que la racialización está directamente relacionada con el mercado laboral, en concreto, con la migración internacional de trabajadores y el desequilibrio de las relaciones de poder que caracteriza al capitalismo moderno. Mientras que el fenotipo es un elemento importante en la racialización de grupos de individuos Miles sostiene que no es el elemento crucial del proceso de racialización (1987). Por ejemplo, se sometieron a diversos procesos de racialización a los judíos en la Alemania nazi (Doron 2013), los inmigrantes irlandeses en Gran Bretaña (en el siglo XIX) o los inmigrantes españoles, italianos y portugueses en el Reino Unido, a lo largo del siglo XX (Bravo-Moreno 2006). Estos ejemplos indican que existe una relación intrínseca entre clase socioeconómica y racialización que asigna un conjunto específico de significados raciales a un colectivo. Para Miles se trata fundamentalmente de un contexto material, esto es, el mercado laboral y la competición de los trabajadores por conseguir un empleo.

No obstante, Portes y Salas (2007), Bourdieu (1987), hooks (1994), Freire (1970), entre otros, nos alertan de que la clase social no se reduce al poder económico, sino que influye en los valores, actitudes, relaciones sociales y en los sesgos que alimentan el modo en que enseñamos y aprendemos. A este respecto, la racialización representa una herramienta conceptual que dirige nuestra mirada al proceso de convertir "raza", etnia y clase en relevante en un contexto particular. El propósito de este capítulo es examinar las circunstancias concretas en las que ocurre este proceso. La racialización no incluye necesariamente intencionalidad pero nos impulsa a detenernos en los sujetos y percatarnos de que para que existan identidades raciales son necesarias otras formas de identificación, Rattansi y Phoenix sostienen que:

> La racialización nos dice que el racismo nunca es simplemente racismo, que siempre existe una imbricación compleja con nación, etnicidad, clase, género, sexualidad y, por lo tanto, una deconstrucción de racismo también requiere simultáneamente y a largo plazo, una estrategia para reducir desigualdades de clase, formas de masculinidad, nacionalismos y otras características sociales, donde los racismos se reproducen en lugares concretos (2005: 122).

Las categorías de clasificación racial, étnica y de clase se hicieron visibles no sólo en los relatos de discriminación de los estudiantes inmigrantes latinoamericanos en Madrid y en Buenos Aires, sino también en la opinión y expectativas que el profesorado manifestó con respecto al estudiantado actual al que atribuye menores capacidades intelectuales y mayores dificultades de aprendizaje. En los relatos del profesorado el bajo rendimiento de los estudiantes está directamente relacionado con el color de piel, la nacionalidad, la distancia cultural, las costumbres y el bajo nivel socioeconómico.

Para ordenar el argumento, 1) se examina la nostalgia que manifiestan los docentes cuando se refieren a su antiguo alumnado comparado con el actual y se analizan las razones que proponen los docentes para explicar las dificultades de aprendizaje, 2) se explora cómo el profesorado construye estereotipos específicos sobre algunos estudiantes inmigrantes en particular y 3) se profundiza sobre los estereotipos que se observaron tanto en las entrevistas al profesorado como en las voces del alumnado sobre las personas de determinadas procedencias geográficas.

Nostalgia de otro perfil de alumnado

Tanto en Buenos Aires como en Madrid, la mayoría de los docentes entrevistados expresaron cierta nostalgia por sus antiguos alumnos, y al mismo tiempo cierto desprecio por sus estudiantes actuales, que se manifestó en referencias peyorativas a sus capacidades intelectuales, sus costumbres y su bajo nivel socio-económico. En el caso de Madrid, Elvira[4] jefa de estudios de un conocido Instituto de Educación Secundaria (IES) público en la capital recuerda:

> Este era uno de los mejores distritos de Madrid en cuanto a alumnos y a notas, y ahora no. Se dice, que los niveles han bajado por culpa de los inmigrantes, y hay una parte de razón. Los que vienen de otros sistemas educativos en países latinoamericanos están muy por debajo del nuestro, en todo. Hay un nivel muy deficiente de destrezas básicas, de leer, escribir, hablar y escuchar; tienen un nivel muy deficiente. Y en el nivel de contenidos, no tienen nada que ver con los que se dan aquí.

En el caso de Buenos Aires, fue llamativa la coincidencia del profesorado sobre el bajo rendimiento académico de los estudiantes. Por ejemplo, Vanina, una directora de una escuela tradicional de la ciudad, comentó cómo cambió el perfil del alumnado que asistía a la escuela. Esto implicó una caída en el nivel académico de los estudiantes y afirma que todavía existen profesores que sueñan con la idea de que alguna vez la escuela vuelva a ser la que era: "El que trabajó acá, se quiere matar, porque esto era la 'Escuela Monte Rey'. Imagínate ... acá venía toda la población israelita de la zona. Era otro nivel y ahora no, la población de la escuela cambió mucho". También mencionó con nostalgia que muchos egresados de la escuela, mayoritariamente de la comunidad judía, se habían convertido en "personas importantes": doctores, abogados y legisladores. Cuando le sugerimos que esos estudiantes también habían sido inmigrantes, ella reaccionó diciendo: "no, no, eso era otra cosa", dejando implícita la noción de que sus actuales estudiantes no tienen ninguna oportunidad de convertirse en "personas importantes".

En las entrevistas, el profesorado mencionó diversas interpretaciones que podrían explicar el mal desempeño escolar de su alumnado. Una primera interpretación hizo referencia al lugar geográfico desde donde provienen, de países de América del Sur. Aparentemente, los adolescentes educados en países sudamericanos estarían más alejados (que los locales) de los contenidos que se aprenden en la escuela argentina y española, contenidos relacionados mayoritariamente con la "cultura europea": "Flojísimo. Es flojísimo, los contenidos, los programas, nosotros los llamamos totalmente ajenos a estos chicos: Esparta, Grecia, la Revolución Francesa" (Directora de escuela, Buenos Aires). Esta interpretación no es casual: históricamente, para construir una identidad nacional, las élites argentinas buscaron promover un estilo de vida europeo que dejó al margen de las narrativas escolares a las culturas indígenas (Tedesco 2003). De este modo, Argentina, y especialmente Buenos Aires, se construyó discursivamente como un enclave europeo en América Latina. Por este motivo, los argentinos construyeron un sentimiento de superioridad respecto de sus vecinos latinoamericanos, donde no había penetrado esta cultura europea.

Este sentimiento de superioridad está reflejado en la cita anterior. La docente está contraponiendo la cultura argentina (más cerca de la europea) con la cultura de los países sudamericanos; particularmente de Paraguay, Bolivia o Perú donde prima la población indígena, considerada diferente al imaginario que se tiene de la identidad nacional argentina. El profesorado, sin embargo, también sugirió otras interpretaciones sobre el bajo rendimiento. Aparentemente, existiría una distancia idiomática y cultural entre el estudiantado inmigrante y porteño que no sólo dificultaría el aprendizaje, sino que además impediría la integración con los demás compañeros del aula, una profesora de historia en Buenos Aires explica: "En cuanto a lo académico es notable. Tienen más dificultades (que los argentinos). Tienen mucha capacidad de aprendizaje, pero insisto: tienen dificultades hasta idiomáticas, que esto es muy difícil de considerar por un simple registro cuantitativo".

Asimismo, algunas docentes también comentaron que el bajo rendimiento académico podría deberse al entorno familiar de los estudiantes; es decir, a la falta de contención que recibirían de sus familias (tanto en Madrid como en Buenos Aires los padres trabajaban largas jornadas en empleos precarios, frecuentemente). Una directora de escuela en Buenos Aires argumenta: "Tenemos mayor cantidad de chicos bolivianos, y a ellos son los que les cuesta más porque vienen con carencias importantes. Las grandes diferencias culturales tienen mucho que ver con el resultado de los aprendizajes". El mismo alumnado reconoce la distancia idiomática, algunos confesaron no comprender palabras del idioma local cuando llegaron a la Argentina. El caso de una alumna boliviana es ilustrativo, hasta tal punto que no podía seguir los dictados porque no entendía lo que estaba diciendo el profesor: "La forma en que hablan los profesores, hablan más rápido o te dictan; en el dictado yo no podía cuando llegué la primera vez. Las palabras son diferentes a las que usamos nosotros. En el caso de Madrid un alumno de Perú resume el sentimiento del alumnado entrevistado: "Al principio me perdía, no entendía lo que la maestra decía, allí decimos lo mismo pero de forma diferente".

Por otra parte, está implícita la idea de que el estudiantado tendría cierta disposición física que desfavorece el ritmo del aprendizaje, mucho más lento que el de sus compañeros locales. Una docente de computación en Buenos Aires relata que la lentitud para el aprendizaje y la escasa capacidad de razonamiento podría deberse a problemas de alimentación sufridos durante la niñez, consecuencia de un contexto de pobreza: "Realmente se nota que en ellos hay una falencia, a veces alimentaria, a veces de las primeras formaciones, de sus primeras infancias".

Debemos mencionar, en este sentido, que cuando la docente alude a los problemas de alimentación está haciendo referencia también a las dificultades socioeconómicas. Según la entrevistada, los contextos de pobreza y déficit de alimentación serían frecuentes en los países sudamericanos. Nuevamente aquí surgen con fuerza las jerarquías raciales impuestas durante el colonialismo español, ya que desde el principio del proceso de colonización, las "razas inferiores" estuvieron asociadas al trabajo no remunerado (Quijano 2009). Con la formación de América se generó una clasificación mental de "raza". El comienzo de la colonización fue marcado por el debate de los conquistadores sobre si la población autóctona tenía alma, sobre su naturaleza humana, una diferenciación que caracterizaba a los europeos de los no europeos. En las prácticas sociales de poder se gestó la imagen de que los no europeos disponían de una estructura biológica diferente de la de los europeos y perteneciente a una escala inferior en la evolución humana. De tal forma que las diferencias culturales se relacionaban con diferencias biológicas y no como el resultado de relaciones desiguales entre los pueblos a lo largo de la historia.

Estas ideas han configurado profunda y duraderamente un tejido de percepciones, de actitudes y de prácticas socioculturales, que perviven en las relaciones entre los individuos transcendiendo el hecho político-histórico de que la relación colonial dejo de existir. Walter Mignolo (2003) ha caracterizado esta lógica clasificatoria bajo el apelativo de "diferencia colonial". La diferencia colonial constituiría un dispositivo producido por la colonialidad del poder[5], consistente en clasificar poblaciones, identificándolas con sus "faltas o excesos" de acuerdo a los patrones eurocéntricos de la colonialidad, lo cual determina la distinción y la inferioridad con respecto a quien cataloga. En este orden de ideas, Europa y los europeos eran el momento y el nivel más avanzado en el sendero unidireccional de la especie humana. Se cristalizó de esta manera otro de los núcleos principales de la modernidad/colonialidad: una concepción de la humanidad, según la cual la población del mundo se diferencia en inferiores y superiores, irracionales y racionales, primitivos y civilizados, tradicionales y modernos (Quijano 2007: 94). Es interesante destacar que algunos docentes enfatizaron que los adolescentes inmigrantes compensarían una parte de su atraso (para razonar) con más esfuerzo y tiempo de estudio (es decir, que a igualdad de condiciones el retraso de los inmigrantes es mucho mayor). Existiría entonces, según esta interpretación, una asociación directa entre la nacionalidad de los estudiantes y la capacidad de razonamiento, según una profesora de computación en Buenos Aires:

> Hay muchos chicos que son buenos alumnos, en lo que se refiere a sus notas, porque son muy estudiosos. Pero a lo mejor en las materias exactas les cuesta horrores. A los extranjeros, en lo que es conocimiento, en lo que es capacidad, les cuesta mucho más. Les cuesta pero ponen más empeño y estudio. (...) Los chicos no razonan, la dificultad para el razonamiento es terrible.

En el caso de Madrid una orientadora-psicóloga afirma: "Les cuesta adaptarse al ritmo. La exigencia académica para ellos suele ser muy alta" y una directora de instituto en la misma ciudad explica: "No se tienen las mismas expectativas (con respecto al alumnado inmigrante). Se tienen menos expectativas, se considera que tienen una base peor y entonces se espera menos de ellos". En términos generales, la mayoría de las entrevistas con los profesionales de la enseñanza de Buenos Aires nos sugieren que la nostalgia por los antiguos alumnos está fundada en categorías raciales (propias de las categorías étnicas que existían en la época colonial) que se manifiestan en las referencias a la disposición física, las dificultades socioeconómicas y familiares, y las diferencias culturales. Lo étnico como explicación causal del bajo rendimiento académico se manifestó incluso en comentarios sobre el color de piel. Una profesora de computación en Buenos Aires comenta: "A lo mejor se da en diálogos con docentes. Entonces yo le digo: '¿Viste, en general, a quiénes les costaba? Les costaba a casi todos los morochitos⁶'. Y es así. Pero como es más estudioso supera a los otros. Porque hay una cuestión de dedicación y estudio que no tiene el vivo, el rápido, el inteligente". Similarmente, en Madrid, Ernesto, jefe de estudios, comentó las diferencias que observa entre los distintos movimientos de migración que han llegado a España.

> En nuestros colegios llamamos inmigrantes a aquellos alumnos extranjeros que son pobres. A los inmigrantes de mejor situación se les llama estudiantes de ultramar, y provienen de la U.E. y de EE.UU. Hay muchos estudiantes extranjeros en España, cuyos padres deben tener muchos trabajos. Recuerdo cuando Argentina y Chile eran dictaduras; solían migrar a España, pero eran psiquiatras, dentistas, y una gran trayectoria educativa que influía en sus hijos. Estas personas no tienen nada que ver con la inmigración que recibimos en la actualidad.

Es interesante que Ernesto ofrezca una doble clasificación que establece una clara jerarquía entre los europeos y los estadounidenses por encima de los profesionales argentinos y chilenos, que incluso se elevan sobre los actuales inmigrantes más pobres. Argentina, Chile y Uruguay (conocido como el Cono Sur) son los países de América Latina que tuvieron más inmigración europea y donde la proporción de criollos descendientes de europeos fue proporcionalmente más alta. Más aún, dado que estos antiguos inmigrantes del Cono Sur eran profesionales que escaparon de las dictaduras militares que se instauraron en sus países en lugar de mano de obra no cualificada, en general tendieron a ser contratados en nichos laborales de los "blancos". Nuevamente, es clara la reproducción de la clasificación jerárquica de la colonia. Asimismo, los docentes hacen hincapié en las mayores dificultades que tendrían los extranjeros en aprender determinados contenidos aparentemente más lejanos para ellos que para una alumna o alumno local como, por ejemplo, los mitos griegos o la revolución francesa. En términos generales, los relatos muestran cómo los docentes sugieren que sus nuevos alumnos son deficitarios en comparación a los que tenían en el pasado. Algunas docentes mencionan con desprecio las formas de vestir y el olor de sus estudiantes latinoamericanos. María, una estudiante de Ecuador de 16 años en Madrid, comentó ciertas actitudes discriminatorias por parte de su profesora de lengua:

> Hay profesores que son racistas, hay alumnos que son racistas. O sea te tratan de una forma despectiva. Te dicen "sudaca"[7] ... A veces los profesores hablan con otras personas y les dan a entender despectivamente que somos inmigrantes (...). La profesora me hacía comentarios de que siempre llevaba mis pechos al aire, que se notaba que era extranjera, y yo nunca mostraba nada. La profesora decía que los "sudacas" huelen a no sé qué, comentarios absurdos.

El racismo, el sexismo y el elitismo de clase contaminan el aula creando una realidad experiencial que está predeterminada y que divide al que pertenece del ajeno. Esto es, a menudo existe antes de que comience el proceso de enseñanza y aprendizaje en el aula. Tanto en las narrativas del profesorado de Buenos Aires como de Madrid se observa que la clasificación de la población en tipos es fundamental. Los comentarios ilustran la nostalgia por el antiguo alumnado. Sin embargo, las diferencias que se marcan con respecto al pasado no tienen que ver sólo con el rendimiento académico, sino que también hacen referencia a cierta disposición física e intelectual que dificultaría el aprendizaje del nuevo alumnado inmigrante.

Explorando cómo "raza", etnia y modos de ser "otros" adquieren significado

En la sección anterior, hemos observado que el profesorado hace apreciaciones discriminatorias sobre su alumnado inmigrante. En este apartado se enfatizan dos cuestiones adicionales fundamentales. Por un lado, se analiza cómo el profesorado construye estereotipos específicos sobre algunos

estudiantes inmigrantes en particular. Asimismo, se examina cómo el alumnado también forma estereotipos sobre sí mismo y sobre su grupo de iguales. Y, por otro lado, se destaca que mientras el alumnado de Buenos Aires
manifestó mayoritariamente (aunque con excepciones) que nunca sufrió
la discriminación del profesorado, esto contrasta con el caso de Madrid. Es
decir, que si bien los y las profesoras de Buenos Aires tienen apreciaciones
discriminatorias sobre sus actuales estudiantes inmigrantes, aparentemente
tendrían un cuidado especial de no expresarlas frente al alumnado o de que
las y los estudiantes no se percaten o sepan articularlo. De todas formas,
como veremos no podemos concluir por ello que el profesorado no dis-
criminara nunca a su alumnado en las aulas. En Buenos Aires, las voces del
profesorado indicaron con cierta claridad la construcción de un estereotipo
arraigado sobre el estudiantado boliviano y peruano. Como se justificará
más adelante, este estereotipo está construido sobre cierta disposición física
que tendrían los estudiantes, y en la cual se reflejaría su cultura y su [in]
capacidad para aprender. Las referencias en este sentido son múltiples y nos
sugieren una imagen consensuada. Una profesora de historia en Buenos
Aires asevera: "Les cuesta mucho la adaptación. Son portadores de una
cultura más bien callada, poco comunicativa, muy tímidos, en general, y a
veces con padres muy rigurosos". Otra profesora de educación cívica en la
misma ciudad comenta: "Son muy reservados. No cuentan muchas cosas. A
veces, hay que acicatearlos para que digan algo. Después de ver a los padres
veo esa idiosincrasia de ser sumisos".

Al mismo tiempo, esta actitud sumisa y de respeto a la autoridad pare-
cería extenderse dentro del aula donde, según los relatos del profesorado el
alumnado inmigrante tendería a ser disciplinado y a obedecer las órdenes
del responsable del aula. Según una profesora de música en Buenos Aires:
"Los estudiantes tienen muy claro el tema disciplinario, muy claro qué es la
escuela, que les viene de los papás. Y los argentinos no tanto ... ahí hay una
diferencia". La opinión mayoritaria del profesorado en el caso de Buenos
Aires es que el alumnado de Bolivia y de Perú era callado, introvertido y
sumiso frente a la autoridad, consecuencia de una cultura rígida y autoritaria donde los padres podrían usar la violencia para lograr la obediencia
de sus hijos. Esta idiosincrasia se revelaría, en palabras de una directora
de Buenos Aires, físicamente en la forma de caminar: "Se manifiesta en el

cuerpo, todos los bolivianitos y los peruanos van siempre así, todos jun-titos, calladitos".

La mirada del profesorado tiene un tinte peyorativo, que ve esta cultura rígida y autoritaria como arcaica (pre-moderna). Sin embargo, al mismo tiempo que los docentes se quejan acerca de cómo estas características influyen negativamente en el rendimiento académico del alumnado, también admite que es más fácil lidiar con padres inmigrantes, porque culturalmente ("tradición" que traen de su país) nunca se quejarán frente al profesor (si sus hijos recibiesen una baja calificación) porque en sus sociedades de origen los docentes ocupan un lugar de prestigio social. En la siguiente cita se podrá apreciar cómo una profesora de educación cívica en Buenos Aires se queja de la sumisión característica de los bolivianos: "Luego de conocer a sus padres, a veces digo "¿Pero por qué tan así? ¡Protesten! ¡Chillen! Si los está cargando alguien que nació acá, protesten". Y después de conocer a los padres veo esa idiosincrasia de ser sumisos. Y te destaco es su gran respeto hacia la escuela". También en las entrevistas con el alumnado aparecieron con claridad los rasgos de este modelo de autoridad tradicional, donde los referentes de autoridad no son cuestionados. En términos generales, estos referentes serían los adultos, los docentes y los padres. Este obedecimiento alcanza tal punto que una estudiante de Bolivia en Buenos Aires reconoció que ni siquiera estaría dispuesta a contestarle a un adulto que le insulta: "A veces en la fila del colectivo te insultan, te dicen "boliviana de mierda" y todo eso; yo me callo la boca porque no les quiero faltar al respeto. Pero los mayores te dicen más: ellos te faltan el respeto en el colectivo que pasa siempre".

En el relato de algunas alumnas y alumnos se desvelaba que en sus países de origen vivieron experiencias escolares donde la autoridad de los profesores era mucho más estricta que en Buenos Aires o en Madrid. Por ejemplo, un alumno de Perú contó que en su escuela estatal de Lima la disciplina se asimilaba a un orden militar:

> Un pantalón negro, una camisa blanca y zapatos negros de corte militar, así tenía-mos que ir. Los preceptores te decían: "Vos estás con el pelo largo y te lo tenés que cortar o te lo corto yo". Cuando te veían cara sospechosa te sacaban la mochila y te revisaban todo. Cosas que no eran del colegio te las decomisaban. Te las devolvían a final de año o cuando iba tu padre a buscarlas.

Alumnos de Bolivia en Buenos Aires contaron que en su escuela incluso los profesores llegaron a golpearlos dentro del aula: "La escuela en Bolivia es muy distinta. Allá los profesores te golpean directamente. Es más exigente. Tienen el derecho de golpear al alumno. Si vos llegás a decirle algo al profesor, ahí no más te pega". La exigencia de la autoridad no vendría solamente de la figura del o de la docente. A través de sus relatos, algunas alumnas y alumnos admitieron estar muy presionados por sus padres que ejercían un gran nivel de exigencia para que sus hijos alcanzasen un elevado rendimiento académico: "Mi padre no me felicita cuando traigo buenas notas, me exige todavía más de lo que doy; él me dice 'que el estudio te va a servir a vos, no a mí'. También me dice 'estudiá, estudiá porque yo no te hago hacer nada'. 'Tienes que manejar tus horarios', me dice". Ahora bien, el relato de uno de los alumnos de Bolivia nos permitirá profundizar en la reflexión sobre las diferencias entre los modelos de autoridad que ejercen los docentes en países como Bolivia y Perú y los docentes en Buenos Aires. Por ejemplo, para definir el modelo de autoridad de los docentes porteños, el alumno dijo lo siguiente: "Aquí es todo lo contrario. Siempre nos respetan los profesores, y hay muchos que no valoran eso. El profesor siempre está pendiente de vos, se preocupa por vos, y eso es lo que yo valoro muchísimo de los profesores de acá, porque ellos te enseñan, y uno tiene derecho a tratarlos como otras personas los tratan".

En el caso de Madrid también surgió el tema del respeto en las entrevistas con las y los estudiantes. El profesorado coincidía con las percepciones que el profesorado de Buenos Aires manifestaba acerca de su alumnado inmigrante. En el caso de los adolescentes, Mario, de 17 años, proveniente de Ecuador que cursa 2º de Bachillerato en un conocido instituto de la capital, llegó a los 10 años a Madrid y resume las percepciones de otros estudiantes entrevistados. Mario señala como concepto fundamental el respeto que debe transmitirse en las relaciones entre adultos y estudiantes en su instituto. Sin embargo, él ve comportamientos que no son respetuosos entre la dirección del centro, directora y jefa de estudios, hacia los profesores ya que les regañan por el pasillo en presencia del alumnado. Algunos profesores también son irrespetuosos en su trato con los estudiantes más jóvenes de 12 años. El respeto es un tema reiterativo en las entrevistas con los adolescentes inmigrantes en Madrid. La ausencia del respeto en las aulas, de los estudiantes autóctonos hacia el profesorado, en las relaciones entre jóvenes y mayores, los primeros no se levantan del asiento en el autobús cuando ven a un anciano, no le hablan con respeto, no le hablan de "usted", dice Mario. La vivencia de la autoridad en los países de origen del estudiantado se quiebra en el contexto madrileño. La autoridad, a veces, se relaciona con el castigo físico, y así lo ven algunos padres, pegan a sus hijos para disciplinarles, en sus países el castigo físico formaba parte de la imposición de la autoridad de los padres y profesores, de tal forma que en Madrid algunos padres sugieren a los profesores que peguen a sus hijos para que "entren en vereda".

Por lo tanto, es interesante profundizar sobre las diferencias en los modelos de autoridad que tendrían los alumnos bolivianos y peruanos respecto a la que propondría el profesorado argentino, de acuerdo al análisis que se realizó a partir de las entrevistas. Mientras que en Argentina el profesorado propondría un modelo de autoridad cercano a lo que Bauman (1993) llama "individualización de la acción", en Bolivia predominaría un modelo de autoridad "tradicional". En la primera los espacios de libertad serían mucho más amplios que en el segundo, donde las personas estarían más obligadas a obedecer – sin discutir – las decisiones de la figura autoritaria. Giddens (1991), argumenta que la sociedad contemporánea está sujeta a la competición entre "múltiples autoridades". En tales circunstancias aquellos que buscan consuelo en una autoridad total arriesgan su capacidad de pensamiento crítico ya que refugiarse en una autoridad dominante es esencialmente un acto de sumisión. La premisa que subyace es que la obediencia es un logro de la manipulación que favorece a aquellos que tienen unos intereses autoritarios en detrimento de una autoridad democrática. Podríamos concluir que buena parte de la actitud "sumisa" que observan los profesores respecto de su alumnado inmigrante y a sus familias estaría emparentada con los diferentes modelos de autoridad que están legitimados en Madrid, Buenos Aires, Perú, Bolivia o Ecuador. Pareciera que en los países de procedencia de estos estudiantes, el modelo pedagógico se caracterizaría por ser más autoritario y coercitivo que el modelo de las escuelas en Madrid o Buenos Aires. La docente es la transmisora privilegiada del conocimiento y las experiencias del alumnado serían irrelevantes, característica que prevalece en modelos autoritarios de educación (Freire 1970, hooks 1994).

Esto contribuiría a la creación de un estereotipo acerca de los estudiantes latinoamericanos como sometidos y sumisos frente a la autoridad.

La escuela, la calle, el transporte público: Espacios de racialización

Asimismo, las voces de las alumnas y alumnos describen la discriminación que sufren en la calle y dentro de la escuela. Por ejemplo, en Buenos Aires una estudiante de Bolivia dice: "Hay muchos que nos discriminan: 'sos boliviana, sos morocha'. Una vez un señor nos empezó a decir que somos 'unos bolivianos, unos negros, unos indios, que vienen acá a sacar toda la plata y después se van'. Siempre le dicen a los bolivianos: 'Boliviano, negro, andá a tu país'. Otra alumna de Perú explica: "También hay personas argentinas que son discriminadoras. Con mi tía, que es un poco más oscurita que yo siempre le dicen 'negrita de mierda'. Yo he escuchado en el colectivo decir 'Todos los peruanos de acá son ladrones, chorros[8] o vienen por la droga'. Yo conozco mucha gente que es honrada, y trabaja normal". Y otra estudiante de Perú resalta la discriminación por el acento: "Por ser de otros lados, a veces se burlan por la tonada". En las tres citas se puede observar cómo el estereotipo que perciben las estudiantes está construido sobre referencias racistas y de nacionalidad.

En primer lugar, se destacan los insultos que reciben de los porteños que hacen referencia al color de piel: "morocha", "negros", "indios", son palabras que reproducen las categorías de clasificación étnica impuesta en la época colonial. La jerarquía que establecía dicha clasificación también aparece reproducida cuando los estudiantes inmigrantes afirman que sienten que los argentinos los tratan como si fuesen de un nivel más bajo: "A veces, es como que los argentinos nos tratan ... de más bajo nivel o algo así" (estudiante de Paraguay en Buenos Aires). Por último, hay que destacar que en los testimonios del estudiantado boliviano de Buenos Aires se observan los discursos que existen en los medios de comunicación, y de algunos políticos que culpabilizan a los inmigrantes de todos los males del país: la falta de trabajo, el tráfico de drogas, y la inseguridad.

Hay que incidir que en las entrevistas de los estudiantes inmigrantes en Madrid, al igual que en el caso de Buenos Aires, también se observan discursos que culpabilizan a la población inmigrante de los problemas internos del Estado español. Por ejemplo, el desempleo o la inseguridad, Erica, alumna de Ecuador se lamenta: "Mucha gente cree que (los ecuatorianos) son mala gente, que roban, que vienen a quitar el trabajo". En Madrid, las voces del estudiantado sugieren que conocen los estereotipos y también relatan experiencias de discriminación en la ciudad. En primer término, aparecen las referencias al color de piel, al igual que en Buenos Aires, como categoría fundamental sobre la cual se construye el estereotipo: los blancos son los europeos, y los "morochos" los latinoamericanos. Carol de 17 años en 2º de bachillerato, llegó a Madrid a los 10 años con su familia desde Ecuador y describe qué les ocurrió viajando en el tren de cercanías de Madrid:

> Tuve una mala experiencia, un grupo de gente comenzó a molestar a mis padres, yo era pequeña y me asusté muchísimo porque un grupo de chicos españoles con palos y cadenas comenzaron a discutir con mis padres, vinieron los guardas y dijeron "váyanse que estos son capaces de matarlos"; a partir de entonces me dio un poco de miedo salir.

Edwin de 16 años, que voló desde la República Dominicana a los 7 años con su hermano a Madrid, cursa 4º de la ESO (un curso inferior al que le corresponde por su edad) y describe alguna de sus vivencias:

> Fue un cambio brusco, llegué a cuarto en primaria y me bajaron un curso. Parece que no tenía la suficiente capacidad y me pusieron en tercero y lo saqué adelante. (...) En general, yo creo que hay racismo, he visto gente en el metro que cuando un amigo mío se va a sentar a su lado, se levanta. O te insultan desde un balcón: "Vete ya de este país, vete". (...) No se trata solo de mi color negro, a un chino aunque haya nacido aquí, también le dicen cosas, porque es chino, hay algo ... Me gusta más mi país, aquí está bien, pero me siento más a gusto allí.

Abundando en lo dice Edwin, la diferencia de color de piel no es esencial para que ocurra el proceso de racialización, esto es, para que se señalen otras características somáticas como significativas, como presencias amenazadoras. El caso de Sofía de 14 años, argentina, judía, que emigró con su familia a Israel a los 7 años y a Madrid a los 8 es interesante; según ella no sufría de discriminación en Madrid porque su color de piel era "blanco"[9]:

"Si tu eres blanquito, eres europeo. Si tú eres morenito, eres ecuatoriano.
Da igual que seas colombiano: eres ecuatoriano. Te ven como si Colombia,
Bolivia, todos los países en Latinoamérica fueran Ecuador. (...) Muchos los
tratan como monos, como si fueran de la misma especie".

Puntualmente en la voz de Sofía se observa cómo en Madrid, y no
en Buenos Aires, los inmigrantes se clasifican en determinadas categorías
comunes que anulan las procedencias particulares de los distintos grupos.
Un ejemplo es el término "ecuatorianos" que se utiliza para referirse a
todos los "morochos" (personas de tez oscura), sin importar si la persona que recibe el calificativo proviene efectivamente de Ecuador o de
otro país[10]. Algunas estudiantes como Karina y su hermana Constanza,
de 16 y 17 años de edad, provenientes de Chile y actualmente en Madrid
asistían juntas al aula de compensatoria[11]. El instituto les había asignado
a cursos inferiores con respecto a los que les correspondían por su edad
y se lamentan de su tutora. Ante mi pregunta "¿Karina, cómo notas ese
prejuicio?" contesta:

> En la forma de hablar, en cómo te responden, en lo que dicen. Con mi profesora de
> lengua (mi tutora) estoy alerta porque siempre nos dice algo malo; yo le respondo
> con educación, nunca le falto el respeto. Para ella España es lo mejor y Sudamérica
> lo peor. El otro día dijo: "Hay gente de Sudamérica que tiene facciones parecidas a
> las de los monos"; y que una profesora diga eso me parece terrible.

En esta cita se puede explorar cómo Karina percibe el racismo de su tutora,
racismo que se alimenta de los comentarios y actitudes que ella observa
de los demás[12] en el contexto escolar. Estas hermanas me pidieron expre-
samente que yo intermediase por ellas ante la orientadora-psicóloga de su
escuela para que su tutora dejara de hacer comentarios racistas. El director ya tenía conocimiento de ello porque los padres de estas estudiantes
fueron a hablar con él. No obstante, el director lo puso en conocimiento
de la tutora quién tomó represalias contra las adolescentes amenazándolas
de que suspenderían el curso si sus padres volvían a hablar con el director.
Cuando yo se lo dije a la orientadora, ésta tachó de "problemáticas" a las
adolescentes y espetó que "lo único que pensaban era en su apariencia y en
casarse para dedicarse a ser mamás". Y que, por otra parte, la tutora era una
funcionaria de edad, que sería muy difícil echarla de la escuela. De tal modo

que la responsabilidad de tomar alguna acción para proteger al estudiantado del aula de compensatoria donde había ocho estudiantes, cinco de ellos de Latinoamérica, un rumano y dos españoles se disipa entre el director, la orientadora y la profesora "de edad" cuya situación contractual le permite seguir abusando de su poder. Ninguno de los tres profesionales provee de un servicio adecuado y ético a estas alumnas que las sitúa en desventaja con respecto al resto de estudiantes.

El racismo y su aceptación pasiva como se ha visto en estas citas se manifiestan en comportamientos individuales, normas institucionales y prácticas socioculturales. La violencia que perpetra el racismo es omnipresente como lo sugieren muchos de los estudiantes inmigrantes a los que hemos entrevistado. En su redefinición de la idea de violencia Bulhan (1985) sostiene que la violencia no tiene porqué implicar daño físico o ser intencional o estar sancionada por la ley; no obstante, sigue siendo violencia. El autor argumenta que la violencia es cualquier relación, proceso o condición por la que un individuo o grupo viola la integridad psicológica, sociocultural y/o física de otra persona o grupo. Desde esta perspectiva la violencia inhibe el desarrollo humano, niega su potencialidad y limita las vidas de los afectados. A este respecto la mayoría del alumnado entrevistado transmitió la vivencia de esos límites. Stevens (2008), en su estudio sobre las percepciones de racismo de los profesores en el caso de estudiantes turcos y belgas en una escuela de formación profesional belga, señala que el profesorado utilizaba diferentes estrategias para no ser percibidos como racistas. En el caso de las escuelas estudiadas en Madrid, Manuel, profesor en una escuela con más del 50% de población estudiante inmigrante habla de la xenofobia de sus colegas a colación de la dificultad que entrañaba percibir su xenofobia:

> En el caso de los profesores es más difícil advertir una actitud xenófoba. En un profesor, tienes que recurrir a tu capacidad de análisis para decir "esto es una actitud xenófoba". No es una actitud manifiesta como a veces ves en los padres y en los alumnos porque éstos no se juegan nada. En cambio los profesores lo hacen de manera que no pueda ser sancionada, es una cosa oculta, pero si eres inteligente ves que eso es una actitud xenófoba.

Ante mi pregunta: "¿Eso influye en cómo da la clase (el profesor) y trata a los alumnos?". Manuel responde:

> Soy optimista porque ante un buen alumno sea del color que sea o de donde venga, el profesor cae rendido y lo sube arriba. Por eso yo pienso que el profesor con la formación que tiene ... pues en ese aspecto yo estoy tranquilo. Son momentos de debilidad que todo el mundo tiene que superar pero tenemos la ayuda del alumno inmigrante bueno que es el que nos salva a los profesores.

En esta cita Manuel hace responsable al alumno de la debilidad del profesor de "caer" en el racismo porque el estudiante no le eleva de su "debilidad" con su rendimiento académico. En este sentido, Karina y su hermana (de la cita anterior), ambas catalogadas como "problemáticas" en el aula de compensatoria, desencadenarían la exacerbación del racismo de su tutora. Omi y Wanant (1994) apuntan a que la racialización toma lugar en las instituciones así como en el número infinito de juicios y prácticas racistas que perpetramos de forma individual. Saunders (1982) señala que hay cuatro tipos de racismo: estructural, institucional, cultural e individual. Argumenta que el racismo estructural se manifiesta de manera encubierta, por ejemplo, cuando en la escuela se forman grupos especiales. En el caso de Madrid se practica la segregación del alumnado ya que su mayoría se concentra en escuelas públicas; no se distribuye equitativamente con las escuelas concertadas a pesar de que estas últimas se financian con dinero público. En segundo lugar, dentro de las escuelas se forman grupos especiales como el aula de compensatoria[13]. A este respecto, una directora de instituto de educación secundaria en Madrid comenta:

> Hay un problema, que generalmente lo que hacíamos, después de hacer una evaluación cero, era poner al estudiante que venía de República Dominicana con 14 años al sistema educativo español en un año inferior al que corresponde por la edad. Pero en algunos casos poniéndole en un curso inferior no era suficiente y había que ponerle en cursos más inferiores aún. Algunas veces con buen resultado, otras con malo y otros con muy malo.

En las aulas de compensatoria de los institutos estudiados predomina el estudiantado proveniente de Latinoamérica y otros países. Según algunas estudiantes entrevistadas, en el caso de Madrid, existía lo que el alumnado denominaba "la clase de los listos y la de los tontos" Erika que llegó de Ecuador a los 8 años y cursaba 1º de bachillerato en un instituto de Madrid, tenía 17 años cuando la entrevisté y describe la separación de alumnado de la siguiente manera: "Nos separaron de clase a los trece años, los que se suponían que eran más inteligentes que los demás nos pusieron en una clase (28 estudiantes en total) y eran todos españoles excepto dos rumanos, una guineana, una argentina y yo. Y en la otra clase estaban más los latinos". En este sentido, Edwin, de la República Dominicana en una cita anterior, dice de sí mismo: "Parece que no tenía la suficiente capacidad y me pusieron en tercero y no en cuarto de primaria" en una escuela madrileña.

Estos sentimientos provocados por el sistema educativo permitiendo que haya "aulas compensatorias" contradice radicalmente la posición de la pedagogía crítica de Paulo Freire cuando afirma: "incluso antes de iniciar el proceso de alfabetización, hay que llevar al educando a asumirse como sujeto de aprendizaje, como ser capaz y responsable" (Freire 2004: 43). Profundizando en este sentimiento deficitario, Cumberbatch, sociólogo británico, que se identifica como africano negro nacido en Barbados (antigua colonia del imperio británico), de padres africanos emigró a Gran Bretaña a los 20 años y argumenta que "a pesar de seguir todos los protocolos, observado las reglas y suscrito las normas culturales de Gran Bretaña no he sido aceptado como un ciudadano en igualdad de condiciones" (2006: 155). Sostiene que a aquellos que han vivido el rechazo se les acusa de no integrarse y esto ha dado lugar a que Carter (1986) defina la integración como una búsqueda sin esperanza.

El racismo institucional también se manifiesta en el curriculum oculto, por ejemplo, en técnicas etnocéntricas de valoración de los conocimientos y las habilidades del alumnado ignorando las lenguas nativas de los estudiantes, sus historias étnicas, sus habilidades adquiridas en sus países de procedencia, sus identidades. Un caso claro es que la mayoría del profesorado entrevistado tanto en Madrid como en Buenos Aires desacredita los conocimientos de los estudiantes adquiridos en sus países de procedencia calificándolos de muy deficitarios con respecto a los sistemas educativos español y argentino respectivamente. El racismo también se extendería a los materiales de estudio etnocéntricos impartiendo un curriculum eurocéntrico, en este caso, tanto en las escuelas de Buenos Aires como en las de Madrid. Hay que recordar que la educación no es políticamente neutral (hooks 1994: 37, Troyna y Williams 2012). A través de la elección de materiales de estudio se enfatiza a quién y qué se considera importante estudiar y, por implicación y por omisión, a quién y qué se piensa irrelevante. Todo ello se acentúa con la ausencia de una comprensión y concienciación sobre el racismo, la clase socioeconómica, el sexismo y otras desigualdades en el curriculum y en la formación del profesorado[14].

Essomba (2010) subraya que la diversidad se sigue percibiendo como un contexto anormal que debe de controlarse con el objetivo de conseguir un contexto educativo estandar que facilite la obtención de conocimiento científico. La formación del profesorado se acerca más al antiguo modelo de integración que al actual objetivo de inclusión. Como consecuencia el rol del profesorado se concibe como experto en los procesos de aprendizaje que permite al alumnado "diferente" (aquellos con necesidades especiales y alumnado inmigrante) compartir tiempo en algunas actividades con el alumnado "normal", un papel que se aleja de entender que el profesorado sea gestor de la diversidad dentro de su aula. La gestión de la diversidad se plantea, pues, como una labor cuyos responsables son los "especialistas" y no la totalidad del profesorado. La diversidad se considera como una especialidad opcional[15]. A pesar de la creencia común de los gobiernos sucesivos y de las universidades cuando se definen las competencias del profesorado para que se enseñe en la diversidad, "parece que la diversidad es el contexto pero no el contenido. Cambiar el discurso no se traduce necesariamente en cambiar las prácticas" (Essomba 2010: 230).

Reflexiones

Este capítulo adopta una perspectiva procesual y orgánica arrojando luz sobre las visiones del alumnado a través de sus propias voces así como las del profesorado y equipo directivo de las escuelas estudiadas. El propósito era analizar los procesos de racialización y etnización en la escuela relacionándolos con la clase socioeconómica que enmarca valores, actitudes y sesgos en las prácticas docentes y en las disposiciones del alumnado en su aprendizaje. En ambas ciudades los sistemas educativos, el curriculum escrito y oculto y los textos escolares imponen extendidamente modelos que destilan los valores de una selección "blanca" de clase media europea. Bauman (1995) asevera que la civilización occidental que se llamó modernidad buscó asegurarse que el resto de la humanidad fuera reducida para que los europeos pudieran proyectar su propia civilización, historia y conocimiento como esencia inefable absoluta. Es más, si tenemos en cuenta los significados de "raza" atribuidos en el racismo científico del siglo XIX esta forma de reificación invita a la posibilidad de explicar el bajo rendimiento académico como el resultado de alguna cualidad corporal de aquellos racializados como negros o étnicos. De tal forma que aquel estudiantado que no cumple con la norma desde el principio está predeterminado a no alcanzarla. Se ha sugerido que la búsqueda de aceptación sociocultural y escolar puede resultar en sentimientos de inadecuación del alumnado. No es la "raza" o la etnicidad la que determina el rendimiento académico sino que el rendimiento académico está determinado por una interacción de procesos socioculturales, uno de ellos se argumenta sobre la articulación del racismo que afecta y legitima la exclusión. Además, las desigualdades de segregación educativa, urbana y económica que sufren las poblaciones inmigrantes estudiadas en ambas ciudades se convierten en un problema social y político, no en una cuestión de capacidad intelectual. Así pues, la equidad no se garantizaría con la provisión de una educación obligatoria pública.

Por último, el profesorado no está bien preparado para gestionar contextos educativos donde predomina la heterogeneidad de habilidades, de trayectorias socioeducativas, lenguas y creencias religiosas. La educación intercultural debe atender a y transformar las percepciones del profesorado tanto como crear nuevas estrategias para educar al alumnado. No se trata de estudiar un manual de "cómo enseñar a los diferentes" para aprender sobre los "otros" esperando instruirse en recetas sobre lo que hacer en las aulas para enganchar a los estudiantes de minorías culturales. El deseo de prestar atención a las técnicas y procedimientos es intrínseco a la creencia de que la educación intercultural es para los hijos de otros y que el conocimiento de esos "otros" puede producir una docencia eficaz para los hijos de esos otros. Como resultado lo que no se aborda es el lugar privilegiado de uno mismo, y lo que no se cuestiona es el deseo de dominio y control, la existencia de jerarquías raciales, étnicas, de género, de clase socio-económica, actualmente e históricamente. La educación intercultural debe transformar las percepciones del profesorado. Es necesario que interroguen sus propios supuestos, creencias y cosmovisiones para transformar sus prácticas educativas, curriculares y pedagógicas; deben examinar sus orientaciones básicas hacia la enseñanza en un contexto de diversidad, equidad y justicia social.

Referencias

Anthias, F. y Pacnik, M. (2013). *Contesting integration, engendering migration.* London: Palgrave.

Bravo-Moreno, A. (2006). *Migration, gender and national identity: Spanish migrant women in London.* Bern: Peter Lang.

Bulhan, Hussein A. (1985). *Frantz Fanon and the Psychology of Oppression.* New York: Plenum Press.

Carter, T. (1986). *Shattering illusions: West Indians in British politics.* London, Lawrence y Wishart.

Castles, S. et al. (2013). *The Age of Migration: International Population Movements in the Modern World.* Basingstoke: Palgrave.

Ceva, M. (2006). *La migración limítrofe hacia la Argentina.* Buenos Aires: Prometeo Libros.

Colectivo Ioé (2012). *Impactos de la crisis sobre la población inmigrante.* <http://www.colectivoioe.org>.

Cumberbatch, M. (2006). Eurocentric approaches to the teaching of race and ethnicity merely serve to reinforce the status quo, en Steve Spencer y Malcolm J. Todd, *Reflections on practice: teaching "race" and ethnicity in further and higher education.* The Higher Education Academy Subject Network: University of Birmingham: 138–161.

Denzin, Norman K. (2010). *The qualitative manifesto: A call to arms.* Walnut Creek, CA: Left Coast Press.

Dirié, C. y Sosa, M. L. (2014). Alumnos extranjeros en el sistema educativo argentino: ¿cuántos son y dónde están? *Revistas Científicas de América Latina, el Caribe, España y Portugal.* <http://www.redalyc.org>

Doron A. (2013). The "racialization" of Jewish self-identity: the response to exclusion in Nazi Germany, 1933–1938, *Nationalism and Ethnic Politics*, 19 (3): 354–374.

ECRI (European Commission against Racism and Intolerance) (2011). Directorate General of Human Rights and Legal Affairs. Council of Europe. Strasbourg Cedex. <http://www.coe.int/ecri>.

Fernández Enguita, M. (2008). Escuela pública y privada en España: la segregación rampante, *Profesorado. Revista de currículum y formación del profesorado* 12: 2–20.

Frankenberg, R. (1993). *The social construction of whiteness: white women, race matters.* London: Routledge.

Freire, P. (1970). *Pedagogía del oprimido.* Madrid: Siglo XXI.

hooks, b. (1994). *Teaching to transgress. Education as the practice of freedom.* New York: Routledge.

Goetz, J. y Le Compte, M. (1988). *Etnografía y diseño cualitativo en investigación educativa.* Madrid: Morata.

Hammersley, M. y Atkinson, P. (1994). *Etnografía: métodos de investigación.* Madrid: Paidós Ibérica.

Kvale, S. y Brinkmann S. (2008). *InterViews: learning the craft of qualitative research interviewing.* New York: Sage.

Mignolo, W. (2003). *Historias locales / diseños globales: colonialidad, conocimientos subalternos y pensamiento fronterizo.* Madrid: Ediciones Akal.

Miles, R. y Brown, M. (2003). *Racism.* London: Routledge.

Miles, R. y Torres R. (1999). Does "race" matter? Transatlantic perspectives on racism after "Race Relations", en Rodolfo D. Torres, Louis F. Mirón y Jonathan Xavier Inda (eds.), *Race, identity and citizenship. A reader.* Malden: Blackwell Publishing: 19–38.

Ministerio de Educación (2009). *Datos y Cifras. Curso 2009–2010.* Madrid: Ministerio de Educación.

Modood, T. y Salt, J. (2011). *Global migration, ethnicity and citizenship.* Basingstoke: Palgrave Macmillan.

Morokvasic, M. et al. (2003). *Crossing borders and shifting boundaries. Identities.* Opladen: Leske & Budrich.

Neufeld, M. R. y Thisted, J. A. (1999). *"De eso no se habla ..." Los usos de la diversidad sociocultural en la escuela.* Buenos Aires: Eudeba.

Quijano, A. (2007). Coloniality and Modernity/Rationality, *Cultural Studies* 21, (2–3): 168–178.

Quijano, A. (2009). Colonialidad del poder y des/colonialidad del poder, Conferencia dictada en el *XXVII Congreso de la asociación latinoamericana de sociología,* Buenos Aires: 1–15.

Phizacklea, A. et al. (2000). *Gender and international migration in europe: employment, welfare and politics.* London: Routledge.

Rattansi, A. y Phoenix, A. (2005). Rethinking youth identities: Modernist and post-modernist frameworks, *Identity: an International Journal of Theory and Research*, 5 (2): 97–123.

Saunders, M. (1982). "Education for a New Community", *Journal of Ethnic and Migration Studies*, 10 (1): 64–71.

Stevens, P. A. J. (2008). Exploring pupils' perceptions of teacher racism in their context: A case study of Turkish and Belgian vocational education pupils in a Belgian school. *British Journal of Sociology of Education*, 29 (2): 175–187.

Troyna B. y Williams, J. (2012). *Racism, Education and the State*. New York: Routledge.

Wolcott, H. F. (2007). The Question of Intimacy in Ethnography, en Geoffrey Walford (ed.) *Methodological Developments in Ethnography (Studies in Educational Ethnography, Volume 12)*, Bradford: Emerald Group Publishing Limited: 27–33.

Notas

1   En este capítulo los términos "jóvenes de origen inmigrante" y "alumnado inmigrante" harán referencia a los hijos de todas aquellas personas que han venido a España (con nacionalidad de un país extracomunitario) o a la Argentina y que puede que posteriormente hayan adquirido la nacionalidad de un país de la UE, en el caso de España, o de la Argentina. Se entiende que es probable que los desafíos educativos específicos abordados en el texto se apliquen a muchos de ellos.

2   Esta investigación fue posible gracias a la financiación de la Agencia Española de Cooperación Internacional y Desarrollo (AECID), Ministerio de Asuntos Exteriores.

3   Sin embargo, hay que tener en cuenta que asignar un significado al propio grupo como "raza" o grupo étnico e infundir este significado con atributos positivos es una práctica común de los grupos subalternos que se defienden y se reivindican colectivamente como, por ejemplo, el movimiento "Black Power" en EE.UU. No obstante, este capítulo no trata de ese tipo de racialización o etnización.

4   Los nombres de las escuelas y de los individuos se han cambiado para preservar su anonimato.

5   La colonialidad se refiere a un patrón de poder que emergió como resultado del colonialismo moderno, pero que en lugar de estar limitado a una relación de poder entre dos pueblos o naciones, más bien se refiere a la forma como el trabajo, el conocimiento, la autoridad y las relaciones intersubjetivas se articulan entre sí a través del mercado capitalista mundial y de la diferencia colonial. Así, pues, aunque el

colonialismo precede temporalmente a la colonialidad, la colonialidad, en tanto eje de poder, sobrevive al colonialismo.

6   "Morochito": de piel oscura.

7   "Sudaca": término peyorativo utilizado en España para denominar a la población latinoamericana.

8   El término "chorro" se utiliza en el argot argentino como sinónimo de ladrón.

9   Ruth Frankberg (1993) argumenta que pensar sobre "raza" es una cuestión acerca de cómo se ejerce el poder cuando aquellos que lo poseen solo pueden ver a los otros como diferentes.

10   Cabe recordar que posiblemente se utiliza el término "ecuatorianos" porque formaban el grupo más numeroso de inmigrantes de Sudamérica en Madrid cuando se realizó el trabajo de campo.

11   "Estos programas van dirigidos a alumnos de 3° y 4° (de 14 a 16 años de edad) de Educación Secundaria Obligatoria (ESO) con dificultades generalizadas de aprendizaje que tendrían pocas posibilidades de superar la ESO siguiendo el currículo ordinario y tienen por finalidad que estos jóvenes, mediante una metodología y unos contenidos adaptados a sus características y necesidades, alcancen los objetivos generales de la etapa y, por lo tanto, obtengan el título de Graduado en Educación Secundaria. Se trata de una medida educativa de carácter extraordinario y por ello se aplica cuando las medidas ordinarias, las medidas de refuerzo y apoyo y la repetición de curso resultan insuficientes para determinados alumnos y alumnas que, por sus características y circunstancias, necesitan ayudas más específicas". <http://www.orientaeduc.com/orientacion/diversidad/48-div ersificacion-curricular>.

12   De las tres conserjes de su escuela, dos españolas y una colombiana, esta última estaba de baja por depresión provocada por el acoso laboral racista de sus dos compañeras, según las alumnas y alumnos que entrevisté del aula de compensatoria.

13   En España, en la etapa de Educación Secundaria Obligatoria, una Orden ministerial dictó que se podrían establecer grupos específicos de compensación educativa, que presentasen un desfase escolar superior a dos cursos en todas las materias "con personas que se encuentren en situación desfavorable como consecuencia de factores sociales, económicos, culturales, geográficos y étnicos". La Ley Orgánica de Ordenación General del Sistema Educativo (LOGSE) (art. 63).

14   A este respecto, la Comisión Europea en Contra del Racismo y la Intolerancia recomendó al gobierno español revisar el método de admisión de los alumnos en los centros escolares públicos y privados concertados para adoptar las medidas necesarias con el fin de garantizar una distribución equitativa de los alumnos españoles, inmigrantes y gitanos en las escuelas (2011: 49). También sugirió a las autoridades que introdujese la educación intercultural como asignatura obligatoria en los programas orientados al personal docente en prácticas y en la formación permanente que recibe el personal docente. Finalmente instó a las autoridades españolas a introducir

educación específica sobre derechos humanos como asignatura obligatoria en el
programa escolar de la educación primaria y secundaria (ECRI 2011: 48).

15   Por ejemplo, en la Facultad de Ciencias de la Educación de la Universidad de Granada
la asignatura de "Interculturalidad y Educación" en la licenciatura de Pedagogía era
una asignatura optativa. Cuando se instauró el Grado se convirtió en una asignatura
no presencial, paso previo para su eliminación final en el curso 2014–2015.

ANNE RÍOS-ROJAS

5   Más allá de la pertenencia condicional:
    Jóvenes inmigrantes navegando en las
    fronteras de la (no) pertenencia en España

En el transcurso de las últimas décadas, como consecuencia de la globalización, España ha vivido transformaciones políticas, económicas y sociales
dramáticas que le han presentado nuevas oportunidades a la vez de generar
un nuevo conjunto de desafíos políticos y problemas sociales. El final de
casi cuarenta años de dictadura franquista hasta mediados de la década de
los setenta, seguida por la incorporación de España a la Unión Europea,
situó a España en una "delicada transición de la dictadura a la democracia",
y resurgir como una sociedad moderna y económicamente avanzada (Aram
1995; Cartea y Gómez 1997). Con una economía en expansión durante esa
época y su nuevo papel como actor importante en el ámbito europeo y en
el mercado mundial, dieron lugar a un aumento en el número de migrantes del "sur global," es decir, de Marruecos, Ecuador, Rumanía y Colombia
(Chacón Rodríguez 2003), sujetos que podían satisfacer la necesidad de
una mano de obra adaptable, trabajadora, barata y flexible. Para el año
2005 España se había convertido en el segundo país del mundo, después
de Estados Unidos, en recibir inmigrantes, la proporción de población
inmigrante había aumentado de 1,6% en 1998 a 11,3% en 2008 (Lanzieri y
Corsini 2006). Los grupos más numerosos de inmigrantes no comunitarios
(a partir de diciembre del 2010) estaban compuestos de personas procedentes de Marruecos, seguidos por Ecuador y Colombia.

Este cambio para España, de ser un país de emigración a uno de inmigración, como han dicho otros autores, ha sido "inesperado" e "inquietante"
(Arocena 2011; Colectivo Ioé 2000; Cornelius 1994; Izquierdo 1995). Esta
inquietud quizás es más evidente en las encuestas de opinión que categorizan
la inmigración como un problema nacional que requiere de intervención.

El malestar social generado por estos flujos migratorios contemporáneos
también son palpables en metáforas populares que suscitan las imágenes
de caos y desastre, que se aprovechan de la vulnerabilidad de los ciudadanos (Zapata-Barrero y van Dijk 2007). Los inmigrantes con más proba-
bilidades de provocar una sensación de ansiedad en el imaginario español
son los que provienen de África, Asia, Europa del Este y América Latina
(Martín Muñoz et al. 2003: 17), sujetos que se encuentran ubicados dentro
de un espacio social controvertido, interceptados por una serie de discursos
contradictorios – narrativas que hacen distinciones entre "ciudadanos" e
"intrusos", "nosotros" (positivo) y "ellos" (negativo), e inmigrantes "autorizados" y "sin papeles" – y una constelación discursiva más amplia que
comunica el mensaje tácito de que ser "inmigrante" implica existir fuera
de los límites de pertenencia nacional (Terrén 2003 citado en Colectivo
IOE 2002; Zapata-Barrero y van Dijk 2006).

Durante estos tiempos globales y paisajes cambiantes, la población
autóctona debe dar sentido a sus nuevos vecinos, y los inmigrantes deben
adaptarse a las concepciones que la sociedad de acogida tiene sobre ellos
mientras desarrollan sus propias narrativas de pertenencia. Como Mortimer,
Wortham, y Allard (2010) señalan, los marcos sociales a través de los que
los inmigrantes se ven y cómo se perciben ellos mismos tienen importantes
consecuencias para sus perspectivas de futuro, en particular, en instituciones sociales como las escuelas donde los estudiantes se miden comúnmente
contra modelos normativos de identidad y éxito. Este capítulo dirige nuestra
atención a las diversas formas en que los jóvenes inmigrantes en España ela-
boraban y negociaban sus múltiples identidades dentro de estas condiciones
de movilidad y ruptura. La atención analítica se centra específicamente en
las maneras múltiples, fluidas y a veces contradictorias, que los jóvenes inmigrantes negocian procesos duales de subjetividad – *self-making and being
made* – en su búsqueda de la "ciudadanía cultural" (Ong 1999). Examino
las formas en que los jóvenes negociaban, interpretaban, y jugaban con sus
múltiples, identidades interseccionadas dentro de limitaciones ideológicas
y materiales particulares (Fina y Sirin 2007; Goffman 1959; Yuval Davis
2010), y el impacto de estas negociaciones en su escolaridad.

Estas contiendas sobre los modos de pertenencia se examinan específicamente a través de las narraciones de Nadia, una joven adolescente de

Marruecos. Al narrar su pertenencia, Nadia sirve como un estudio de caso para comprender las formas múltiples en que los adolescentes inmigrantes confieren sentido y reclaman un sentido de pertenencia dentro de un paisaje cultural cómo jóvenes, como Nadia, que gestionan las complejidades de pertenencia y subjetividad en un mundo complejo y cómo responden a y contradicen los discursos dominantes de la inmigración y las nociones hegemónicas de pertenencia y diferencia que se arremolinan alrededor de ellos. Las narraciones de Nadia sirven aquí como contexto para llegar a una comprensión más profunda de las tensiones, luchas, posibilidades, y preocupaciones a las que los jóvenes inmigrantes a menudo deben enfrentarse, ilustrando las formas en las que la pertenencia no es algo natural, sino que más bien se narra dentro de una serie de relaciones de poder y restricciones situadas (Foucault 1977).

En este capítulo mi mirada analítica está, por lo tanto, dirigida a las diversas formas en las que las jóvenes como Nadia atribuyen significado a los discursos dominantes sobre ciudadanía y la forma en que labran pequeños espacios dentro de esos discursos dominantes para explorar nuevas posibilidades de pertenencia. Esto es, este capítulo propone los siguientes interrogantes: ¿Qué ilustra la narrativa de Nadia sobre la (no) pertenencia sobre las intersecciones que cruzan la identidad, la cultura y el poder? ¿Se interpretarían como catalizadores de cambio? Y, más importante aún, ¿qué es lo que su narrativa exige de "nosotros" – educadores, investigadores, activistas, legisladores – como reto?

Teorizando identidades y la "pertenencia condicional"

En el ámbito de la educación y la escolarización, las y los académicos han observado la manera en que el sentido de pertenencia de los estudiantes, alimentada en parte por el apoyo y la afirmación de identidades múltiples o identidades biculturales, "aditivas", en oposición a la asimilación o identidades "sustractivas," pueden desempeñar un papel decisivo en el compromiso y el éxito académico de los estudiantes, el sentido de "pertenencia" está relacionado con actitudes más positivas hacia la escuela, el trabajo en clase, los maestros y sus compañeros (Carter 2005; Deyhle 1995; Lew 2006; Gibson 1988; Gibson y Hidalgo 2006; González 2002; Mehan, Hubbard, y Villanueva 1994). De hecho, una premisa fundamental de la literatura sobre minorías étnicas y la educación de estudiantes inmigrantes es que la carencia de un sentido de pertenencia, que se manifiesta en identidades reactivas o de oposición, es un desafío frente a los logros escolares.

Sin embargo, estas perspectivas tienden a estar centradas en el individuo, prestando menos atención a las fuerzas estructurales y a la labor ideológica que se invierte en diseñar los límites de la pertenencia en contextos diferentes, quién pertenece y quién no de esa pertenencia somática. En su análisis de pertenencia e identidad, Yuval-Davis, Anthias y Kofman (2005) incluyen una encuesta sobre cómo se construyen los límites de pertenencia a través de intereses de poder, subrayando así la importancia de considerar el papel de la raza, la clase, el género y otras categorías sobre la diferencia social. El análisis tejido a lo largo de este capítulo, por lo tanto, tiene como objetivo el dar cuenta de las formas y relaciones de desigualdad y poder que se filtran en las vidas de los jóvenes inmigrantes y la manera en que estos jóvenes gestionan y construyen identidades diversas en medio de y en contra de estas fuerzas de poder constitutivas. Mientras que el término "pertenencia" incluye los diversos vínculos afectivos que los individuos emplean para elaborar identidades en relación con artefactos e imaginarios, lugares, e historias. El análisis también considera cómo las relaciones de poder definen el significado y las experiencias de pertenencia en los individuos y en los grupos.

Las cuestiones de pertenencia, sin duda, están ligadas a cuestiones sobre la ciudadanía, sus derechos y sus obligaciones. Estos derechos y obligaciones, sin embargo, también se basan en la capacidad de cumplir con criterios extra-legales y criterios culturales acerca de la inclusión dentro de contextos donde "hay inclusión diferencial y exclusión de supuestos ciudadanos a lo largo de las líneas de género, etnia, clase, edad, etc." (Yuval-Davis 2005: 527). En este sentido, la pertenencia figura aquí como un "concepto más amplio" que el de la ciudadanía, ya que "no sólo se trata de afiliación, derechos y deberes, sino también de emociones que estas pertenencias [y exclusiones] evocan" (Yuval-Davis 2005: 526). Este concepto más amplio, de varias capas, y contradictorio acerca de la pertenencia reconoce el papel de la acción humana. Se trata de un espacio de posibilidad y potencial creativo de las personas que se identifican con múltiples identidades y que destacan lealtades variadas y fluidas a través de diferentes mundos culturales sin perder de vista la política y el poder que puede delimitar la agencia (Yuval-Davis 2006). Se intenta nombrar un espacio "donde la sociología de las emociones se intercala con la sociología del poder" (Yuval-Davis 2005: 528). Tal articulación de la identidad desde este marco teórico rechaza la "universalización" del sujeto y se niega a tratar la "diferencia" como algo que existe fuera de la historia, la política y el poder (Hall 1988).

Dicho de otra manera, la agencia inherente a los procesos de formación de identidad y de pertenencia no existe independientemente. Más bien, mi análisis de los procesos de identificación considera las formas en que las identidades se forman en relación o como resistencia a una serie de barreras sociales y representaciones culturales, cómo las identidades se sitúan y toman protagonismo dentro de procesos estructurales y redes ideológicas que dan forma a las prácticas materiales cotidianas y definen sutilmente los límites de la acción individual (Bourdieu 1977; Yuval-Davis 2010). Como marco teórico sobre la pertenencia, se toma en serio la forma en que las realidades materiales de la vida de los jóvenes inmigrantes forman los contornos y contextos de su pertenencia (Moya 2002).

El término "condicional" tiene la intención de nombrar esos límites culturales, ideológicos, históricos y estructurales que median las identidades de jóvenes inmigrantes y la manera en que en sus recorridos cotidianos a través de la escuela, el hogar, la comunidad y la sociedad, están implicados en múltiples formas de poder que los producen y los ubican como ciertos tipos (o categorías) de sujetos en relación con diferentes jerarquías de inclusión y, a su vez, cómo estas "posiciones de sujeto" trabajaron para imponer condiciones sobre su pertenencia (Ong 1996). Las experiencias de los jóvenes inmigrantes, como Nadia, pueden leerse como "actos inmigrantes" actos de agencia, aceptación, resistencia, y supervivencia (Lowe 1996) que implican tanto el estar "sujeto a" procesos de poder, además de ser "sujetos de" o agentes dentro de lo que se puede llamar "el 'juego' continuo de la historia, la cultura, y el poder" (Hall 1990: 225). Sobre la base de estos múltiples marcos teóricos, empleo el concepto de "pertenencia condicional" como una herramienta que dirige la mirada hacia la siguiente cuestión: ¿qué significa pertenecer para los jóvenes inmigrantes que crecen en una sociedad que no está lista para incluirlos como ciudadanos completos? El concepto de "pertenencia condicional" dirige la mirada a las contradicciones inherentes en esta forma de pertenencia ofrecida a los jóvenes inmigrantes, ilustrando en qué condiciones la "diferencia" se reconoció como un recurso y oportunidad, y bajo qué condiciones se veía como un problema que necesitaba ser gestionado y disciplinado. Mi exploración del concepto pretende abrir un espacio de análisis y crítica que es necesario para comprender los procesos de marginación, (no) pertenencia y agencia que los jóvenes inmigrantes gestionan día a día a través de la escuela y la sociedad, la forma en que las "políticas de pertenencia" se producen y se transforman en los contextos cotidianos de jóvenes como Nadia.

Narrando la (no) pertenencia

Como parte de un ejercicio de calentamiento previo a la entrevista, le pregunté a Nadia que hiciera un "mapa" de su identidad, usando palabras o imágenes que surgían en su mente espontáneamente como si se describiese a sí misma. Rápidamente trazando un dibujo de ella usando lápices de diferentes colores, Nadia explicó su representación en los siguientes términos: "Creo que soy así: sincera, divertida, marroquí, y divertida". Echando un vistazo al dibujo era fácil ver el parecido con la chica de quince años de edad, de ojos brillantes y una amplia sonrisa que estaba sentada frente a mí en la mesa del comedor. Durante el tiempo que conocí a Nadia, rara vez la había visto sin una sonrisa. Nadia era una persona que siempre se reía y lograba encontrar el humor en casi todo, ese sofisticado sentido del humor se encontraba presente en nuestras entrevistas así como mis carcajadas al oír sus análisis agudos y sarcásticos sobre temas acerca de la amistad, los profesores, la familia y la política internacional.

Desde el inicio de la investigación los profesores de Nadia la describían como "una chica maja" y "bien integrada" dentro de la vida social de la escuela. Socialmente, ella parecía ser muy querida en el pequeño grupo de compañeras con las que solía socializar en la escuela. Según Nadia, hacer amigos era fácil para ella y nunca se había encontrado a solas en la escuela. Pensaba que esto era debido a que era extrovertida. Nadia describe con humor: "siempre he encontrado a alguien para pasar el rato. No sé, tal vez es porque incluso si no quieren hablar conmigo, voy hasta ellos y les hablo y se ven obligados a decirme '!Adiós!'"

La mayoría de los días la identidad que Nadia protagonizaba era la de una joven segura de sí misma, una chica adolescente, estéticamente podía mezclarse con la gama de estilos adolescentes representados dentro de la jerarquía estética de la escuela (ni demasiado preocupada con su indumentaria para ser una "pija" o una esnob, ni muy descuidada para convertirse en una excluida social), cómoda con los cambios de registros lingüísticos, hablando catalán con algunos de sus amigos, castellano con los demás, y una mezcla de catalán, castellano y árabe con amigos fuera de la escuela y con su familia, y con sus múltiples y fluidas identidades. Como Nadia se describió a sí misma,

> Creo que soy alguien que le gusta conocer a mucha gente, viajar y todo eso y aprender acerca de otros lugares y otros idiomas, no sé. Soy una persona que le gusta muchas cosas [risas]. Quiero saberlo todo. Soy una chapurrera. Quiero decir, cuando alguien nuevo viene [a la escuela] soy una de las primeras personas que habla con él o con ella.

Nadia también era audaz y rápida para identificar cualquier injusticia, un aspecto de su personalidad que en ciertas ocasiones había producido cierta fricción con sus profesores del instituto. Por ejemplo, si percibía que un profesor le había dado una nota injusta (en particular, si sentía que el acto era discriminatorio), ella no era de las que permanecía en silencio. Nadia decía que se había acercado a los profesores para cuestionar una nota que le habían dado y en una ocasión había hasta impugnado a un profesor para que justificara porqué la había calificado con una nota inferior a la de sus compañeros, ya que según Nadia, ella había recibido notas más altas que sus compañeros en los exámenes anteriores:

> Si se trata del mismo examen y lo he aprobado, y otros compañeros no, entonces creo que es injusto. Y más tarde, el profesor dice: "!No me levantes la voz o te castigo!" Y terminó por castigarme ... al menos tuve una sensación de satisfacción cuando le dije que justificara su nota.

Esa oportunidad de ocupar una posición-de-hablar (*"speaking position"*), sin tener en cuenta sus posibles consecuencias académicas, fue un tema que permeaba las narrativas de Nadia con respecto a sus interacciones con sus compañeros y sus profesores en el instituto e ilustra las tácticas creativas que los individuos implementan para poner límites en sus encuentros en el día a día con actores poderosos. Por ejemplo, Nadia también narró incidentes en los que sentía que un profesor en particular la estaba acosando alegando que Nadia "ni siquiera sabía cómo escribir su propio apellido."

> Por ejemplo, en la ESO, tuve a Morán una profesora ... yo escribo mi apellido diferente, ¿de acuerdo? porque lo escribo como se escribe en Marruecos, pero traducido. Y en la lista de la clase, ella lo tenía escrito de manera diferente ... Yo realmente no sé exactamente cómo lo había escrito, ni idea. Así que ella siempre me decía: "Aquí, en lugar de una 'c' debería de ser una 'x'", o algo por el estilo. Cada vez que entraba en clase me decía: "es que ni siquiera sabes cómo se escribe tu propio apellido!" Siempre salía con eso. Me enfadaba y yo le respondía: "Así es como lo deletreo. Yo soy la que lo escribe correctamente, no tú. Debes comprobarlo, tú eres la que lo tiene escrito incorrectamente en la lista," Y entonces ella me dijo: "¿Quieres que te castigue?" A partir de entonces decidí no hacerle caso y no responderle. Le decía: "Sí, sí. Aja. Ya lo cambiaré [la ortografía]".

Es importante tener en cuenta cuestiones como los nombres y el hecho de nombrar, precisamente por su relación con el ejercicio del poder. El legado de la conquista colonial y la esclavitud nos ha enseñado acerca de la política y el poder de nombrar y de ser nombrado. Las poblaciones conquistadas y esclavizadas son conscientes de que: "los que nombran también son los que controlan, y a los que nombran están subyugados" (King 1990: 683). Además, los nombres están profundamente ligados a cuestiones de identidad. Cuando consideramos las dimensiones políticas de la denominación, el desafío de Nadia a su profesora: "es mi apellido, no el suyo", y su defensa del derecho a reclamar la correcta ortografía de su propio nombre sirve para iluminar las tensiones del día a día con las que los jóvenes lidiaban acerca de su sentido de pertenencia. Sarah, la hermana mayor de Nadia (18 años de edad) señaló este ejemplo como una diferencia fundamental en la forma en que ella y Nadia se relacionaban con sus profesores e interpretaban su escolaridad. Como Sarah declaró,

Si los profesores me dicen algo que no me gusta les ignoro. Estoy en el instituto para estudiar y trato de centrarme en eso. ¿Por qué me voy a enfadar por eso, verdad? Pero Nadia no puede. Ella se harta de los profesores.

Al oír esto, Nadia respondió, "Es que yo no soy como tú. Yo si sé cómo defenderme!" Sarah, respondiendo en un tono de hermana mayor, clarificó: "Yo sé cómo defenderme, pero hay otras formas de defenderse, hay otras formas de hacer las cosas." Mientras bebíamos té y pan con miel que la madre de Sarah y Nadia nos había preparado, Sarah mencionó con una sonrisa irónica que su abuela (en Marruecos) era muy parecida a Nadia: "Ella también es así, rebelde".

Negociando identidades múltiples y fragmentadas

Nadia también invocaba con frecuencia una subjetividad transnacional, haciendo referencia, a menudo, a sus vínculos tanto al "aquí" de Cataluña y España y el "allá" de Marruecos. Nadia había viajado desde Tetuán (Marruecos) a Barcelona a la edad de seis años, junto con su madre, sus hermanos, y su hermana para reunirse con su padre. Los meses de verano, como Nadia había descrito, se dedicaban generalmente a viajar para visitar a su abuela y a su extensa red familiar en Tetuán; una experiencia que Nadia esperaba con interés cada año. Su deseo era ahorrar el dinero suficiente para viajar por todo Marruecos. Según Nadia, ser "multicultural" implicaba "saber acerca de las diferentes culturas." Cuando le hice la pregunta de que si ella se consideraba "multicultural," ella respondió afirmativamente, señalando: "Sí, creo que sí, porque por supuesto, sé acerca de las cosas de mi país y también sé acerca de las cosas de aquí, ¿no?".

Su identidad religiosa como musulmana también formaba parte de este sentido multicultural y transnacional de sí misma. Dentro de un campo discursivo saturado con imágenes exóticas de mujeres musulmanas trágicamente oprimidas y sin voz, Nadia resistía estas narrativas dominantes e invocaba su identidad como una joven musulmana, sin vergüenza. Pero, como llegué a entender a través de mis conversaciones con Nadia, ella adoptaba esta identidad, no por razones religiosas, sino que a menudo se basaba en esta identidad para poder mediar los múltiples discursos culturales restrictivos sobre "los musulmanes" y "el Islam". Nadia desplegaba su identidad como marroquí y musulmana para resistir procesos devoradores de asimilación. A pesar de los discursos dominantes que asumían la pasividad de las chicas marroquíes y señalaban que Nadia, al igual que su hermana mayor, muy pronto serían "obligadas por su padre" a llevar velo, Nadia impugnaba esos supuestos de manera desafiante, diciendo: "Lo llevaré cuando decida llevarlo, no porque nadie me lo imponga." Encarnar esta sensibilidad multicultural no estaba exento de trampas. Nadia también hablaba "del peso" de la negociación de sus múltiples identidades (Zaal, Salah, y Fine 2009). Por ejemplo, cuando le pregunté si pensaba que esta sensibilidad multicultural y el multilingüismo podría ser un recurso en su vida, ella respondió:

> Por supuesto, creo que sí, porque al igual que ahora hay una gran cantidad de extranjeros, si sabes inglés, catalán, español y árabe, creo que va a ser útil más adelante porque te van a elegir antes que a otros que sólo saben catalán; porque vas a estar con otras personas que hablan otros idiomas y te puedan entender mejor.

Sin embargo, a mi pregunta de que si sentía que el ser multicultural también podría tener desventajas, Nadia dijo inmediatamente, "Puede ser inconveniente si tienes que llevar velo y que en el trabajo no te permitan llevarlo. Ahí es donde puede ser una desventaja. Pero en general, creo que es más una ventaja que una desventaja." Aunque Nadia toma nota de que las ventajas de ser multicultural generalmente superan los inconvenientes, es interesante observar cómo el velo emerge como una fuente de tensión, una barrera potencial para oportunidades laborales y de acceso a la educación.

Nadia compartió conmigo sus críticas acerca de lo que ella percibía como un trato injusto hacia las mujeres que optaban por llevar el velo en instituciones públicas como la universidad o las escuelas. En ese momento, la historia de una joven que quería ir a una escuela primaria en un pequeño pueblo de Cataluña circulaba por los distintos titulares de los periódicos. Nadia conocía este caso, ya que ella también estaba al tanto de otro incidente y señaló que una joven había sido expulsada de una universidad por llevar el velo. A mi pregunta de cómo se sentía con respecto a estos eventos, Nadia respondió:

> Yo lo veo, en algún nivel, como injusto. Eso digo yo. [Anne Ríos: ¿Puedes explicarlo?] Creo que es injusto, una persona que quiere seguir sus tradiciones y estudiar a la vez debería tener esa oportunidad ¿no? Debido a que hay muy pocas personas que quieran eso, llegar a ese punto, ¿no? No lo sé. El no dejarles, el quitarles esa oportunidad, lo veo terrible. También entiendo que haya gente a la que no le guste el velo y que te lo puedas quitar dentro de la escuela, ¿no? no lo sé. También creo que es injusto.

En la respuesta de Nadia se entrelazan sus críticas hacia los procesos de asimilación y a lo que Modood (2007) se refiere como "un laicismo radical", el medio por el cual las identidades seculares, imaginadas como universales e invisibles se imponen sobre las identidades de las minorías religiosas a través de medios no liberales en supuestas democracias liberales. Nadia señaló agudamente las injusticias de obligar a ciertos individuos a elegir entre sus identidades religiosas y culturales y el derecho a la educación. En su mente, no debe haber opciones exclusivas impuestas sobre los individuos. En su crítica también se cuestionaba implícitamente la supuesta igualdad de tales prácticas. Aunque Nadia hablaba de sus identidades múltiples y variadas como recursos, también lo vivía como fuentes de tensión y dificultad:

> Creo que, por un lado, son [un recurso], ¿no? Pero, por otro lado, es difícil porque, por supuesto, tienen ciertas costumbres, ciertas tradiciones que seguir, ¿no? Sin embargo, para otros parece ser tan extraño, ¿no? Como: "¿Qué haces para el Ramadán? ¿No se puede beber agua ni nada?", es como algo realmente extraño para ellos.

En su narración de subjetividad, se observa la manera en que Nadia es consciente de los efectos de control social y las formas en que otros podrían percibir determinadas prácticas culturales como exóticas o "extrañas". En una entrevista le pregunté a Nadia si podría imaginar cómo sus compañeros y profesores responderían a una estudiante que llevara el velo al instituto. Nadia, en un tono muy serio, respondió:

> De una manera muy extraña. Reaccionarían muy mal. Se quedarían mirando, mirando mal. Pero con el tiempo se acostumbrarían ¿no? Por un lado, este instituto es abierto, pero por otro lado no lo es.

Esta "mirada" de (a) normalidad con respecto al velo surgió de nuevo cuando le pregunté a Nadia si pensaba que podría ser debido a la inmadurez de los estudiantes que estos lo percibían con desconfianza. Nadia describe un momento en que ella estaba de compras con su hermana mayor, que llevaba velo:

> Por ejemplo, mi hermana estaba de compras, y esta persona sólo la miraba constantemente, pero cuando vio que hablaba catalán, bueno, entonces es como, "Oh, mira lo bien que habla!" ¿Sabes? Es como que estás pensando, "No me mires con esa cara porque ..." Es muy extraño. La mayoría [de la gente aquí] es buena, pero hay algunos que no lo son, y te miran mal por el simple hecho de que lleves un pañuelo en la cabeza. Es como decir: "Vamos a ver, en el invierno, hay un montón de ellos que también lo llevan porque hace frío y eso es todo".

Nadia, como se puede leer en sus palabras, era crítica de la híper-visibilidad y el control social orientado hacia ciertos individuos "por el simple hecho de llevar un pañuelo en la cabeza." Cuestionaba la distribución desigual de los significados negativos unidos a ciertas prácticas e identidades. Nadia analizaba críticamente cómo un pañuelo en la cabeza en los cuerpos de algunas mujeres podría ser una fuente de sospecha, un marcador de la alteridad, que sólo se podía expiar mediante la demostración de hablar en catalán (tal vez asegurándole al observador que al hablar catalán estaba más integrada que el llevar el velo pareciera simbolizar). Mientras que en otros cuerpos el llevar un pañuelo en la cabeza se consideraba "normal". Este acto de "vivir en el guión" (Fine y Sirin 2007: 19) que la narración de Nadia indica es necesario para gestionar este espacio estrecho entre lo "anormal" y lo "normal."

Como Nadia también dice en la cita anterior, los jóvenes musulmanes, y las mujeres musulmanas en particular, también llevan el peso de demostrar su legitimidad, y su cercanía al dominante "nosotros" en su cotidianidad en diferentes contextos: al ir de compras, en el tren, y en sus idas y venidas de la escuela. Debido a que se interpreta que el velo, y los sujetos marcados por este símbolo, son algo que existe fuera de los límites normativos de pertenencia y de la nación, la mujer se tiene que esforzar en demostrar que se puede llevar el velo y hablar catalán. Este "peso de la duda" representa un obstáculo inicial para la pertenencia (Puwar 2004: 91).

Es importante señalar también que Nadia narraba todo esto durante un momento particular de la historia cuando el sujeto marroquí y los inmigrantes musulmanes estaban en el centro los discursos de (a) normalidad y racialización, y se articulaban en relación a un exceso de imágenes y textos sobre el "inasimilable moro" y el Islam como la antítesis de la democracia, la españolidad, y la europeidad. Los acontecimientos que rodean la "controversia" de llevar el velo en las escuelas facilitaban comunicar a jóvenes como Nadia que su posición en España era condicional, sujeta a un conjunto de restricciones y condiciones, y que había aspectos de sus identidades que estaban en desacuerdo con las expectativas de la nación. En su relato, Nadia parece aludir a las tensiones de "ser multicultural" dentro de un entorno social y político que permite sólo nociones limitadas de que es lo que constituye el ser "multicultural". Nadia desarrolla estas formas limitadas y condicionales de pertenencia en la siguiente sección.

Negociando una pertenencia condicional

Nadia, a lo largo de su estancia en Cataluña, habló de la necesidad de aprender a navegar y a negociar con una "pertenencia condicional." Como ella narra, el proceso de reivindicación de una identidad como "marroquí" había sido gradual, un proceso de "convertirse" en lugar de "ser" (Hall 1997), y una identidad negociada en relación con las presiones homogeneizadoras palpables y deseos nacionalistas para fijar una identidad determinada. Nadia describió la trayectoria de su identidad como "una niña marroquí", como algo que se forma en ese momento de contacto inicial con el otro dominante cuando llegó por primera vez a España. Los primeros recuerdos de la escuela primaria de Nadia estaban entrelazados por sentimientos de miedo y de tener que formar "otras" identidades:

> Tenía miedo de mostrar quién era yo, y de todo, y tenía que fingir ser otra persona. Pero más tarde, cuando aprendí a hablar y me llegué a conocer mejor a mí misma, pues bien, eso es lo que era, eso es todo. Ya no podía cambiar. Pero tal vez en aquel

> entonces pensé: "Si mi personalidad a partir de ahí no les agrada a los de aquí ... así que busqué una persona e intentaba ser como ella. Buscaba la personalidad de otra persona, aunque no me gusta mucho eso, pero eso es lo que hice."

Nadia aquí describe el proceso a través del cual comienza por "fingir ser otra persona", hasta que finalmente se entera que quien "realmente" es, un punto de no retorno en la auto-narración de Nadia ("Yo ya no podía cambiar"). Se ve a Nadia, años más tarde, tratando de dar sentido a los procesos mediante los cuales otros la posicionan, señalando en sus recuerdos la sensación de que su "personalidad de allí" (Marruecos) probablemente no era bien recibida por "los de aquí". Para manejar esa división entre "aquí" y "allá", Nadia señaló que recurría a asumir las identidades de los demás ("busqué a una persona y en ese momento me hubiera gustado ser como ella.") Visto a través de la perspectiva de Goffman, se observa cómo Nadia adopta las identidades de los demás de manera similar a la forma en que un suplente memoriza el guión de la protagonista principal en un ensayo teatral (Goffman 1959). Los actores, sin embargo, no adoptan sus identidades divorciándose de las relaciones de poder que las entretejen. Como señala Goffman, un actor puede utilizar muchas veces un papel para ejercer un cierto poder o legitimidad y de esta manera influir la interpretación y el tratamiento de los demás hacia él/ella. Goffman (1959: 13) señala que:

> Cuando un individuo proyecta una definición específica de sí mismo afirma implícita o explícitamente ser un tipo de persona particular. Y ejerce de forma automática una demanda moral de los demás que les influye a valorarle y a tratarle de la manera en que las personas de ese mismo tipo tienen derecho a esperar. El sujeto también renuncia implícitamente a todos los modos de ser algo que no parece ser y, por lo tanto, renuncia al tratamiento que sería apropiado para dichas personas.

Nadia habla de la necesidad de asumir la personalidad de los demás para poder ser entendida como "un tipo específico de persona". Este conflicto de Nadia que trata de encajar en lo que los demás interpretan como "normal" surge, a menudo, en los discursos de adolescentes: el deseo humano de pertenecer. Sin embargo, al añadir la dimensión de poder al análisis, se puede también interpretar en la identidad de Nadia un intento de afirmar que es un "tipo de persona" particular en el sentido de Goffman, un sujeto más, como el dominante "ellos de aquí" (España) y menos como "los otros de allá" (Marruecos), una actuación que podría servir para rechazar y reemplazar una identidad estigmatizada "de allí." Sin embargo, es una actuación que no está exenta de una cierta carga psíquica. Como Nadia observa de manera reflexiva, era una práctica de la que no estaba orgullosa: "A pesar de que no me gusta mucho eso, eso es lo que hice". Durante estas últimas conversaciones, Nadia pasó a describir su viaje de negar su identidad marroquí a pasar a una posición de defensa y afirmación enfrentándose a fuertes presiones para asimilar y afirmar lo contrario.

> Soy de Marruecos. Siempre hay gente que dice: "Pero has vivido aquí toda tu vida y hablas muy bien", y tal. Pero da igual, yo nací allí, soy de allí. Y eso es todo. E incluso aunque tuviera la ciudadanía de aquí aún diría: "Soy de allá", porque yo no lo sé pero, en realidad, hay personas que cambiarían para poder decir: "Mira, soy de España," y tal. Pero eso no me interesa. Creo que yo soy así. [AR: ¿Y ha habido veces que esto ha cambiado para ti? ¿Ha habido momentos en que había una parte de ti misma que sentías que necesitabas cambiar?] Bueno, no. Eso depende. Bueno, tal vez antes, sí, ¿no? Quiero decir, cuando estaba en la escuela primaria, donde no conocía a nadie, ni nada, no decía "marroquí". Pero ahora no me importa lo que piensen, porque ya conozco a la gente aquí y cómo son, y eso es todo. Creo que ya sabían [que yo era marroquí], pero si me lo preguntaban no se lo decía. Eso fue durante los tres primeros años de mi estancia aquí. Pero ahora no me importa. Me importa poco lo que las personas me digan. Creo que uno es de donde quiere ser. Tu puedes ser la misma persona sin ... Quiero decir, yo soy de Marruecos, Ana es de aquí, Diana es de Cuba, y todas podemos seguir siendo buenas amigas a pesar de todo, ¿sabes? Uno no tiene que ser de aquí para tener amigos. Y uno no tiene que ser lo mismo que ellos para que sean tus amigos. Si la gente acepta cómo eres, bien, muy bien, pero si no te aceptan, ya encontrarás otros [amigos]. Si me aceptan como soy, bien, si no, ¡adiós!

Hay varias capas de pertenencia en la narración de Nadia: el reclamar una identidad como marroquí parece fuera de lo normal y, como ella me explicó durante nuestras entrevistas, la gente parecía estar sorprendida de que incluso después de vivir en Cataluña nueve años, continuaba reclamando dicha identidad. Este cuestionamiento bien intencionado por otros era a veces exasperante para Nadia. Como me dijo una vez: "Sí, lo sé. ¡Es lo que todo el mundo me pregunta! Todo el mundo dice lo mismo: "Si tú has vivido toda tu vida aquí ¿por qué no dices que eres de aquí?" Dentro de un marco social más amplio sospechoso de identificaciones étnicas, ya que estas pueden impedir la integración, uno puede entender que se trata de una pregunta razonable. Recuerdo un profesor en una conferencia sobre inmigración y educación en la Universidad de Barcelona que su deseo para su sobrino de origen marroquí era que pudiera llegar a reclamar una identidad como "catalán". ¿Por qué Nadia no se veía capaz de reclamar una identidad como "catalana", "española" o "catalana-marroquí"? A lo largo de mi trabajo me he topado con estas tensiones entre otros jóvenes inmigrantes (es decir, jóvenes de América Latina), que también estratégicamente rechazaban tales identidades. ¿Por qué? La tensión, creo, reside en *las condiciones* que se exigen para poder ser capaz de reclamar tal identidad. Es decir, ¿qué es lo que se exige de los jóvenes como Nadia para pertenecer como "catalán" o "español"? Las experiencias personales de Nadia le habían transmitido que el ocupar esa posición implicaría tener que negar o renunciar a muchos aspectos de su ser algo a lo que ella no estaba dispuesta a desprenderse. Como Nadia observó más tarde:

> Si tengo la religión y el idioma y todo eso, entonces me considero más de allí. Pero para la gente de aquí eso no es normal, ya que he vivido aquí casi toda mi vida, se supone que debo ser de aquí. Pero entonces eso significa que no puedo practicar mi religión y lo que sea.

Como Nadia dice sobriamente, reclamando una identidad "de aquí" implica la pérdida de demasiado, ya que implicaría negarle el derecho a practicar su religión, hablar su idioma, y ejercer una serie de otras identidades. Las palabras de Nadia expresan el coste involucrado en esta forma de pertenencia condicional: "Para que ellos me aceptaran yo tendría que cambiar mi idioma y mi religión. Y creo que eso es mucho pedir. ¡Es demasiado!" Como adolescente, Nadia navegaba entre estas tensiones relacionadas con la identidad dentro de unas prácticas socioculturales donde beber y fumar entre la juventud se normalizaban. Por ejemplo, durante los recreos en el instituto, muchos de los alumnos desde 3º de la ESO hasta Bachillerato, esto es, de 14 a 18 años, se reunían cerca de la puerta principal, a veces acompañados por un profesor o dos, para fumar un cigarrillo. Esto me resultaba discordante como extranjera, y terminó siendo un tema popular de conversación entre los adolescentes inmigrantes con los que hablé, que parecían estar horrorizados por la frecuencia con la que los jóvenes y "los españoles", en general, fumaban. Cuando pregunté a Nadia si ella podría considerarse "catalana-marroquí", relató las tensiones que sufría de la siguiente manera:

> No, no, yo no lo creo. Bueno, es así. Por ejemplo, por mi religión, yo no sería capaz de hacer muchas cosas. Pero para todos los demás, como he vivido toda mi vida aquí, piensan que yo debería tener que hacerlas, como consumir alcohol, fumar. Ellos dicen: "Pero ya has estado aquí toda tu vida, ¿por qué no intentas probarlo?" Y, bueno, vamos a ver, "He estado aquí toda mi vida, pero yo soy de allí." y entonces empezamos a discutir y terminamos enfadados.

Nadia ya había vivido un período en el que había sentido una sensación de pérdida y auto-borrado. Ella compartió su experiencia de haber pasado por una etapa en la que no hablaba árabe con sus hermanos y hermana en espacios públicos, un proceso que se podría leer como uno de "silenciar la propia voz" (*de-voicing*) que los sujetos emplean para mediar y negociar contextos de desigualdad. Cuando conocí a Nadia, ella parecía estar en el proceso de elaborar una subjetividad más segura, un periodo de "retomar la propia voz" (*re-voicing*), por así decirlo. En la cita anterior, Nadia aludió así a una alternativa a los procesos más sustractivos de la asimilación que se arremolinaban a su alrededor, invocando identidades más aditivas y maneras de "acomodación y aculturación que no necesariamente requieren de la asimilación" (Gibson 1988). Nadia se basó en sus amistades multiculturales como un ejemplo de las oportunidades inherentes a una forma más amplia de pertenencia, una donde "uno no tiene que ser el mismo que ellos con el fin de que sean tus amigos."

En la declaración de Nadia implícitamente hay una crítica de las formas condicionales de pertenencia, una inclusión que se concedía sólo a través de términos limitados y estrechos (es decir, "ser más como nosotros"). Es una forma de pertenencia que deja poco espacio para los jóvenes como Nadia que no quieren someterse a procesos de auto-borrado completo. Como Tariq Modood ha señalado de manera similar, la igualdad significa: "no tener que ocultar o pedir disculpas por los orígenes, la familia o la comunidad, sino que requiere que se muestre respeto y adaptación de las actitudes y disposiciones públicas para estimular el patrimonio que representan en lugar de esperar que se marchite" (1997: 358).

Las cuestiones relacionadas con pertenencia e identidad eran contradictorias y controvertidas para jóvenes como Nadia, como lo fueron para los demás jóvenes participantes en el estudio que sentían poca motivación para reclamar una identidad como "español" o "catalán", y menos aún cuando estas afirmaciones venían a costa de sus diversas y múltiples identidades, sobre todo cuando para muchas de las formas en que se estaba construyendo la identidad servían para excluirlos de pertenecer a ella. Después de todo, es difícil reclamar la pertenecía a un *club* con el que sientes que perteneces sólo marginalmente (o ni siquiera eso).

A lo largo de mis conversaciones con muchos de los adolescentes inmigrantes que participaron en este estudio etnográfico, jóvenes que oscilaban entre diferentes contextos nacionales, entre ellos Ecuador, Colombia, Bolivia y Marruecos, se expresaba en repetidas ocasiones que no querían tener nada que ver con las nociones de españolidad o catalanidad[1]. Por un lado, estas opciones parecen ser elegidas por la juventud (capacidad agente o agencia) en la elaboración de sus propias identidades ("auto-decisiones" o "*self-making*"). Sin embargo, también es importante reconocer las formas en que lo que podría parecer como agencia propia está también influida socioculturalmente ("*being-made*"). Las personas pueden sentir que no pueden presumir de pertenecer porque anticipan las respuestas negativas de los demás para tales afirmaciones de identidad, o pueden sentir que, a pesar de que parecen tener un fuerte reclamo a primera vista a la identidad nacional, como un ejemplo, la forma en la que se produce social y culturalmente esta identidad nacional sirve para bien excluirlos de pertenecer a ella o exige transformaciones dolorosas de su identidad para adaptarse a moldes estrechos.

Vale la pena señalar que Nadia, a pesar de cargar con los marcadores de integración "exitosa" – el poder hablar la lengua nacional (es decir, catalán), el tener un grupo de amistades (es decir catalán nativo), y que durante el tiempo del estudio ella no mostrara ninguna imagen "obvia" de la "diferencia" o de practicar el Islam (como llevar el velo) – muchas veces sentía que "no encajaba" o que se sentía "fuera del juego." Durante nuestra última entrevista le pregunté a Nadia si sentía que pertenecía en la escuela, en Cataluña y en España. Su respuesta a mi pregunta habla de las formas en que los jóvenes inmigrantes tenían que negociar esa pregunta dentro de las grietas de un espacio liminal, un espacio de diáspora que Trinh Minh-Ha (2010) describe como una condición generalizada de estar "en otro lugar dentro aquí". Como me respondió Nadia: "Creo que no soy ni de dentro ni de fuera. Estoy como en el medio".

Buscando huecos en el discurso: Agencia, subjetividad y poder

Los análisis post-estructurales y postcoloniales han ofrecido importantes conocimientos sobre las dimensiones de la identidad en contextos de opresión y desigualdad, iluminando las formas en que los discursos dominantes de poder nunca son totalmente dominantes. Más bien, hay fisuras y orificios críticos en los discursos dominantes que ofrecen oportunidades para la agencia y actos subversivos de resistencia. Por ejemplo, Nadia, percibía una apertura en su clase de ciencias sociales que podría basarse en un discurso que colocaba a los moros como superiores y más civilizados que los españoles:

> Creo que, no sé, por ejemplo, para la gente de aquí somos los incultos ¿no? los guarros y todo eso. Pero fuimos nosotros quien les enseñó (a los españoles) a ducharse, ¿no? Me gusta que esto venga en el libro. Se quedan así un poco pensativos (hace un movimiento con la mano señalando la cabeza, ¿no? Y (el libro) también habla de cómo inventamos los números, nosotros fuimos quienes aportamos la filosofía, las matemáticas, y todo eso. (AR: ¿entonces te gusta aprender todo esto?) Sí, por lo que los estudiantes pueden aprender que no todos somos estúpidos como ellos piensan que somos. Es como si ellos [los estudiantes] pueden pensar, "Ah, bueno, yo no sabía acerca de esto." Pues bien, espabila! (risas).

Las narrativas sobre suciedad y mugre (frente a la limpieza) han sido centrales históricamente en los procesos de racialización, el medio a través del cual la dominación y la disciplina del Otro ha sido legitimado en las sociedades. A menudo, se utilizan referencias a la suciedad o falta de higiene para marcar cuerpos desordenados (Stephenson 1999). Como argumenta Mary

Douglas la suciedad es una "materia fuera de lugar": "Donde hay suciedad hay sistemas [de poder]. La suciedad es el subproducto de un orden sistemático de clasificación de la materia, en la medida en que se rechazan elementos inapropiados" (1992: 35). A lo largo del año que estuve en España no era raro escuchar a los estudiantes y adultos mencionar "esos moros que no se bañan" o "que huelen mal o raro". Como un estudiante español respondió durante una conversación en un grupo de discusión en torno al tema de la discriminación, él creía que los "moros" eran más vulnerables a ser discriminados por ser "sucios"[2].

Nadia ofreció una visión crítica de esas representaciones hirientes de "moros sucios." Por ello, es importante tener en cuenta la manera en que ella estratégicamente invierte el discurso dominante, recordando que los "guarros" o "los incultos" no son los inmigrantes marroquíes o los moros ("nosotros"), sino los españoles ("ellos") que como Nadia declaró los moros enseñaron a los españoles qué era la higiene. Esta apertura en el discurso social, aunque fuese pequeña, le permitió a Nadia insertarse a sí misma en la conversación y crear un espacio en el que pudiese hacer valer una posición y una subjetividad temporal de más conocimiento y poder.

En última instancia, las narrativas de Nadia de (no) pertenencia a lo largo de este trabajo sirven para ilustrar las formas en que los sujetos negocian fronteras de pertenencia y exclusión dentro de contextos políticamente controvertidos, mientras que también elaboran nuevas posibilidades y visiones sobre sí mismos en un mundo que se globaliza rápidamente. La necesidad de marcos teóricos que nos ayuden a comprender la complejidad de formas en las que los jóvenes hacen y rehacen sus subjetividades híbridas dentro de espacios que dejan poco margen de maniobra, sigue siendo un proyecto en curso. ¿Cómo lo global (colonial) y lo local logran "penetrar en el alma, dejando unos en pedazos y otros inventando radicalmente otras identidades?" (Fine y Sirin 2007: 34).

Para los jóvenes, como Nadia, la historia de invención (y reinvención) de nuevas subjetividades y la lucha por formar identidades fluidas que expresan su plena humanidad en relación con discursos poderosos de asimilación cuyo objetivo principal no es la acogida de "diferencias" sino más bien su control a través del establecimiento de condiciones. El mensaje más importante transmitido a jóvenes transnacionales es: "primero asimilar, y luego ser diferente dentro de los límites permitidos" (Minh-Ha 2010: 81). Las narrativas de Nadia parecen desafiar y resistir esta acción de simplificación y de fronteras nacionalistas revelando cómo en el fondo las identidades culturales son híbridas y procesuales. De hecho, lo híbrido es una característica habitual de nuestra época global, pero esta ambigüedad se ha visto acompañada por el endurecimiento de las fronteras en torno a las diferencias y una propensión virulenta para contener lo que nunca podría ser totalmente contenido en el primer lugar. ¿Cómo pueden las contra-narrativas y experiencias de Nadia ayudar a avanzar más allá de un callejón sin salida? ¿Cómo nos permite encontrar un hueco en lo que parece un discurso totalizador?

Referencias

Aram, J. (1995). Economic Liberalization and Social Values: Spain in the decade of the 1980s. *Journal of Behavioral and Experimental Economics 24, 1,* 151–168.

Arocena, F. (2011). From emigrant Spain to immigrant Spain. *Race & Class, 53*(1), 89–99.

Bourdieu, P. (1977). *Outline of a Theory of Practice.* Cambridge: Cambridge University Press

Chacón-Rodríguez, L. (2003). La inmigración en España: Los Desafíos de la Construcción de una Nueva Sociedad. *Migraciones* (14), 219–304.

Colectivo-IOE (2002). *Inmigración, escuela y mercado de trabajo: Una radiografía actualizada.* Barcelona: Fundació "La Caixa".

Cornelius, W. (1994). Spain: The Uneasy Transition from Labor Exporter to Labor Importer. In W. Cornelius, P. Martin y J. Hollifield (eds.), *Controlling Immigration: A Global Perspective.* Stanford: Stanford University Press, pp. 331–369.

Fine, M., y Sirin, S. (2007). Theorizing hyphenated selves: Researching youth development in and across contentious political contexts. *Social and Personality Psychology Compass,* 1(1), 16–38.

Gibson, M. (1988). *Accommodation without Assimilation: Sikh Immigrants in an American High School.* Ithaca: Cornell University Press.

Goffman, E. (1959). *The Presentation of Self in Everyday Life.* Garden City: Doubleday.

Hall, S. (1990). *Cultural Identity and Diaspora*. In J. Rutherford (Ed.), Identity: Community, Culture, Difference. London: Lawrence and Wishart.

Hall, S. (1997). *Representation: cultural representations and signifying practices*. London: Open University.

Izquierdo, A. (1996). *La inmigración inesperada: La población extranjera en España (1991– 1995)*. Madrid: Trotta.

King, S. (1990). Naming and Power in Zora Neale Hurston's Their Eyes were Watching God. *Black American Literature Forum, 24*(4), 683–696.

Lanzieri, G., y Corsini, V. (2006). *Eurostat: First demographic estimates 2005*. Luxembourg: European Communities.

Martin-Muñoz, G., García-Castaño, J., López-Sala, A., y Crespo, R. (eds.). (2003). *Marroquíes en España: Estudio sobre su integración*. Madrid: Fundación Repsol.

Minh-ha, T. (2010). *Elsewhere, within Here: Immigration, Refugeeism, and the Boundary Event*. New York: Routledge.

Modood, T. (1997). *Church, state, and religious minorities: PSI Research Report*. London: Policy Studies Institute.

Modood, T. (2007). *Multiculturalism: a civic idea*. Malden: Polity Press.

Mortimer, K., Wortham, S., y Allard, E. (2010). Helping immigrants identify as "university-bound students": unexpected difficulties in teaching the hidden curriculum. *Revista de Educación* 353, 107–128.

Moya, P. (2002). *Learning from Experience: Minority Identities, Multicultural Struggles*. Berkeley: University of California Press.

Ong, A. (1999). *Flexible Citizenship: The Cultural Logics of Transnationality*. Durham y London: Duke University Press.

Puwar, N. (2004). Space invaders: Race, gender and bodies out of place. Oxford: Berg.

Yuval-Davis, N. (2006). Belonging and the politics of belonging. *Patterns of Prejudice, 40*(3), 197–121.

Yuval-Davis, N. (2010). Theorizing Identity: Beyond the 'Us' and 'Them' Dichotomy. *Patterns of Prejudice, 44*(3), 261–280.

Yuval-Davis, N., Anthias, F., & Kofman, E. (2005). Secure borders and safe haven and the gendered politics of belonging: Beyond social cohesion. *Ethnic and Racial Studies, 28*(3), 513–535.

Zapata-Barrero, R., y van Dijk, T. (eds.) (2007). *Discursos sobre la inmigración en España: Los medios de comunicación, los parlamentos y las administraciones*. Barcelona: Fundació CIDOB.

Notas

1   Este capítulo se basa en un estudio etnográfico realizado con jóvenes inmigrantes, cursando 3° y 4° de la ESO (Educación Secundaria Obligatoria) entre 14 y 16 años de edad, que asistían a un instituto o escuela secundaria pública ubicada en el área metropolitana de Barcelona. Los participantes sujetos de estudio eran de Marruecos y de varios países de América Latina, diversos en términos de sus orígenes nacionales y regionales, así como las edades que tenían cuando llegaron a España lo largo de mi año en la escuela, acompañé a los estudiantes a sus clases, entrevisté a sus profesores y a sus familias, así como al resto del personal de la escuela, y pasé tiempo con ellos durante sus recreos y después del horario escolar. Como parte de la investigación, también realicé grupos de discusión con otros jóvenes de origen inmigrante y estudiantes (castellanos y catalanes) "nativos", también entrevisté a varios funcionarios de la ciudad, trabajadores sociales, organizaciones comunitarias, y otros miembros de la comunidad.

2   Por ejemplo, Stephenson señala en su estudio etnográfico sobre las mujeres indígenas en los Andes bolivianos cómo existían discursos raciales y de género que construían a la mujer indígena que llevaba "polleras" (faldas tradicionales de varias capas utilizadas por las mujeres andinas) como "sucias" o "carentes de higiene." "La suciedad y la contaminación constituían discursos hegemónicos de trastorno para designar y controlar las comunidades andinas y los pueblos cholos" (1999: 112). Este discurso a su vez alimentaba los programas de educación sobre salud pública diseñados para enseñar a las mujeres indígenas sobre una "higiene adecuada". Además, Gibson en su etnografía sobre inmigrantes Sikh en una escuela de educación secundaria en los Estados Unidos describe cómo los estudiantes punjabis eran, a menudo, objeto de burlas verbales tales como "apestas" (1988: 142) conformando todo un sistema de pensamiento sobre el otro.

6 Producción y reproducción de desigualdades a través de un programa de integración dirigido a estudiantes extranjeros

> ... schooling is structured to produce a hierarchy of achievement that sorts students into unequal labor market roles. Failure and success are mutually co-constructed and interdependent social categories, and when individual students get ahead in school, they always do so by getting ahead of others.
> —NYGREEN 2013: 159

Introducción

La etnografía permite colocarnos en un lugar privilegiado para analizar la vida diaria en la escuela y hacer explícitos los mecanismos que intervienen en la producción de las subjetividades que van moldeando las trayectorias de los estudiantes. Las trayectorias escolares se configuran a veces de forma intencionada y abierta, como ocurre en la toma de decisiones, tanto por parte del los profesores como de los estudiantes; pero más a menudo este proceso ocurre de una manera implícita e imperceptible, casi inconsciente, llegando a crear la ilusión de que son "lógicas" y "naturales". El trabajo etnográfico realizado desde la estrategia analítica de la subjetividad[1] entiende que:

> each person is at once a subject for himself or herself – a *who* – and an object for others – a *what*. And though individuals speak, act, and work toward belonging to a world of others, they simultaneously strive to experience themselves as world makers (Jackson 1998: 8).

Y desde esta perspectiva, el objetivo del análisis consiste en desafiar esa "ilusión de lógica y naturalidad" para reconocer los patrones empleados, en el día a día, al producir, reproducir, desafiar y, en última instancia, legitimar las desigualdades en las trayectorias escolares de los estudiantes. Mi propia contribución a este objetivo se apoya en el uso de dos ideas concretas que me van a permitir reelaborar el material etnográfico de un trabajo de campo realizado en Madrid, entre el 2005 y el 2008, en el marco de un programa destinado a facilitar la escolarización de estudiantes extranjeros recientemente llegados del extranjero a la Comunidad de Madrid.

La primera idea tiene que ver con mi percepción[2] de que los agentes de la escuela obvian recurrentemente su capacidad de agencia, atribuyendo siempre a causas externas (la familia, las condiciones socio-económicas, el carácter del estudiante, etc.) lo que perciben como logros y fracasos de sus estudiantes. En los casos en los que me he atrevido a señalarles esta omisión en sus explicaciones, han pasado de eludir a negar explícitamente que su influencia resulte significativa ante otros elementos que citan como "dados" e implícitamente presentan como "imponderables" (Del Olmo 2010). La segunda idea está relacionada con la transmisión de los privilegios. Entiendo los privilegios como las ventajas de partida con las que una persona cuenta con respecto a las demás (Del Olmo 2012). Sorprendentemente se encuentran en los discursos de los profesores entre las razones que emplean para explicar el éxito y el fracaso (y por eso esta idea está estrechamente relacionada con la anterior). Sin embargo, en la escuela, al igual que en otros muchos contextos sociales, los privilegios resultan invisibles porque no parece que cumplan un papel a la hora de producir, reproducir y legitimar la jerarquía de éxito y fracaso con la que la escuela como institución clasifica a los estudiantes (Nygreen 2013: 159). Pero a lo largo de este texto voy a argumentar lo contrario, ya que el trabajo etnográfico me va a permitir contribuir a hacer explícita la enorme responsabilidad de los privilegios en el contexto educativo a la hora de producir, reproducir y legitimar la desigualdad, y también que son muy efectivos precisamente porque son invisibles, lo que nos permite a todos actuar como si no existieran.

Contextualización

La Comunidad de Madrid puso en marcha en el curso 2002–2003 un programa dirigido a los estudiantes extranjeros recién llegados al país para facilitar su integración[3] en el sistema educativo[4]. El programa se denominó "Escuelas de Bienvenida" y al principio se pretendió llevar a cabo a través de la puesta en marcha de tres subprogramas que tenían tres objetivos diferentes, pero dirigidos todos al mismo fin: las Aulas de Enlace, el programa de ocio y tiempo libre para facilitar la integración y la formación del profesorado en educación intercultural. Los dos últimos tuvieron un incipiente desarrollo y muchas dificultades de puesta en marcha, no se abandonaron del todo, pero se identificaron con otras acciones ya existentes en la Consejería de Educación (entre la oferta general de formación de profesores) o de la Consejería de Juventud (entre los programas dirigidos a jóvenes en general) hasta que terminaron abandonándose.

Las Aulas de Enlace, por el contrario, son el único subprograma que ha tenido un funcionamiento continuado desde que el programa Escuelas de Bienvenida se pusiera en marcha, de manera que la política desarrollada por la Consejería de Educación de la Comunidad de Madrid para atender las necesidades específicas de los estudiantes extranjeros se ha identificado con las "Aulas de Enlace", quedando olvidados tanto el nombre original de la medida, como los subprogramas que tenía asociados, y por lo tanto la mayor complejidad del programa inicial. Han tenido un desarrollo que llegó a su punto más alto (142 aulas) durante el curso 2008–2009. Desde entonces han ido disminuyendo hasta las 36 aulas del presente curso 2013–2014, sin que esta evolución se corresponda con la mayor o menor presencia del alumnado extranjero en las escuelas.[5]

La normativa que regula las Aulas de Enlace (Consejería de Educación 2002) ha ido sufriendo pequeños cambios a lo largo de los años, pero las características y condiciones del programa han permanecido siendo esencialmente las mismas. El programa es voluntario, pero las comisiones de escolarización lo aconsejan a las familias de estudiantes recién llegados del extranjero si tienen escaso conocimiento de la lengua vehicular, si la comisión considera que presentan un desfase curricular significativo aunque hablen español, y por supuesto cuando presentan las dos cosas: desfase curricular y desconocimiento de la lengua vehicular.

El programa puede ser solicitado por los colegios sostenidos con fondos públicos (tanto privados como concertados) o recomendado por la Consejería de Educación a través de la subdirección de inspección educativa. En ambos casos, los colegios deben cumplir una serie de requisitos: a) aceptar los términos del programa, b) disponer de un espacio adecuado para instalar el aula, c) disponer de plazas de escolarización suficientes cuando los alumnos salgan del Aula de Enlace, d) estar emplazados en zonas geográficas con una concentración significativa de población migrante, e) tener experiencia previa en la escolarización de estudiantes extranjeros que desconozcan la lengua vehicular, f) disponer de programa de comedor y extraescolares y, finalmente y esta condición sólo se cumplió al principio, g) que exista un balance de aulas de enlace entre áreas urbanas y rurales.

Cuando un colegio consigue o se le asigna el programa, la Consejería proporciona una subvención, en el caso de los colegios concertados, y, en el caso de los públicos, además un profesor a tiempo completo y otro a tiempo parcial. La subvención está destinada al equipamiento del aula con material docente (libros, papel, bolígrafos y demás material escolar), un ordenador, programas de enseñanza español como segunda lengua, un monitor de televisión, un lector de video y, en el caso de los colegios concertados, a la contratación de un tutor de aula.

El Aula de Enlace reúne hasta 12 estudiantes de diversas procedencias, con distinto conocimiento del castellano, distintos niveles académicos y diferentes edades. Al principio se dividían en aulas de primaria, aulas de secundaria y mixtas. Las primeras estaban destinadas a alumnos cuyas edades se correspondían con los cursos de referencia de 3º hasta 6º de Primaria (9–11 años); las segundas a los alumnos cuyos cursos de referencia correspondían a la Educación Secundaria Obligatoria (12–16 años); las mixtas reunían a todos juntos. A pesar de que la medida fue evaluada por la comisión de inspección durante los tres primeros cursos académicos de funcionamiento del programa y los evaluadores recomendaron la desaparición de las aulas mixtas, en la actualidad, todas las Aulas de Enlace son mixtas. Los estudiantes deben permanecer en estas clases hasta que desarrollan un conocimiento del castellano suficiente como para incorporarse a los cursos de referencia, y hasta un máximo de nueve meses[6], pero desde las primeras semanas están obligados a asistir a algunas asignaturas en los cursos de referencia que les corresponden.[7]

Los estudiantes de las Aulas de Enlace, a pesar de pertenecer al programa, no están oficialmente escolarizados hasta que no terminan el programa y se matriculan en un curso regular, en un programa especial (diversificación o compensatoria) o en un PCPI (Programa de Cualificación Profesional Inicial), ya sea en la misma escuela en la que han asistido al Aula de Enlace o en otra diferente.[8] Los estudiantes salen del programa después de una evaluación satisfactoria de su conocimiento del español o porque se acaba su tiempo de permanencia en el programa. El tutor o tutora del Aula de Enlace recomienda al alumno o alumna el curso o programa en el que piensa que se debería incorporar, de acuerdo con la junta de evaluación.

En la Comunidad de Madrid se han centrado diversas investigaciones en los alumnos migrantes; desde el trabajo pionero de Adela Franzé (2002), varios investigadores del mismo equipo y otros equipos han escrito sobre el tema, algunos centrados específicamente en las Aulas de Enlace: Franzé y Jociles (2008), Franzé, Jociles y Poveda (2009), Jociles, Poveda y Franzé (2014), Jennifer Lucko (2008), los textos reunidos en la obra colectiva Fernández Montes y Müllauer-Seichter (2009) de los que dos se refieren explícitamente a las Aulas de Enlace (Llorente Torres 2009 y Del Olmo 2009), la obra colectiva coordinada por Luisa Martín Rojo y Laura Mijares (2007), especialmente el capítulo de Pérez Milans (2007), el artículo de las mismas autoras (Martín Rojo y Mijares 2007), Ortiz Cobo (2006), Boyado Revilla, Estefanía Lera, García Sánchez y Homedes Gili (2004), Cucalón Tirado (2007 y 2012), mis propios trabajos sobre el tema (Del Olmo 2007 2009 y 2010), Moreno et al. (2010) y García Fernández et al. (2009). Estos trabajos se han centrado fundamentalmente en dos ejes de análisis, el tema de la integración y la enseñanza del español como segunda lengua. Mi intención es contribuir con este texto a ese panorama, centrándome en algunos de los aspectos que mi análisis etnográfico identificó como especialmente significativos, y a los que denominé "cuestiones sin resolver" porque presentan un desafío explícito a la medida. Pretendo, además, analizarlos en relación con las ideas que hice explícitas en la introducción.

Metodología de trabajo en el Aula de Enlace

La normativa que regula las Aulas de enlace nunca ha hecho explícito ningún requerimiento ni orientación sobre la metodología a emplear, aunque la Consejería de educación ha desarrollado programas de aprendizaje del español como segunda lengua y otro tipo de materiales complementarios. Recientemente en la página web aparecen las siguientes recomendaciones:

> Para el desarrollo de la convivencia, las Escuelas de Bienvenida incorporarán medidas organizativas complementarias:
>
> - Un plan de acogida.
> - Programas de mediación y de ayuda entre iguales para superar dificultades.
> - Canales de participación que faciliten la incorporación de las familias y el conocimiento del entorno.
> - Un plan de actividades de ocio y tiempo libre.
>   (<http://www.madrid.org/dat_capital/bienvenida/convivencia.htm>)[9]

La tarea de desarrollar los contenidos del programa recae en los tutores sin que dispongan de líneas generales, formación adecuada o tiempo para dedicar a este cometido en horario lectivo. En el Aula de enlace donde yo desarrollé mi trabajo, la escuela pertenecía a una red de varios colegios concertados, algunos de los cuales tenían Aulas de Enlace. Los tutores de las mismas se reunían periódicamente para intercambiar materiales e ideas, pero, la tutora con la que yo trabajé lamentaba no disponer nunca de tiempo para formalizar y sistematiza el conjunto de materiales que iban reuniendo. Recopilaban ejercicios que pensaban les podían resultar útiles de distintos lugares (libros de enseñanza de español como segunda lengua, libros de texto de diversos cursos, desde primaria a secundaria, etc.). Con ellos confeccionaba un cuadernillo que estructuraba el material de manera progresiva. Cada alumno que llegaba nuevo al aula recibía este material y empezaba a trabajar en él individualmente hasta que adquiría un nivel de competencia en castellano como para incorporarse a realizar los ejercicios con el resto del grupo. De esta forma la profesora podía incorporar continuamente nuevos alumnos sin distorsionar el trabajo de los demás y combinar una metodología de trabajo individualizada con el trabajo colectivo. El material estaba desarrollado en torno a dos ejes. En primer lugar, desde las imágenes a las palabras, de las palabras a las frases y de las frases a los textos. En segundo lugar, desde el alumno o alumna a sus familias, de las familias a la clase, de la clase a la escuela y de ahí, progresivamente, hacia el barrio, la ciudad, el país y más allá. El primer eje tenía la intención de trabajar la lengua como el continente del conocimiento académico, el segundo se centraba específicamente en el contenido. Esta diferencia resultaba muy significativa para la percepción que la profesora expresaba acerca del programa: señalaba la efectividad del Aula de Enlace para capacitar a los estudiantes en la adquisición de la lengua como vehículo de comunicación, pero criticaba abiertamente la falta de contenidos académicos del programa que, en su opinión, dificultaba la incorporación de los alumnos a los cursos de, referencia. Por este motivo ella trataba de combinar ambos aspectos a través de los materiales que empleaba.

Por otro lado, los estudiantes estaban obligados a seguir determinadas asignaturas[10] en sus cursos de referencia, pero varias razones dificultaban el cumplimiento de este requerimiento. Primero, el horario en el Aula de Enlace se complicaba mucho con las idas y venidas de los estudiantes a unos cursos u otros (prácticamente cada alumno tenía un horario diferente y se colgaba en el corcho de la clase a modo de guía), lo que dificultaba el trabajo en grupo. Segundo, la mayoría de los grupos de referencia estaban al límite de capacidad y por ello algunas veces los estudiantes del Aula de Enlace eran asignados a cursos de referencia que no les correspondían pero que disponían, literalmente, de sitios libres. Una tercera razón tiene que ver con el hecho de que durante las primeras dos o tres semanas de su estancia en el Aula de Enlace no tienen que cumplir este requerimiento, para facilitarles que se familiaricen con su nuevo ambiente, y cuando se acostumbran a la clase, la mayoría se resiste a nuevos cambios. Finalmente, cuando tuve la oportunidad de asistir a las cursos de referencia con los alumnos del Aula de Enlace, yo tenía la sensación de que la clase transcurría a pesar de ellos porque las profesoras no sabían hacerles participar de ninguna forma, y cuando lo intentaban, los estudiantes se sentían señalados, que es precisamente lo que querían evitar a toda costa; así que después de algunos intentos fallidos por parte del profesorado, evitaban dirigirse a ellos, lo que les permitía instalarse a los chicos y chicas en el papel de espectadores.

Por este motivo la mayoría de los estudiantes con los que compartí el aula durante mi trabajo de campo se resistían todo lo que podían a esta norma y utilizaban distintos tipos de estrategias para permanecer en el Aula de Enlace, tales como olvidar la ropa de gimnasia, llegar a clase tarde, decir que había examen en el curso de referencia (y ellos no estaban obligados a hacerlo), etc. Se sentían alienados en las clases regulares: no entendían bien qué tenían que hacer, evitaban hablar en alto, presentarse y decir sus nombres (que siempre tenían que repetir porque la mayoría de las veces sonaban extraños para el resto de los alumnos). De manera que el hecho de asistir a los cursos de referencia, en vez de integrarles con el resto del colegio, como pretendía con la medida, lo que se conseguía era el efecto contrario: que rehuyeran al resto de los compañeros que habían aprendido a tratarles en clase como alumnos invisibles.

La cuestión de las lenguas maternas

De nuevo tengo que empezar señalando el hecho de que las normativas del programa no hacían ninguna referencia a las lenguas maternas de los estudiantes, se centraban en el tema del aprendizaje del castellano, como si fuera un proceso totalmente independiente de las lenguas que ya hablaban los alumnos. Las profesoras con las que trabajé, por su parte, no sabían cómo abordar el tema de las lenguas maternas. Finalmente, los evaluadores del programa no hicieron ninguna referencia a este tema. Por todas estas razones podemos decir que estamos hablando de un "elefante blanco" instalado en medio de la clase, pero que nadie reconoce ver. Afortunadamente, las tutoras del aula en la que hice mi trabajo de campo, en su afán de facilitar la entrada de los nuevos alumnos, siempre que podían tendían a colocarles al lado de otros alumnos que hablaran la misma lengua, cuando esto era posible[11]. Al adoptar esta medida, la finalidad principal tenía que ver con el hecho de facilitar la comunicación y no porque reconocieran la necesidad de los chicos y chicas de hablar su lengua materna; ya que cuando las profesoras creían que había pasado un tiempo razonable de ajuste, se censuraba constantemente el hecho de que los estudiantes hablaran en una lengua distinta del castellano.

La obligación de hablar en español estaba fundamentada en la creencia por parte de las profesoras de que hablar en otra lengua suponía un obstáculo para el aprendizaje del castellano, de manera que no solo les recordaban constantemente en la clase la necesidad de comunicarse continuamente en esta lengua, sino que les argumentan la conveniencia de hacerlo también durante el recreo y en sus casas con las familias. Voy a relatar dos anécdotas que me parece ilustran mi argumentación. Durante un recreo, la profesora principal del aula del Enlace me dijo un día que estaba muy contenta con un alumno, porque le acababa de decir que estaba olvidando el rumano, comentario que ella interpretaba como que por fin estaba hablando español. En contraste me gustaría hacer referencia a la conversación que tuve con una alumna, visiblemente triste y preocupada cuando me contó que ya no podía hablar con sus abuelos en Ucrania, porque se le estaba olvidando hablar ucraniano.

El proceso de aprendizaje del español

El hecho de que las lenguas maternas no solo no se incorporen de ninguna manera en la metodología de trabajo, sino que su uso se considere contraproducente, tiene que ver con el escaso valor que se atribuye a estas lenguas, y también con el modelo de aprendizaje de la L2[12] que se utiliza. Un modelo que se denomina de "suma cero" y que consiste en entender que cada lengua se aprende a costa de otras, restando de la competencia de las demás. Varias de las investigaciones que se han realizado en las Aulas de Enlace se han centrado en el análisis de esta cuestión y han criticado este modelo (Llorente Torres 2009, Martín Rojo y Mijares eds. 2007, Martín Rojo y Mijares 2007, Ortiz Cobo 2006 y Pérez Milans 2007).

La cuestión del aprendizaje del castellano es especialmente relevante por la importancia que la normativa del programa otorga a la adquisición de la lengua vehicular como mecanismo de integración; y además porque, una vez que los dos subprogramas asociados a las aulas de enlace que se referían a las actividades de ocio y tiempo libre y a la formación de profesores desaparecieron, parece que finalmente todo el programa "Escuelas de bienvenida" como medida de atención a la diversidad ha quedado reducida *únicamente* a la enseñanza del español. Además, como he tratado de argumentar anteriormente, la medida de que los alumnos asistan a las clases de algunas asignaturas en los cursos de referencia parece que no funciona para facilitar la integración de los alumnos con sus compañeros del resto del colegio, al menos en la escuela donde realicé mi trabajo de campo. Muchos de los chicos y chicas llegan al Aula de Enlace con pocas capacidades de comunicarse con los demás (excepto con compañeros que hablan las mismas lenguas). Algunos muestran a través del lenguaje corporal la necesidad de protegerse del entorno intentando cerrarse completamente a él: se sientan con los abrigos puestos, se esconden debajo de las capuchas y agarran todas sus pertenencias como si se les fueran a escapar, se sientan con los ojos fijos en la mesa y el teléfono móvil en la mano que sólo los más osados se atreven a encender. Y hacen simplemente lo que entienden que se espera de ellos. La mayoría sale del Aula de Enlace hablando bien el español, a veces quejándose en perfecto castellano que han empezado a olvidar sus idiomas. Cuando hablaban conmigo sobre las dificultades que tenían en sus nuevos ambientes, pocas veces mencionaban el idioma. Por qué entonces he mencionado este tema como una de las "cuestiones sin resolver".

En primer lugar porque, como han demostrado Suárez-Orozco, Suárez-Orozco y Todorova (2008), aprender a hablar un idioma a nivel comunicativo no es suficiente para garantizar el éxito académico en ese idioma:

> In three decades of [...] research in this field, we have never met an immigrant parent who told us he did not want his children to learn English. On the contrary, immigrant families view English as the Bellow brick road to better Jobs and a better life in the United States. But our data show that learning academic English required to interact creatively and meaningfully in today's knowledge-intensive global economy takes

more than our impatient policy-makers [...] would like. [...] Even high-performing, highly motivated students [...] found themselves floundering once they began taking courses with native-born students in competitive mainstream programs (Suárez-Orozco, Suárez-Orozco y Todorova 2008: 369).

Además estas ideas coinciden con los argumentos de la profesora, que criticaba las Aulas de Enlace por su excesiva preocupación por la enseñanza de la lengua, sin prestar ninguna atención a los contenidos académicos. Pero mi argumento más importante para clasificar el tema del aprendizaje del castellano entre las cuestiones que el programa de las Aulas de Enlace no resuelve tiene que ver con el hecho de que a los chicos y chicas se les dice de forma explícita que la condición fundamental que tienen que cumplir para integrarse con éxito en el sistema académico español es aprender español. Y todos aprenden español, la mayoría trabaja realmente duro, intenta ajustarse de muchas formas al nuevo ambiente, tanto que algunas veces cambian hasta sus propios nombres. Sin embargo, *implícitamente*, reciben el mensaje, repetidamente y de muchas maneras, que aún no valen lo suficiente, que no valen suficiente en comparación con los demás. Sus lenguas no valen, los conocimientos de geografía, historia y literatura sobre sus países no valen, incluso las matemáticas que saben no valen si no las expresan en español y hacen los ejercicios de la misma manera que los españoles.

Poveda, Jociles y Franzé (2014: 193–194) han llegado a la misma conclusión con respecto a los estudiantes que vienen de países latinoamericanos en su análisis del departamento de orientación en un instituto de secundaria en Madrid:

Schooling in the Latin American countries where students come from is represented as noticeably less demanding, and of lesser quality than education in Spain. Remarkably this construction of formal education and schooling in Latin America is produced by teachers without any direct experience about these school systems, explicit documentation on students' previous educational experiences, documentation on the educational systems that are discussed, or sensitivity to some of the basic structural elements (e.g., rural vs. urban settings, class differences, private vs. state education, etc.) that configure schooling in the Latin American region.

Durante mi trabajo de campo, una vez un chico protestaba porque se había enterado que cuando pasara al curso de referencia no iba a poder asistir a clases con su hermana gemela, como había hecho toda su vida. La profesora le dijo simplemente que no era posible, y cuando yo intervine para pedirle que le diera una razón porque para el chico era un asunto realmente importante, le dijo que una de las normas del sistema educativo español era hacer a las personas independientes. Ninguno de los profesores hablaba sobre la diferencia de costumbres o normas, simplemente las daba por supuestas, y cuando se ven obligados a explicarlas, dan por supuesto que las normas de aquí son mejores. Ante cualquier conflicto, si se ven obligados a hablar abiertamente de él, cosa que rara vez sucede, reclaman que la educación es un valor fundamental y que todo el mundo debe estar de acuerdo con él. Y cuando hablan de educación, se refieren, implícitamente, a la educación que se practica "aquí", tal y como se practica "aquí". Por esta razón es por la que creo que los profesores siempre eluden las confrontaciones con los chicos y chicas en temas relacionados con sus países de origen: por supuesto que son conscientes de algunas de las diferencias que los chicos y chicas señalan, pero nunca muestran la más mínima duda acerca qué norma es mejor o dónde se hace mejor; no lo dicen en voz alta nunca, pero se lo expresan continuamente de forma indirecta.

Al finalizar el Aula de Enlace

Uno de los días que estaba en clase, una alumna me pidió que hiciera unas fotos de ella y su amiga que estaba a punto de marcharse, porque ya había terminado el programa, pero no tenía plaza para seguir estudiando en el colegio. Me pidió que les hiciera fotos a las dos juntas para quedárselas como recuerdo. Pero cuando les dije que se pusieran delante de la cámara, la chica que estaba a punto de irse se negó en rotundo. Tratamos de convencerla, pero se rodeó las piernas con los brazos y escondió la cabeza como si quisiera esconderse del mundo. Parecía que estaba muy triste y muy enfadada, y nos dijo que estaba así porque la amiga que me había pedido que les hiciera las fotos no la había esperado a que terminara el examen para marcharse juntas, como solían hacer. Yo tenía la sospecha de que su rabia se podía deber más al hecho de que tenía que dejar el colegio contra su voluntad, y le pregunté directamente; le dije que en mi opinión tenía todo el derecho a estar enfadada, que no me parecía justo que después de haber hecho un gran esfuerzo para adaptarse a este nuevo colegio, le dijeran que volviera a dejar a sus amigos y se marchara a otro. En ese momento cambió totalmente de actitud. Su amiga le dijo que no se preocupara, que se podían ver cuando terminaran las clases. Yo le dije que era una idea estupenda, pero que esa no era la razón por la que me parecía que estaba enfadada. Y en ese momento la chica que se marchaba me pidió que hiciera las fotos. Muchas. Con su amiga, delante de la pizarra de la clase, junto a los trabajos de plástica que había hecho y estaban colgados en la clase.

Los profesores están convencidos de que es mucho mejor para los chicos y chicas quedarse en el mismo colegio cuando terminan el Aula de Enlace, y son especialmente críticos cuando pierden los que consideran "mejores alumnos" por no disponer de plazas para escolarizarles o porque ellos se marchan de manera voluntaria. Pero cuando yo les preguntaba, mi impresión es que, en vez de criticar estas pérdidas, tendían a mostrar una sensación de conformismo, señalando los casos que conseguían que siguieran escolarizados en el centro o señalando que les iba muy bien en los otros. Y reacciones como las que he descrito en el párrafo anterior, trataban de que pasaran lo más desapercibidas posible: no se hablaba explícitamente de ellas. La normativa de las Aulas de Enlace no habla de los objetivos que los alumnos tienen que cumplir, al menos no lo hacen explícitamente, más allá de expresar el deseo de que se integren en los programas regulares. Tampoco dicen nada acerca de lo que debe ocurrir si los profesores deciden que no se pueden incorporar a los cursos regulares de acuerdo a sus edades. Pero una recomendación de los evaluadores de la medida nos permite entender lo que "asumen" cuando señalan la:

> Necesidad de un tratamiento específico en cuanto a la dotación de recursos de compensatoria porque cuando los alumnos salgan del Aula de Enlace, al menos el 50% de ellos deberá incorporarse a este programa en los cursos de 3º y 4º de la ESO.[13]

O cuando recomiendan:

> Estudiar la posibilidad de que los IES (Institutos de Educación Secundaria) en los que haya Aulas de Enlace se doten de profesorado de Educación compensatoria[14].

Los únicos datos que dispongo sobre las trayectorias de los alumnos y
alumnas de las Aulas de Enlace al terminar el programa en la Comunidad
de Madrid son los siguientes y se corresponden con el curso 2005–2006[15]:

Tabla 3

Alumnos matriculados en	< de 18 años	> de 18 años
4° de la ESO	45%	–
Garantía social[16]	10%	–
Educación de adultos	5,9%	2,5%
Abandonaron la escuela	14,7%	21%

Esto nos permite concluir que aproximadamente el 82,5% de los estudiantes que siguieron el programa no pueden cursar Bachillerato; son enviados
directamente al mercado de trabajo o a programas que les proporcionan
una capacitación dirigida al mercado de trabajo o a Formación profesional
de grado medio a través de los programas de compensatoria[17].

Los estudiantes nacidos fuera de España representaban solo el 2,1%
en las universidades españolas en el curso escolar 2007–2008[18] (MEC
2007: 20), pero hay que tener en cuenta que esta cifra incluye los estudiantes
que han ingresado directamente a la universidad como estudiantes extranjeros, sin pasar previamente por el sistema educativo español. Desde que hice
mi trabajo de campo he encontrado un par de alumnos en la Universidad
que habían pasado por el Aula de Enlace, pero representaban excepciones
que me atrevería a calificar como excepcionales.

Analizando las trayectorias de los alumnos del Aula de Enlace en la
que yo realicé mi trabajo de campo, llegué a la conclusión, siguiéndoles
a lo largo de cuatro cursos académicos, de que el programa funcionaba
bien para los chicos y chicas que tenían depositadas sus expectativas directamente en el mercado de trabajo desde el principio, porque permitía que
casi la mitad (45%) consiguieran el título de la E.S.O. con el que podían
matricularse en Formación Profesional de grado medio; lo que significa
que la mitad recibían formación para sus futuros empleos. Muchos de
los que no conseguían el título adquirían una muy limitada capacitación

a través de programas de Garantía social que se convirtieron más tarde en PCPI (Programas de Capacitación Profesional Inicial). Creo que el programa tenía muchas ventajas también para aquellos chicos que llegaban con la intención de ir a la universidad y que, por distintas razones personales, cambiaban de opinión durante el programa para dirigirse a Formación Profesional o directamente al mercado de trabajo. A todos ellos les proporcionaba un ambiente en el que se sentían queridos y respetados, donde forjaban sus primeras amistades en España y se ajustaban a una estructura rutinaria diaria que aminoraba los efectos de los bruscos cambios en sus vidas.

Pero las consecuencias más perversas del programa las veía en chicos y chicas que habían llegado a España con buenos y hasta excelentes niveles académicos, disciplinas de trabajo y esfuerzo bien asentadas, familias que tenían grandes expectativas para ellos y un deseo expreso de estudiar en la universidad, y no solo de estudiar en la universidad de manera vaga, sino de conseguir ser determinado tipo de profesional. Todos estos chicos y chicas, incluso en los casos que se incorporaron a los cursos de referencia regulares y pasaron a Bachillerato, vieron sus expectativas no sólo remodeladas, sino absolutamente acribilladas, poco a poco, año a año, a través de un proceso que se volvía visible en unos cuerpos que mostraban crecientes síntomas de depresión. Estos chicos y chicas habían aprendido a hablar español casi sin trazas de acento en algunos casos y lo habían incorporado a las dos o tres lenguas que ya hablaban al llegar, y si algo les singularizaba con respecto a sus compañeros del resto del colegio, era lo que les "sobraba" antes de lo que les faltaba. Les sobraba nivel en casi todas las asignaturas, pero en los 6–9 meses que habían estado en el programa (algunas veces menos porque la profesora pensaba que su nivel de competencia en castellano se iba a seguir desarrollando mucho mejor en los cursos de referencia), no habían adquirido aún el nivel académico que los profesores de las aulas de referencia les pedía en asignaturas tales como lengua española, literatura española, geografía española e historia de España.

Una vez le pregunté a una inspectora por las posibilidades de una chica excepcional que había venido de China. Hablaba correctamente castellano, inglés y dos idiomas chinos, había llegado con unas notas excepcionales y su progreso en el Aula de Enlace había sido extraordinario. Su intención era hacer la carrera de medicina, y yo le pregunté a la inspectora si creía que esta chica tenía alguna posibilidad de conseguirlo. Me dijo que aunque le gustaría decirme lo contrario, la respuesta era que no. Le pregunté si el programa no podía hacer algo para este tipo de estudiantes excepcionales que han nacido en un país diferente y han llegado a España siendo ya adolescentes. Me dijo que no, y añadió que también había muchos españoles que querían hacer medicina y no lo iban a conseguir. Me lo dijo como si tuviera que aceptar tácitamente que ser español era una de las condiciones para cursar la carrera de medicina, aunque no la única. La chica terminó el Bachillerato con unas notas muy celebradas por los profesores, pero visiblemente deprimida. Nunca aprobó la Selectividad. Después le perdí la pista.

En contraste con el discurso de estos chicos y chicas sobre cómo les iba yendo en el colegio, las tutoras del Aula de Enlace hablaban siempre en términos positivos, tanto de los alumnos que habían permanecido en el colegio después de terminar el programa, como de los que se habían marchado y venían a visitarlas con cierta frecuencia. El contraste tan marcado entre las percepciones de los profesores y de los alumnos tiene que ver, en mi opinión, directamente con el tema de la diferencia de expectativas.

Las expectativas de los estudiantes y de los demás

No todos los estudiantes llegaban al Aula de Enlace con las mismas expectativas, ni tampoco salían de ella esperando lo mismo del colegio o de su futuro. Esta variedad de expectativas contrasta, significativamente, con la uniformidad de las opiniones favorables generalizadas que, según la dirección general de inspección que evaluó la medida durante los tres primeros cursos académicos de su existencia, expresaban tutores de Aula de Enlace, profesores del resto del colegio, servicios de orientación y directores y directoras de centros educativos.

Las últimas regulaciones de las Aulas de Enlace, firmadas por la vice-consejera de Educación en julio de 2008, establecen como destinatarios de las aulas de Enlace a los "los alumnos escolarizados por primera vez en la Comunidad de Madrid [...] que presenten graves carencias en el conocimiento de la lengua española"[19], y especifican los siguientes objetivos del programa:

1. Posibilitar atención específica al alumnado procedente de sistemas educativos extranjeros que se integra en el sistema educativo español y presenta graves carencias lingüísticas, mediante programas específicos que le permitan eliminar dichas carencias.
2. Acortar el tiempo para la completa integración de este alumnado en el sistema educativo español y facilitar la incorporación al curso correspondiente
3. Favorecer el desarrollo de la identidad personal y cultural del alumno y su integración en el medio social.[20]

A pesar de las buenas opiniones sobre el programa, he argumentado a través de mi trabajo (del Olmo 2010) que el programa no eliminaba los obstáculos existentes para conseguir una participación equitativa de los estudiantes en el sistema educativo español, que era como se formulaban anteriormente los objetivos. Tampoco consigue "la completa integración del alumnado en el sistema educativo español" ni "la incorporación al curso correspondiente" (si por correspondiente se entiende el curso que le corresponde por edad), que es como se formulan actualmente.

Las razones de la inefectividad del programa que identifiqué a través de mi análisis tenían que ver, tanto con el diseño del programa como con su puesta en práctica. En primer lugar, y a pesar de que sus objetivos son mucho más ambiciosos, el programa se centra únicamente en la enseñanza del castellano como lengua de instrucción, y se refiere con menos precisión a la existencia de lagunas o carencias académicas. Con respecto al aprendizaje de la lengua de instrucción, sería necesario contemplar la diferencia entre adquirir un nivel comunicativo y un nivel académico. El nivel comunicativo lo consiguieron todos los alumnos y alumnas con los que compartí mi periodo de estancia en Aula de Enlace. Esperar que los chicos y chicas adquieran un nivel académico adecuado, en nueve meses como máximo, para incorporarse a las clases regulares me parece simple y llanamente una expectativa inconsciente e irresponsable por parte de las personas que diseñaron el programa.

Los desfases curriculares a cuya solución también está dirigido el programa representan un tema más complejo. Por un lado, hay una serie de desfases que responden a una variedad de circunstancias individuales, que no son posibles de prever antes de que lleguen los estudiantes. Esta situación se hace más difícil ante la escasa capacidad de comunicación de los chicos y chicas al llegar y la escasa información sobre su escolarización previa con la que llegan al Aula de Enlace (algunas veces con la única instrucción de que deben ser escolarizados inmediatamente). Ante la falta de información y ante la necesidad de predecir las necesidades de los chicos y chicas, las profesoras del Aula de Enlace emplean el único recurso que tienen a su alcance: una clasificación por nacionalidades que tiene la función de asumir sobre un nuevo estudiante, sobre la base de la información recogida sobre otros que han venido del mismo país. Pero en torno a los pasaportes no es posible construir categorías significativas que tengan en cuenta el tipo de escolarización, de clase social, de procedencia rural o urbana, experiencias previas de los alumnos y alumnas en sus respectivos sistemas educativos o las expectativas de ellos y de sus familias con en relación a su escolarización en Madrid. Sin embargo, los profesores no realizan estas predicciones basadas en las categorías nacionales de origen ni por ignorancia ni por perversión. Lo hacen ante la falta de conocimiento de las circunstancias de los estudiantes, ante la imposibilidad de que preguntar sobre ellas en muchos casos cuando llegan, y ante la urgencia de trabajar con ellos desde el principio para aprovechar el corto tiempo que estarán en el programa.

Por otro lado, existe otro tipo de desajustes curriculares que son muy fáciles de predecir, e incluso predecir de manera generalizada. Me refiero a la lógica falta de conocimientos académicos sobre España en general, la información que los estudiantes necesitan para contestar las preguntas de los exámenes de Geografía española, Historia de España, Lengua y Literatura española. No importa donde hayan nacido y dónde hayan crecido, es casi seguro de que no conocen cuáles son los afluentes del Ebro, en qué fecha nació Juan Ramón Jiménez, que decía la Constitución elaborada por las Cortes de Cádiz o cómo comenzó la Guerra Civil española.

Algunos de los chicos y chicas ni siquiera han oído hablar del imperio español en ultramar, y los que lo conocen (viniendo como vienen muchos de antiguas colonias españolas), es posible que hayan escuchado una versión, no menos académica, pero quizá sensiblemente diferente. Por otro lado, sus conocimientos de Geografía de Rumania, Historia de China o Literatura árabe no son en absoluto reconocidos ni valorados de cara a sus expedientes académicos (ni de ninguna otra forma). De manera que si el programa no proporciona ningún tipo de asistencia (recursos, formación o materiales) para conseguir resolver los desfases curriculares *fácilmente predecibles* de los estudiantes que vienen a escolarizarse en el sistema de la Comunidad de Madrid desde el extranjero, y si además ni la escuela ni las pruebas de acceso a la universidad valoran de ninguna manera los conocimientos adquiridos en sus países de origen, no resulta aventurado concluir que el programa no consigue los objetivos. Otra pregunta más interesante sería cuestionarse por qué no ha reservado parte de los fondos, un espacio adecuado y la organización de un trabajo conjunto por parte de los profesores de las Aulas de Enlace que resuelva estas carencias, que ellos mismos señalan.

Más allá de las carencias señaladas, el efecto más negativo del programa tienen que ver con el hecho de que los chicos y chicas no se sienten valorados, no les empodera y además no facilita de ningún modo que los estudiantes entiendan cuáles son las dificultades y los desafíos que tienen que afrontar como estudiantes extranjeros en comparación con el resto de los estudiantes. Al inicio del programa reciben el mensaje explícito de que su desventaja radica en la falta de conocimiento del español, pero una vez que se desenvuelven en la lengua a un nivel que la profesora considera satisfactorio para que se incorporen a los cursos regulares, reciben diversos y continuos mensajes *implícitos* de que aún no es suficiente, de que aún no valen lo suficiente porque no están al nivel de los demás. ¿Cómo no se van a sentir confundidos y desamparados? Sus expectativas y la imagen que están construyendo sobre sí mismos sufren un continuo y constante deterioro ante el cual se sienten desvalidos, al menos dentro de los muros del colegio[21]. Por otro lado, los profesores a partir de la experiencia acumulada, reajustan sus expectativas sobre los chicos y chicas a la baja, señalando las causas de sus problemas siempre fuera de la escuela.

Conclusiones

El seguimiento de las trayectorias de los estudiantes, desde que entran en el Aula de Enlace hasta varios años después de su salida, nos permite apreciar, a escala reducida y durante un periodo de tiempo corto, un proceso que refleja lo que ocurre a nivel de la escuela, como si tuviéramos la oportunidad de mirarlo a través de un microscopio.

La falta de directrices, o para hablar con mayor propiedad, la vaguedad y la insuficiencia de las directrices sobre el programa obligan a los profesores y profesoras de las Aulas de Enlace, por un lado, a innovar, a experimentar con ideas que la rigidez de la educación formal les impide utilizar, y en ello se fundamenta la gran satisfacción que estos profesionales manifiestan sobre su trabajo. Pero, por otro lado, también les impone la necesidad de improvisar, porque tienen que incorporar rápidamente a los estudiantes que llegan a lo largo de todo el curso, prácticamente de un día para otro, con muy escaso conocimiento de quiénes son, cómo ha sido su escolarización anterior, cuáles sus circunstancias actuales, sus deseos, sus problemas, sus expectativas. Las escasas posibilidades de comunicación con los chicos y chicas les apremian, además, a asumir mucho antes de familiarizarse con ellos y a categorizar la variedad para predecir rápidamente antes de actuar.

Estas circunstancias son ideales para hacer un trabajo etnográfico de la escuela y proporcionan un lugar privilegiado para analizar la capacidad de agencia del profesorado; ya que dentro de los límites del programa disponen de mayor libertad, pero al mismo tiempo tienen que ejercerla con mayor urgencia. De esta forma, los procesos de enseñanza y aprendizaje que tienen lugar dentro de las cuatro paredes del Aula de Enlace se encuentran interferidos en menor medida por los procesos burocráticos mucho más determinantes en otros ámbitos escolares. Por este motivo defiendo que un análisis sobre las Aulas de Enlace no se limita estrictamente a las Aulas de Enlace, sino que resulta significativo para analizar los procesos que tienen lugar en la escuela en general, con la ventaja de permitirnos apreciarlos en un espacio más limitado y durante un periodo de tiempo más breve, de manera que resultan más fáciles de abarcar a través de un análisis etnográfico, incluso desde una concepción antropológica tradicional.

Las chicas y los chicos escolarizados en Aula de Enlace llegan con una variedad mucho mayor que la que existe en cualquier otra clase, en cuanto a sus edades, experiencias de escolarización previa, circunstancias vitales, familias, idiomas, expectativas y sueños. Irónicamente salen de ellas hacia caminos mucho más recurrentes y fáciles de predecir que sus pares del resto del colegio: inevitablemente concentrados en los programas que conducen a los sectores más bajos del mercado de trabajo y desapareciendo progresivamente de los itinerarios que llevan a la universidad, donde se puede afirmar que están prácticamente ausentes.

La ironía que he señalado resulta especialmente chocante al comparar las posibilidades de estos chicos y chicas de llegar a la universidad con los requisitos de acceso y admisión a las enseñanzas oficiales de grado universitario para los estudiantes que han cursado sus estudios en otros países[22], según la nueva redacción del artículo 38 en la Ley Orgánica 2/2006 de Educación por la nueva Ley 8/2013 para la mejora de la calidad educativa. Esta nueva redacción suprime las pruebas de acceso a la universidad y se sustituye por la calificación final obtenida por el estudiante en los estudios cursados en su país que corresponden al Bachillerato español, que se complementará con evaluaciones adicionales de acuerdo a la normativa de cada universidad en los grados que se establezca *números clausus*. Estas evaluaciones adicionales se pueden realizar en inglés.

Los estudiantes de la mitad de los países mayoritarios de procedencia en las Aulas de Enlace[23] tendrían muchas más posibilidades de acceder a la universidad pública española viniendo directamente de sus países de origen que desde el sistema educativo español a través del programa de las Aulas de Enlace que se ha puesto en marcha, precisamente, para facilitar su integración. A pesar de ello, como he indicado anteriormente y he desarrollado extensamente en otro lugar (Del Olmo 2010), el programa parece satisfacer a todo el mundo, especialmente a la Consejería de Educación. Sin embargo sin ir acompañado de una medida parecida a la que se ha establecido para los estudiantes extranjeros que acceden directamente a la universidad española, solo está facilitando la entrada al mercado de trabajo, pero de hecho está desviando a los estudiantes que desean continuar estudiando en la universidad.

Referencias

Aguado Odina, T. (2010). *Diversidad cultural y logros de los estudiantes en educación obligatoria. Lo que sucede en las escuelas.* Madrid: Ministerio de educación.

Ballesteros-Velázquez, B.; T. Aguado-Odina; y B. Málik-Liévano (2014). Escuelas para todos: diversidad y educación obligatoria. *Revista electrónica interuniversitaria de formación del profesorado.* 17 (2): 93–107.

Biehl, João; Byron Good; y Arthur Kleinman eds. (2007). *Subjectivity.* Ethnographic Investigations. Berkeley: University of California Press.

Boyado Revilla, M. et al. (2004). *Aulas de Enlace: orientaciones metodológicas y para la evaluación.* Madrid: Comunidad de Madrid.

Consejería de Educación (2002). *Programa Escuelas de Bienvenida.* Consejería de Educación de la Comunidad de Madrid.

Consejería de Educación (2006). *Programa Escuelas de Bienvenida.* Consejería de Educación de la Comunidad de Madrid.

Cucalón Tirado, P. (2007). El desarrollo de un proceso de investigación etnográfica en un Aula de Enlace. *Gazeta de Antropología* 23.

Cucalón Tirado, P. (2012). *Transitar en los límites de la escuela: prácticas y representaciones de los profesores y alumnos de las Aulas de Enlace.* Número monográfico de la revista *Etnia-E Cuadernos de investigación etnográfica sobre infancia, adolescencia y educación,* 3.

Cucalón Tirado, P. (2012). *Tránsitos, límites y migrantes en las escuelas. Una investigación en las Aulas de Enlace de la Comunidad de Madrid.* Tesis doctoral inédita defendida en 2014. Madrid: Universidad Complutense de Madrid.

Cucalón Tirado, P. y M. del Olmo (2010). "Redefiniendo trayectorias escolares. Las Aulas de Enlace en la Comunidad de Madrid". *Revista de la Asociación de Sociología Española* 3(2): 224–233.

del Olmo, M. (2009). Un análisis crítico de las "Aulas de Enlace" como medida de integración. En: *La integración escolar a debate.* Fernández Montes y Waltraud Müllauer-Seichter (eds.) pp. 170–181. Madrid: Pearson.

del Olmo, M. (2010). *Re-Shaping Kids Through Public Policy on Diversity. Lessons from Madrid.* Vienna: Navreme.

del Olmo, M. (2012). "Yo ya he desistido de decir que soy española". Ingredientes para una definición del racismo como mecanismo social. En: *Racismo y educación. De la invisibilidad a la evidencia.* Hernández Sánchez (ed.) 17–16. Madrid: Universidad Complutense.

Fernández Montes, M. y W. Müllauer-Seichter (2009). *La integración escolar a debate.* Madrid: Pearson.

Fernández Montes, M. y W. Müllauer-Seichter (2009). "Más allá de la integración escolar". En: *La integración escolar a debate.* Fernández Montes y Waltraud Müllauer-Seichter (eds.) pp. 321–331. Madrid: Pearson.

Franzé, A. (2002). *Lo que sabía no valía. Escuela, diversidad e inmigración.* Madrid: Consejo económico y social. 2002.

Franzé, A. y Jociles, M. (2008). *¿Es la escuela el problema? Perspectivas socio-antropológicas de Etnografía y educación.* Madrid: Trotta.

Franzé, A.; M. Jociles; y D. Poveda (2009). La diversidad cultural en la educación Secundaria en Madrid: Experiencias y prácticas institucionales con alumnado inmigrante latinoamericano, *Papeles de trabajo sobre cultura, educación y desarrollo humano* 5: 1–42.

García Fernández, A. et al. (2009). *Las Aulas de Enlace a examen. ¿Espacios de oportunidad o de segregación?* Madrid: Compañía española de reprografía y servicios. S.A.

Gil Jaurena, I.; Gil Jaurena, I. (Ms, 2008). *El enfoque intercultural en la educación primaria: una mirada a la práctica escolar.* Tesis Doctoral inédita defendida en 2008. Madrid: Universidad Nacional de Educación a Distancia (UNED), Facultad de Educación. Disponible en <http://e-spacio.uned.es:8080/fedora/get/tesisuned:Educacion-Igil/Documento.pdf>

Jackson, M. (1998). *Minima Ethnographica. Intersubjectivity and the Anthropological Project.* Chicago: The University of Chicago Press.

Jociles, M., D. Poveda y A. Franzé (2014). Immigrant Students and the Ecology of Externalization in a Secondary School in Spain *Anthropology & Education Quarterly* 45 (2): 185–202.

Llorente Torres, P. (2009). Estudio piloto sobre la interacción oral en un "Aula de Enlace. En: *Matilde: La integración escolar a debate.* Fernández Montes y Waltraud Müllauer-Seichter (eds.) pp. 183–217. Madrid: Pearson.

Lucko, J. (2008). La identidad emergente de los latinos en Madrid. En: *Educación intercultural: miradas interdisciplinares.* J. A. Téllez (ed.) pp. 97–110. Madrid: Catarata.

Martín Rojo, L. y L. Mijares (2007). "Sólo en español": una reflexión sobre la norma monolingüe y la realidad multilingüe en los centros escolares. *Revista de educación.* 343: 93–112.

Martín Rojo, L. y L. Mijares (eds.) (2007). *Voces del Aula. Etnografías de la escuela multilingue.* Madrid: Ministerio de Educación.

MEC (Ministerio de Educación y Ciencia) (2007). *Datos y cifras. curso escolar 2007/2008.* Madrid: Ministerio de Educación y Ciencia.

Moreno, I. et al. (2010). Estudio del sistema y funcionamiento de las aulas de enlace. De la normativa institucional a la realidad cotidiana. *Revista de educación.* 352: 473–493.

Nygreen, K. (2013). *These Kids. Identity, Agency, and Social Justice at a Last Chance High School.* Chicago: The University of Chicago Press.

Ortiz Cobo, M. (2006). Mecanismos de transmisión del español como Segunda Lengua en contextos escolares de inmigración *Revista educación y futuro.* 15: 91–108.

Pérez Milans, M. (2007). Las aulas de enlace: un islote de bienvenida. En *Voces del Aula. Etnografías de la escuela multilingue.* Martín Rojo y Mijares eds. pp. 113–146. Madrid: Ministerio de Educación.

Poveda, D; Jociles, M.I. y Franzé, A. (2014). Immigrant students and the ecology of exter-
nalization in a secondary school in Spain. *Anthropology and Education Quarterly*,
45(2), 185–202.
Suárez-Orozco, C.; M. Suárez-Orozco; y Irina Todorova (2008). *Learning a New Land.
Immigrant Students in American Society*. Cambridge, MA: Harvard University
Press.

Notas

1   Por emplear la expresión de Biehl, Good y Kleinman (2007: 1).
2   La percepción no es únicamente mía, diversos trabajos han reclamado lo mismo
     desde distintas perspectivas. Voy a citar solo tres ejemplos: En primer lugar Gil
     Jaurena (Ms: 371) concluye que "resulta llamativo el escaso número de profesores/
     as entrevistados (26%) que hace explícita su influencia en los buenos resultados
     obtenidos por los estudiantes [...]; más llamativa resulta [...] la más escasa expli-
     citación de dicha influencia en el caso de que los aprendizajes no se logren". En
     segundo lugar Ballesteros-Velázquez, Aguado-Odina y Málik-Liébano (2014: 96)
     argumentan que "urge reconocer la capacidad de agencia de profesores y centros".
     Finalmente Aguado Odina ed. (2010: 146) resumen así la idea: "Los profesores
     consideran que cuando los/las estudiantes consiguen buenos niveles de aprendizaje
     es debido preferentemente a razones internas al alumnado (esfuerzo, atención y
     motivación, comprensión de los conceptos) y al apoyo y atención que reciben de
     sus familias, o bien a una combinación de ambos factores. Respecto a las razones
     por las cuales no se consiguen niveles adecuados apenas varían respecto a la anterior
     cuestión: la mayoría habla de razones que residen en el alumno: falta de esfuerzo,
     desmotivación, y/o a la falta de apoyo familiar. No se reconoce una influencia
     directa entre lo que el profesor/a hace y lo que el/la estudiante consigue. La idea
     que se transmite es que la tarea del/de la docente no incide en el éxito o fracaso
     del/de la estudiante".
3   Mi postura con respecto a la integración coincide con las conclusiones a las que
     llegamos los miembros del equipo en un seminario para debatir precisamente esta
     cuestión. Orientada por las preguntas: integración ¿de quién?, ¿a qué?, ¿por qué?, la
     mayoría de los paricipantes concluimos oponiéndonos al uso del concepto porque
     pensamos que siempre que se usa, sólo se piensa en una dirección, unas personas
     deben integrarse a otro grupo. Propusiomos a cambio la palabra participación para
     indicar que se trata de un proceso complejo y de doble dirección, en la que conside-
     ramos que lo más importe son las posibilidades de participar de todas las personas
     (Fernández Montes y Müllauer-Seichter: 321–331).

4   Un documento de funcionamiento interno que pude consultar el 11 de Mayo de 2007, gracias al permiso de la subdirectora de inspección educativa, justificaba así el programa: "Cuando los hijos e hijas de las familias inmigrantes se incorporan a los centros docentes, se encuentran con mayores dificultades para alcanzar los objetivos educativos debido a diversos factores, entre los que cobra especial relevancia el desconocimiento de la lengua vehicular del proceso de enseñanza y aprendizaje en aquellos casos en los que la lengua materna no es el español. De igual manera los procesos de escolarización anterior, en los países de origen, constituyen un factor condicionante para la integración del alumnado inmigrante en el sistema educativo español y, en este sentido, hay que señalar que estos procesos se caracterizan por la variabilidad entre unos colectivos y otros, así como, en el caso de los procedentes de países menos desarrollados, por su carácter irregular o inexistente. Por último, hay que señalar que la situación socioeconómica de la población inmigrante, en condiciones de precariedad y de pobreza en muchas ocasiones, constituye un factor básico a considerarse".

5   Para un análisis más exhaustivo del aumento y disminución de las Aulas de Enlace, véase Cucalón Tirado (Ms.: 165). Mi afirmación de que no coinciden directamente con el mayor o menos número de estudiantes procedentes del extranjero está basada en el hecho de que, en la actualidad, las Aulas de enlace se distribuyen (a grandes rasgos) entre un 30% en los colegios públicos y un 60% en los colegios concertados, cuando la distribución de los estudiantes extranjeros es justo al contrario: el 30% se encuentra en colegios concertados, mientras que el 60% asiste a colegios públicos; de esta manera el argumento de que la disminución de las Aulas de Enlace ha sido causada por la disminución de la población migrante queda refutado por esta distribución.

6   Las normativas de los primeros años limitaron la estancia a seis meses, pero posteriormente se amplió a nueve (Consejería de Educación 2006).

7   También ha cambiado la normativa en este sentido, y han ido incorporándose progresivamente nuevas asignaturas hasta incluir plástica, idioma extranjero, música y matemáticas.

8   Las razones para cambiar o permanecer en la misma escuela son muy diversas. A pesar de que la normativa exige a los colegios que dispongan de plazas para escolarizar a los estudiantes del Aula de Enlace cuando termina el programa, no siempre ocurre así y muchos de ellos tienen que marcharse a otra escuela en contra de su voluntad. Pero otras veces son ellos mismos o sus familias los que al terminar el programa se matriculan en otra escuela, bien porque esté más cerca de sus casas, porque tengan hermanos o conocidos en otras escuelas o preferencia inicial por un colegio que no tenía Aula de Enlace o donde no consiguieron plaza inicialmente. Algunos se marchan de vuelta a sus países de origen.

9   Consultada el 11 de Junio de 2014.

10   Las normativas fueron incrementando progresivamente el número de asignaturas hasta incluir plástica, idioma extranjero, música y matemáticas.

11   Y la mayor parte de las veces lo era a pesar de la variedad de orígenes de los estudiantes. Muchas veces porque venían a reunirse con otros hermanos, hermanas, familiares o

amigos que ya asistían al mismo Aula de Enlace y era una de las razones por las cuales elegían el colegio en cuestión, elección que las comisiones de escolarización me aseguraron respetar para facilitar el ajuste de los chicos y chicas a sus nuevos ambientes.

12   L2 es la expresión que se emplea para referirse al aprendizaje de una lengua que no es materna.

13   Evaluación interna de la subdirección general de inspección educativa que pude consultar con permiso de la Consejería de Educación el 11 de Mayo de 2007.

14   Evaluación interna de la subdirección general de inspección educativa que pude consultar con permiso de la Consejería de Educación el 11 de Mayo de 2007.

15   Y estas cifras las conseguí casi por casualidad, gracias al permiso de la Consejería de Educación para consultar los resultados no publicados de las evaluaciones al programa, el 11 de Mayo de 2007.

      Desgraciadamente no dispongo de más cifras ni más recientes sobre las trayectorias de los alumnos de las Aulas de Enlace una vez que dejan el programa porque no se publican y la Consejería no las facilita a pesar de las repetidas solicitudes. En otro lugar, otra investigadora y yo hemos analizado las trayectorias concretas de los estudiantes con los que entramos en contacto en las Aulas de Enlace en las que hicimos nuestros respectivos trabajos de campo (Cucalón Tirado y del Olmo 2010).

16   Que más tarde se convertiría en PCPI (programa de capacitación profesional inicial).

17   Los programas de compensatoria sólo en teoría pueden conducir a Bachillerato, pero no en la práctica.

18   Una fecha próxima a las únicas cifras de que dispongo con respecto a los alumnos que han seguido el programa Aulas de Enalce.

19   <http://www.madrid.org/dat_capital/bienvenida/impresos_pdf/Instrucciones_ ae_0809.pdf> (consultada el 16 de Junio de 2014).

20   <http://www.madrid.org/dat_capital/bienvenida/impresos_pdf/Instrucciones_ ae_0809.pdf> (consultada el 16 de Junio de 2014).

21   Fuera del colegio es otra cuestión. Buscan desesperadamente ser respetados de alguna manera entre sus pares. Las fiestas, las parejas, un trabajo, etc. son las áreas que he visto explorar a la mayoría; las bandas y otros comportamientos de riesgo, en los que buscan exactamente lo mismo, afortunadamente, una minoría.

22   Los países que contempla esta norma son los siguientes: Alemania, Andorra, Austria, Bachillerato Internacional, Bélgica, Bulgaria, Chequia, China, Chipre, Croacia, Dinamarca, Escuelas Europeas, Eslovaquia, Eslovenia, Estonia, Finlandia, Francia, Grecia, Hungría, Irlanda, Islandia, Italia, Letonia, Liechtenstein, Lituania, Luxemburgo, Malta, Noruega, Países Bajos, Polonia, Portugal, Reino Unido, Rumania, Suecia y Suiza. En esta lista se encuentran Bulgaria, China, Polonia y Rumanía, que son países de procedencia mayoritarios de los alumnos de las Aulas de Enlace, aunque no se incluye ningún país de Latinoamérica, entre los cuales Ecuador, República Dominicana, Bolivia y Brasil completan la lista de procedencias de los estudiantes del programa.

23   Véase la nota anterior.

MARÍA GARCÍA-CANO TORRICO, INMACULADA ANTOLÍNEZ
DOMÍNGUEZ Y ESTHER MÁRQUEZ LEPE

7   La participación de las familias en la escuela desde el enfoque intercultural crítico

A propósito de la participación de las familias en la escuela

La participación de las familias en la escuela es uno de los factores mejor valorados entre la comunidad educativa tanto por su repercusión en la mejora del rendimiento académico de los menores (Boethel 2003; Jordan, Snow y Porche 2000) como por su contribución al buen funcionamiento del centro educativo (Gatt et al. 2011; Includ-ED 2009). De hecho, son numerosas las recomendaciones que sobre dicha participación recogen documentos nacionales e internacionales (Ministerio de Educación 2012; OECD 2012) en los que se plantea que padres y madres comprometidos ayudan a mejorar el rendimiento y el éxito académico del alumnado, a reducir el absentismo[1], favorecer actitudes positivas hacia la participación de los menores en la escuela y, de forma general, en su sociedad.

Como señala Fernández-Enguita (2007), con estas medidas se aspira a que la institución escolar se convierta en "nodo central" de una red más amplia de organizaciones que aglutinaría a las familias y al entorno comunitario y así tejer redes de colaboración que fomenten precisamente no sólo el éxito educativo sino también una mayor democratización de la sociedad. En este escenario la escuela aparece como el eje vertebrador del desarrollo académico y ciudadano del menor, lo que conlleva la implementación de ciertos planes o proyectos para favorecer la participación en ella de múltiples actores, especialmente de los familiares.

Sin embargo, como señala Berger (1991), es importante destacar que este hecho no es más que una afirmación aceptada en la literatura occidental, especialmente para el caso de las clases medias. Por ello no siempre es fácil definir, según el contexto, qué se entiende por alta o escasa participación ni la valoración que a dicha participación se le atribuye por parte del profesorado (Lahire 2003).De hecho, diferentes autores solicitan revisar dichas premisas, así como las representaciones que se hacen de esta realidad cuando se dirige la mirada a familias que viven en contextos desfavorecidos. En ellos, la baja participación, especialmente de grupos sociales como minorías étnicas o población inmigrante, se asocia a desinterés y desafección, calificando a dichas familias como distantes de la vida escolar y/o deficitarias (Martín, Río y Carbajal 2014; Paniagua 2013; Garreta 2008, Theodorou 2007). Es por ello que la relación familia-escuela puede considerarse aún como una "cuestión pendiente" (Garreta 2007), en desequilibrio, donde el profesorado considera esencial que los padres y madres les apoyen en su agenda escolar, mientras que algunas familias no llegan a entender los "beneficios" de este tipo de colaboración continua o sencillamente no saben por qué o cómo hacerlo.

Especialmente este desencuentro es significativo en casos como el de la comunidad gitana, donde los fines y objetivos familiares y escolares aparecen distantes e incluso enfrentados por la priorización de determinados valores en relación a su propia realidad social, económica y cultural (Fernández-Enguita 2000) o el de la comunidad inmigrante, a través de desencuentros recurrentes que emergen entre escuelas y familias en el contacto intercultural dentro del debate sobre capital social y educación (Carrasco, Pámies y Bertrán 2009). En estos casos, a las familias no les es fácil la concreción del significado de escuela y tampoco al profesorado la construcción del rol de las primeras dentro de ella.

El aporte que queremos ofrecer en este trabajo[2], a partir de lo expuesto, radica en desvelar los significados construidos sobre las familias en relación a su nivel de participación. Nos centramos en cómo se construyen aquellas familias que no participan o no responden a lo esperado por parte del profesorado y en cómo se representan las que sí se ajustan a los mandatos de la agenda escolar en los espacios educativos, reconociendo así la diversidad de posiciones en las que se sitúan distintos grupos frente a la cultura hegemónica escolar (Rodríguez-Romero 2008).Para desarrollar nuestra argumentación abordamos, desde lo que denominamos enfoque intercultural crítico, un análisis de los discursos sobre las familias en centros que se ubican en contextos de fuerte desigualdad social y con una significativa presencia de alumnado de diferente procedencia étnica o nacional. Encontramos que la valoración que se hace de la participación desde los centros educativos está estrechamente vinculada a cómo las familias son concebidas, de qué forma se les responsabiliza del éxito y fracaso escolar de sus hijos y de cómo se visibiliza o invisibiliza, se reconoce o problematiza la posición de ciertos grupos en el entorno social (Dubet 2004; Río 2010).

El enfoque intercultural crítico aplicado a la participación familiar en la escuela

De cara a estudiar los significados que tiene la participación de las familias en la escuela para el profesorado, las propias familias y otros agentes de la comunidad nos situamos desde un enfoque crítico que focaliza su atención hacia la desigualdad, instándonos a nosotras, investigadoras, a detectar "nuevas visiones teóricas, buscando constantemente nuevas formas de entender el poder y la opresión y las maneras en que configuran la vida y experiencia cotidiana" (Kincheloe y McLaren 2005: 306). Es decir, siguiendo la línea de investigaciones que venimos desarrollando (Antolínez 2013; Márquez y García Cano 2014), nos posicionamos en lo que hemos denominado enfoque intercultural crítico y que atiende a cómo las diversas formas de construir la diferencia de ciertos grupos de población *minorizados*[3] conllevan, a su vez, una posición de desigualdad en la estructura social y en la distribución de las oportunidades de vida individuales (Villegas 1988; Gorski 2009; Walsh 2010; May y Sleeter 2010).

Posicionarnos en el enfoque intercultural crítico, como señala Aguado (2009: 13) nos sirve "como metáfora de la diversidad. Esto es, como mirada que contempla y permite pensar la diversidad y, por ende, la complejidad de las situaciones sociales y educativas". Desde este lugar lo que nos interesa es analizar la realidad social desde coordenadas que imaginan nuevas formas de señalar e identificar la pluralidad cultural, asumiendo que diversidad no es igual a diferencia, ni cultura a prácticas culturales. Con ello pretendemos no atarnos a prenociones y conceptos que definan cómo es y debe ser la diversidad escolar y especialmente, para el caso que nos ocupa, las familias y su participación dentro de la escuela. Nos interesa avanzar en posicionamientos que imaginan múltiples aproximaciones en torno a diferentes formas de participación escolar pero también a entender las estructuras y procesos que justifican los significados ya dados. Por ello, desde el enfoque critico intercultural, junto a las imágenes que definen y ubican al diferente, al desviado frente a la "normalidad", atenderemos a las relaciones de poder y las representaciones que las legitiman.

Para avanzar en esta línea nos centramos en dos aproximaciones de las que se nutre el enfoque intercultural crítico. Por un lado, nos interesa la aproximación que realiza hacia el multiculturalismo la *Critical* Race Theory (Ladson-Billings 1998). Dicho marco teórico plantea que las medidas efectuadas hasta el momento para trabajar con la diversidad, en el contexto estadounidense, no han hecho otra cosa que beneficiar a las clases hegemónicas a través del mantenimiento de estructuras sociales institucionales que favorecen y reproducen el racismo. Por lo que, tal como señala el multiculturalismo denominado "radical", solo a través de un cambio revolucionario de dichas estructuras, entre las cuales estaría la escuela, sería posible alterar los procesos sociales originales que lo producen (Kahn 2008: 530). En este espacio, la cultura, más allá de su posición reificada y esencializada, aparece como un terreno de lucha que no va a cesar hasta que no se produzca un cambio real de las condiciones sociales que generan desigualdad, eliminando de esta forma el halo de convivencia armoniosa que recubren las propuestas multiculturales y asumiendo el conflicto interno que caracteriza precisamente a las relaciones entre grupos culturales diversos (Gorski 2009).

Por otro lado, y en esta misma línea, nos posicionamos en una perspectiva decolonizadora (Lander 2000), que cuestiona lo que Gasché (2006) denomina como "interculturalidad angelical", es decir, la propuesta de convivencia armoniosa y utópica de los diferentes grupos culturales respetando sus diferencias. Frente a ello, la interculturalidad crítica plantea que dicha convivencia es imposible sin tener en cuenta las causas de dominación y subalteridad de unos grupos respecto a otros. Algo especialmente revelador en el contexto nacional con la población inmigrante o gitana, pero también en el latinoamericano en relación a la realidad de exclusión de los pueblos indígenas. De ahí que el objetivo se base en la explicitación de las relaciones de conflicto y poder que no han permitido, hasta la fecha, alcanzar los ideales sociales y educativos que los modelos interculturales han estado planteando durante décadas (Walsh 2010). En todo caso, ambos posicionamientos denuncian dos cuestiones muy significativas para entender la inconsistencia de los modelos actuales en relación a la participación de las familias en la escuela.

En primer lugar, inciden en destacar el error de considerar como relación causal la participación familiar y el éxito escolar. Como señalan Fernández-Enguita, Mena y Riviere (2010), en el fracaso escolar además hace falta tener en cuenta ciertos factores clave como el origen social, el sexo, el componente de minoría, la experiencia de la migración o la pertenencia a familias desestructuradas. Analizarlo en términos dicotómicos y desde un posicionamiento lineal implica la desaparición de otras formas de ver o entender la implicación parental en la escolaridad. Y es desde esta lógica desde la que se construyen las teorías del déficit (Póveda 2003; Banks 1986) o neodéficit (Auerbach 1995) que plantean cómo la realidad sociocultural de los menores procedentes de minorías étnicas y de clases sociales desfavorecidas funciona a modo de obstáculo de cara al éxito escolar. De esta forma se responsabiliza a los colectivos minorizados de su propia exclusión escolar y social, tanto por su bajo rendimiento escolar como por la escasa implicación de las familias en la escuela. Este enfoque sigue vigente en muchas de las medidas puestas en marcha en EE.UU. para la inclusión de alumnado y familias migrantes (Baquedano-López, Alexander y Hernández 2013; Banks 2009) o en España y México para el caso de prácticas vinculadas a la educación compensatoria (Antolínez 2013).

En concreto, la investigación de Baquedano-López et al. (2013) señala que muchas de las tipologías propuestas por la literatura para potenciar la relación familia-escuela "reflejan una visión restringida de colaboración centrada en la agenda escolar. (…) No asumen las intersecciones de raza, clase e inmigración que sí son relevantes para las experiencias de muchas familias de grupos no dominantes", (Baquedano-López et al. 2013: 150) siendo representadas, además, como no comprometidas con la educación de sus hijos y dependientes de los objetivos de la institución. En segundo lugar, estos posicionamientos denuncian las relaciones de poder que subyacen a la comunicación entre ambas instituciones, la escuela y las familias. Trabajos como la tesis de Cárcamo (2013) analizan las imágenes que el profesorado en formación tiene de las relaciones escuela-familia. El autor plantea que, dada la centralidad que tiene el cumplimiento de los objetivos escolares, las relaciones escuela-familia están modeladas desde lo escolar, es decir, "quienes determinan el tipo, la forma, las instancias y los momentos de la relación son quienes están situados en la escuela, en concreto, los maestros y los directivos de los centros escolares" (pp. 225–226). Lo cual evidencia, de alguna forma, las relaciones de poder subyacentes entre ambos actores escolares. Una tesis que también sostiene Garreta (2009) quien señala que la relación familia escuela ha estado marcada por la subordinación de la primera a la segunda, por lo que se ha modelado a partir de los imperativos de la escuela; y ello a pesar de que ésta "ha perdido en las últimas décadas el lugar cultural preeminente que antes ocupaba" (p. 240).

Todos estos posicionamientos entienden las escuelas como lugares no neutrales sino políticos, es decir, contextos de producción de orden social (Dubet 2004) en procesos de transformación y cambio. Por tanto, como institución con agencia para poder modular sus funciones y finalidades, que puede apostar por reproducir el orden social y *status quo* existente desde la hegemonía del pensamiento neoliberal y los valores del mercado (Down 2009); o, convertirse en espacio emancipatorio desde el que desarrollar experiencias educativas hacia la justicia social (Wrigley, Thomson y Lingard 2012).

En conclusión, nuestra postura al respecto se basa en reclamar perspectivas teóricas que impliquen modelos de análisis más complejos y holísticos y que, más allá de las mediciones cuantitativas de la participación, den cuenta de las emergencias, los significados y el aprendizaje impredecible que se genera fruto del trabajo de un grupo de personas de forma conjunta (Price-Mitchel 2009; Smit, Driessen, Sleegers y Teelken 2008). Desde dicho planteamiento, nuestro interés se centra en conocer y mostrar los modos en que se construye la diferencia de las familias a partir de los discursos sobre su participación en el entorno escolar como herramienta para evidenciar la asimetría de poder entre los diferentes actores que se dan cita en una institución escolar que, en ocasiones, puede generar diferencias y reproducir desigualdades a partir del discurso que se construye sobre ciertos tipos de familias que no se visibilizan o, al menos, no de la forma que espera la institución escolar. Estos objetivos los hemos llevado a cabo a través de una investigación de tipo cualitativa centrada en la Comunidad Autónoma de Andalucía (España).

Entendíamos que debíamos acercarnos a esta realidad social desde esta mirada, ya que nuestra investigación pretende trabajar con los procesos de producción y reproducción de lo social a través del lenguaje y de la acción simbólica (Alonso 1998). Para realizar el trabajo de campo se seleccionó una muestra de seis centros escolares de Educación Infantil y Primaria que se ubicaban en contextos rurales y urbanos donde se evidenciaran de forma explícita condicionantes socioeconómicos de exclusión o desigualdad como: altas tasas de desempleo, analfabetismo, desfavorables condiciones de las viviendas, entre otros (ver tabla 1). Y además, tuvieran tasas significativas de alumnado extranjero o de diferente procedencia étnica. En centros con estas características la literatura señala que suele darse una escasa participación familiar (Paniagua 2013; Feitó 2010; Garreta 2009). Atendiendo a dichas características, la tabla 4 recoge una síntesis del perfil de los centros que han sido elegidos para llevar a cabo la investigación atendiendo precisamente a los datos del contexto y del alumnado.

Tabla 4: Perfil de los centros que conforman la muestra

	Contexto geográfico	Contexto socio-educativo	Perfil alumnado[4]
CENTRO 1 (AV)[5]	Localizado en capital de provincia (más de 400.000 habitantes). Contexto urbano. Barrio de la ciudad declarado como Zona con Necesidades de Transformación Social (ZNTS)[6]	Colegio dentro del Plan de Compensatoria[7] Índice Socio-Cultural[8] Bajo dentro de las cinco categorías establecidas (Bajo, Medio-Bajo, Medio, Medio-Alto, Alto) por el gobierno autonómico	25% alumnado extranjero

	Contexto geográfico	Contexto socio-educativo	Perfil alumnado[4]
CENTRO 2 (CE)	Localizado en municipio de provincia entre 50.000 y 100.000 habitantes. Contexto urbano. Barrio de la ciudad declarado como ZNTS	Colegio dentro del Plan de Compensatoria. Índice Socio-Cultural Bajo	Cerca de un 65% de etnia gitana nacional y 25% alumnado extranjero
CENTRO 3 (NSG)	Localizado en capital de provincia (más de 400.000 habitantes) Contexto urbano. Barrio de la ciudad declarado como ZNTS.	Colegio dentro del Plan de Compensatoria Índice Socio-Cultural Bajo	26% de alumnado extranjero y 40% de etnia gitana nacional
CENTRO 4 (AL)	Localizado en capital de provincia (más de 300.000 habitantes) Contexto urbano. Barrio de la ciudad declarado como ZNTS.	Colegio dentro del Plan de Compensatoria Índice Socio-Cultural Bajo	90% de población gitana nacional y 5% población extranjera
CENTRO 5 (VF)	Localizado en municipio de provincia (entre 5.000 y 10.000 habitantes) Contexto rural.	Colegio dentro del Plan de Compensatoria Índice Socio-Cultural Bajo	Menos de 5% alumnado extranjero
CENTRO 6 (LM)	Localizado en municipio de provincia (entre 5.000 y 10.000 habitantes) Contexto rural. Barrio de segregación étnica y en riesgo de exclusión social	Colegio dentro del Plan de Compensatoria Índice Socio-Cultura Bajo	90% de población gitana nacional

Fuente: Elaboración propia

El trabajo de campo se llevó a cabo a lo largo de dos cursos escolares (2010–2011 y 2011–2012). Las principales técnicas utilizadas para la producción de información fueron la entrevista individual junto con grupos focales. Las entrevistas en profundidad semi-estructuradas han tenido como objetivo captar los puntos subjetivos de los distintos actores sociales en cada uno de los contextos de estudio. La intención siempre fue crear un clima de diálogo, evitando en todo momento la conducción "intencionada" que guiara una escucha deseada (Jociles 2002). No obstante, sí que el equipo de investigación estableció unas pautas que sirvieran de orientación y delimitación de los objetivos pretendidos durante la interlocución con los distintos sujetos entrevistados. En cada centro se realizaron al menos dos entrevistas individuales (director o directora del centro y un miembro del equipo directivo) realizando un total de 15 entrevistas. En relación a los grupos focales, el objeto era captar la voz grupal de tres colectivos que consideramos fundamentales: profesorado, familias y un tercer grupo que denominamos comunidad y que incluía a personal de ONGs o voluntariado que participaba en el colegio. Se realizaron un total de 9 grupos focales pero su distribución no ha sido igual para todos los centros. En dos de ellos, Centros 2 y 3, se consiguieron realizar los tres grupos planificados (familia, profesorado y agentes de la comunidad) y en el resto se realizaron los grupos según la disponibilidad y facilidad de acceso de los informantes. El contenido tanto de las entrevistas como de las sesiones de los grupos focales se estructuró en relación a tres cuestiones: participación (y las relaciones entre escuela, familias y comunidad), transformación escolar (y los distintos modelos o estrategias pedagógicas para ello) y diversidad (qué es, cómo se construye y qué papel juega en los procesos de transformación escolar y fomento de la participación).

Para abordar el análisis nos apoyamos en los presupuestos de la Teoría Fundamentada (Glaser y Strauss 1967), ya que como señala Charmaz (2005), nos permite avanzar en investigaciones sobre la justicia social en tanto que los conceptos que se trabajan son entendidos como problemáticos y necesitan ser estudiados tal y como han sido vividos y comprendidos por los propios sujetos. Este proceso fue posible a través del software estadístico Atlas.ti, v. 6.2 que nos permitió realizar una primera codificación abierta (Charmaz 2005) de la información en torno a tres temáticas fundamentales: 1. Objetivos, naturaleza y frecuencia de la participación de las familias en la escuela; 2. Finalidad y roles de los actores implicados en la participación y 3. Factores que han facilitado o dificultado la participación de las familias en el centro escolar. Posteriormente, a partir de esta gran base de datos se seleccionó información para responder a las siguientes cuestiones que han organizado los resultados: quién y cómo legitima la participación en la institución escolar; qué estrategias de alianza y/o confrontación se establecen con el centro educativo a partir de los discursos sobre participación y; cuál es el rol de las asociaciones civiles en la relación familias-escuela.

"Mejoraría mucho si la familia apoyara el proceso de aprendizaje del hijo". Representaciones e imaginarios en torno a la norma escolar

La mejora del rendimiento académico y del comportamiento del alumnado en el aula y centro son los principales argumentos que ha señalado el profesorado entrevistado para justificar y promover la participación de las familias en los centros educativos. Ambos asuntos coinciden con estudios clásicos que asocian el bajo rendimiento escolar con problemas de desventaja familiar (Coleman et al. 1966), encontrándose evidencias de que niños pertenecientes a familias en situación de desventaja no tienen el mismo éxito académico que los hijos de familias favorecidas, a pesar de las más que aceptables actuaciones de los colegios a los que acuden (Angus 2009: 39). No obstante, desde nuestro enfoque teórico y analítico, potenciar ciertos modos de participación de las familias en el proceso escolar de sus hijos e hijas supone el desarrollo de una estrategia de control y subordinación de un grupo sobre otro a través de la delimitación de los espacios compartidos/enfrentados entre ambos, el establecimiento de fronteras exo-grupales y el desarrollo de procesos de legitimación en dicha confrontación.

El bajo rendimiento académico es reiteradamente aludido y vinculado a déficits educativos del alumnado y su familia: "Profesor 1: *Hombre, a nivel cultural es un contexto bajo, económicamente también, sí, sí, medio-bajo, pero para abajo tenemos bastante, o sea que..., a nivel cultural también es muy bajito. (...) y muchísimo paro.* Entrevistador: *¿Y eso ustedes lo notan en sus clases?.* Profesor 2: *Sí. Sí, se nota, se nota mucho: en el vocabulario que utilizan los niños, en las expectativas que tienen los padres para sus hijos no son nada elevadas ...* (Grupo focal, profesorado, VF[9]). Esta relación entre contexto socio-económico en desventaja y *problemática* escolar ha emergido en los discursos del profesorado entrevistado que describe a las familias de las que proviene su alumnado como personas *"de un nivel económico bajo, con un nivel cultural muy bajo también, que la mayoría de los padres se dedican a la venta ambulante y también a trabajos en el campo, trabajos agrícolas"* (Profesora, LM). Encontramos que es, precisamente, en estos contextos descritos por el profesorado donde consideran prioritario poder acceder y acercarse a las familias para resolver cuestiones de intendencia de forma inmediata, como las vinculadas a los deberes y actividades escolares que el alumnado debe realizar en casa, pero también, y de forma paralela, avanzar en la socialización de hábitos y comportamientos cotidianos como la higiene personal, el descanso, la alimentación, etc ...: *"al principio lo pasé mal por lo que veía, por la despreocupación de los padres con los hijos, niños que no desayunaban, niños que venían en pleno invierno con una camiseta mojada, o con unos pantalones, o los acostaban con animales ..."* (Profesor, CE).

El desinterés por parte de algunas familias por hábitos y pautas de actuación se aprecia igualmente en el caso concreto del comportamiento de los padres y madres ante las conductas disruptivas del alumnado. Ante este hecho, relativamente común en varias de las escuelas de nuestra investigación, una profesora nos respondía: *"Hay familias y familias. Tienes familias que sí vienen, les regañan, les castigan y sí que tienes un poquillo más de refuerzo a tu labor, y otras familias pues que vienen, te están mirando, 'sí, sí, sí' pero sabes que van a salir por la puerta y no van a hacer nada, y ya está"* (Profesora, CE).

Esta interpretación divergente entre las actitudes y valores que entiende el profesorado que deberían asumir las familias *"por el bien de sus hijos"* y el comportamiento que interpretan sobre éstas, conduce a la existencia de ciertas distancias que en ocasiones se manifiestan como insalvables y que sirven para identificar los espacios de confrontación entre ambos grupos. En nuestros contextos de investigación, encontramos cómo se hace uso de un lenguaje bélico (ejemplificado con expresiones tales como "luchar juntos", "a quien nos enfrentamos", "la batalla educativa") para referirse a la relación que se establece entre ambos grupos, todo ello en muy estrecha relación con la "paz armada" con la que Dubet (1997) caracteriza las relaciones entre la familia y la escuela. Frecuentemente este "conflicto" sitúa a las familias – en concreto a aquellas que no participan como sería deseable para el profesorado – en una esfera opuesta, de confrontación con respecto a ellos. Y esto comporta que el territorio de interacción entre escuela y familia se vigile, se controle, tanto por la amenaza de invasión o intrusión que podría acarrear como por el peligro de dejadez o abandono de sus funciones (Maulin 1997). De otro lado, la alianza con familias cercanas a la escuela – las que participan, ubicadas en terreno amigo – permite un conocimiento del otro, de sus fortalezas y debilidades para, llegado el momento "pasar a la acción". En uno de los grupos focales realizados a profesorado preguntamos por los beneficios que estaban obteniendo ante la mayor participación de los padres, a lo que nos respondían: *"conocer a quien te vas a enfrentar es una ventaja ..."* (Grupo focal, profesorado, VI).

El establecimiento de este campo de lucha sirve para identificar cuáles son las reglas que definen qué es "lo normal", lo "bueno" o lo "adecuado", especialmente por parte del profesorado, como estrategia para favorecer el éxito del alumnado en la institución escolar. Por todo ello, cuando se promueve la participación, un objetivo fundamental es provocar hábitos y comportamientos lo más cercanos a la "normalidad", es decir, lo más compatibles con lo escolar-céntrico. De este modo, ser valorado como una familia comprometida con el colegio de sus hijos implica imitar de alguna forma la labor de los maestros en casa (le expliquen, amplíen o ejemplifiquen los contenidos y controlen sus aprendizajes); y además, que fomenten una actitud de motivación y aceptación hacia el trabajo escolar. Un director entrevistado lo explicaba de la siguiente manera *"mejoraría mucho si la familia apoyara el proceso de aprendizaje del hijo, estuviese ahí detrás, que el niño llegara a casa, y bueno, si tiene que hacer una tarea tenga la supervisión o el apoyo de la madre; que los animen también, ..."* (Director, VI). La falta de apoyo explícito es interpretada como ausencia de motivación para la obtención de méritos escolares y a sus escasas pretensiones de promoción social y cultural: *"las características son más bien bajas, económicamente son más bien bajos, las familias no están muy implicadas comparado con los colegios normales, digamos porque claro, este es un cole de Compensatoria"* (Profesora, LM).

En contextos de tanta desigualdad, según el profesorado, la escuela deja de tener sentido socializador y formador para estas familias, a pesar de que sus prácticas docentes respondan a una concepción que legitima a la institución escolar para dar cumplimiento a dichas funciones: *"porque le dan poca importancia a la educación, pero en infantil ya ni te cuento .... El otro día empecé a decirle: 'mira, que esta niña pues hoy no ha trabajado casi nada'. Digo: 'a ver si intentas un poquillo en casa aunque sea', digo: 'decirla' ... digo: 'los colores, pero para que se vaya quedando con algo'. Dice: 'señorita, a ver si puedes conseguirme una lavadora'. Esa fue su contestación"* (Profesora, LM). Por ello, aunque algunos alumnos sean considerados por parte de muchos maestros con capacidad o motivación "suficiente" o "adecuada" para superar los cursos, los argumentos que justifican la distancia existente con la norma escolar para el profesorado son su grupo de pertenencia: sus familias y su forma de vida, su identidad étnica/cultural entendida de forma uniforme e invariable y que responde a un prototipo de acción ausente, pasivo, de inacción ante ciertos comportamientos del alumnado que sí son problematizados (y hasta diagnosticados, identificados e intervenidos pedagógicamente) por parte de la institución escolar y sus expertos/as. En el caso de las familias gitanas, la construcción esencializada que se hace de sus relaciones con la escuela hace que sea el profesorado el que vuelque sobre el alumnado bajas expectativas sobre su rendimiento o sobre la duración de su trayectoria escolar. Como señalaba esta profesora: *"las niñas en cuanto tienen doce, trece, catorce años edad casadera, las que no se casan las madres pues que le ayuden en la casa para cuidar a los hermanos más pequeños, ellas son las primeras que no han estudiado, que no tienen expectativas de que ..., pues tampoco tienen expectativas de que sus hijos estudien"* (Profesora, CS).

De manera similar, cuando preguntamos por el desarrollo del alumnado extranjero inmigrante el profesorado en muchos casos, alude de forma generalista cómo su forma de vida y las supuestas condiciones laborales en las que se desenvuelven explican su falta de apoyo e interés por los méritos escolares y la promoción de sus hijos e hijas: (a propósito de cómo se desarrolla la escolaridad del alumnado extranjero en el centro) *Maestra 1: Y niños que se han adaptado bien, que tampoco nos han causado. ... Maestra 2: sí, sí. Maestra 3: Yo tengo una rumanilla* [se refiere a procedente de Rumanía] *bien adaptada, lo que pasa es que es el problema ¿no?, que los padres se van por ahí a trabajar, se queda con un hermano, que el hermano es mayor de edad, pero está viviendo en unas condiciones que no ..., yo no puedo pedirle a esa niña más de lo que le pido, porque es que yo llamo a su hermano, y yo no veo, no veo continuidad en el proceso, no veo interés ...* (Grupo focal, profesorado VI).

Ambos aspectos identificados hasta ahora, esto es, la alusión a los contextos de desventaja de las familias como justificador de problemas escolares y, por otro lado, la distancia cultural, simbólica y en confrontación, de las familias que no participan con el profesorado, conlleva a que éstas sean evaluadas doblemente, como ya identificó Río (2010), como familias con "hándicaps y carencias sociales" y familias con "malas voluntades escolares". En este punto coincidimos con lo expresado por Angus (2009) en relación a cómo el profesorado construye y naturaliza el concepto de familias "normales", en tanto que se parezcan más o menos a los valores defendidos por el propio profesorado. Sin embargo, desde la mirada intercultural crítica, identificamos que en esta construcción social de las familias sobre su participación sigue sin tenerse en cuenta precisamente las causas de las condiciones de desigualdad social y económica en las que viven y sin cuestionarse los instrumentos (tales como apoyar las tareas académicas en casa o transmitir actitudes de esfuerzo y disciplina como hemos aludido anteriormente o, como nos referiremos más adelante, asistir a tutorías en el centro escolar o participar de forma activa en actividades dentro del aula o en comisiones para la toma de distintas decisiones) que la institución escolar implementa para favorecer la participación precisamente de aquellas familias construidas como distanciadas y deficitarias.

"Es que nosotros ayudamos en lo que los profesores nos piden". Familias cercanas y alejadas de la norma escolar

Son significativas las razones que alegan las familias que participan de forma activa en los centros para hacerlo, ya que coinciden precisamente con los factores señalados por el profesorado para explicar su no interés. Y es que, las familias que declaran estar comprometidas con la escuela se muestran conscientes de las dificultades que, tanto el centro como el barrio, encuentran en la tarea escolar dadas sus condiciones socioeconómicas desfavorecidas. En estos contextos, los centros educativos en los que hemos realizado la investigación han iniciado algún tipo de estrategia con el objeto de potenciar las relaciones entre escuela y familias, entendida ésta en el sentido que alude Fullan (2001) como *planned educational change*, es decir, utilizando medios de forma deliberada para conseguir el cambio. De forma más concreta, cinco de las seis escuelas donde hemos desarrollado nuestro trabajo se identifican como Comunidad de Aprendizaje. Esta es una propuesta teórico-pedagógica de orientación inclusiva (Flecha 2009) inspirada en experiencias americanas previas[10] de mejora de la calidad de la educación para superar las desigualdades dentro y fuera de la escuela. Su puesta en marcha lo dirige un itinerario secuenciado de fases y estrategias metodológicas que promueven la interacción y el aprendizaje dialógico entre actores que invita a la presencia de las familias y otros agentes sociales dentro de las aulas y el centro durante la jornada escolar. La última de las escuelas estudiadas (Centro 3, ver tabla 4) ha optado por un modelo de transformación y acción pedagógica fundamentado en la innovación aunque no sea posible identificarlo bajo una única referencia terminológica *"somos eco-escuela, igualitaria, trabajamos por proyectos, nos interesan las tertulias, ... cogemos de aquí y de allí pero nosotros construimos lo que queremos hacer, no nos dejamos llevar por lo que otros dicen que hagamos"* (Profesora, NSG).

En este marco de acción escolar y proyectos impulsados por las escuelas hemos encontrado familias que comienzan a ser asiduas en la jornada escolar de sus hijos, bien participando como voluntarias durante el desarrollo de grupos interactivos[11] dentro del aula, o bien como miembros de alguna comisión para organizar un evento concreto. En tales casos aquellas que están presentes manifiestan sentirse comprometidas con la educación de sus hijos y con el sentido axiológico de transformación individual y social que persiguen con la escuela y de la que se convierten en aliados: *"por supuesto relación ya la hay, a nivel de barrio ..., está a todos los niveles porque es así. Fíjate tú, si te das cuenta el centro, los niños son lo principal, son el futuro. Piensa que hace un padre por su hijo, entonces ¿dónde está un centro neurálgico donde un padre es capaz de volcarse?: el colegio. Eso lo saben todas las instituciones aquí, que el colegio es el punto de referencia porque ahí vas a encontrar a los padres seguro y de ahí va a salir todo. Y han venido a charlar desde el centro de salud ... por lo mismo porque saben que de aquí brota todo, del colegio brota, de los niños sale hacia los padres y hacia el barrio. ¿te das cuenta? Es como una fuente que va llenándolo todo ... es que es así"* (Grupo focal, padre, NSG). En estos casos, su participación se interpreta por el efecto positivo que reportan sus acciones en el centro y no exclusivamente como un bien individual para sus propios hijos e hijas. Cuando es así, las madres y padres que han participado en los grupos focales, que en buena medida son aquellas que conocen los objetivos y la estrategia iniciada en el proyecto Comunidad de Aprendizaje o los intereses perseguidos por los maestros al proponer actividades docentes que reclaman su presencia, celebran el proceso de cambio en la escuela e identifican las nuevas oportunidades que dicho proyecto les ofrece para implicarse con la institución. De esta manera, la esperanza puesta en el centro educativo está en estrecha relación con los deseos de transforma-ción del entorno y con el ideal meritocrático que permitiría a sus hijos e hijas tener oportunidades para superar su condición social desigual de partida. Respecto a qué esperaban de la escuela, las madres de uno de los centros respondían: *Madre 1: Lo que no hemos podido tener nosotras. (...) Eso, una educación, un futuro, una economía ... Hombre, no pedimos que sean ministros, (...). Algo que no "habemos" podido tener nosotras, que es una estabilidad de vida, y que sean algo más que un simple parado, o un simple obrero en el paro en un barrio marginal, que tengan una esperanza de algo que nosotras no hemos tenido. Pero no tan solo para nuestros niños sino para todos los niños del barrio, que para eso estamos aquí, hay muchos niños* (Grupo focal, madres, AL).

En estos discursos encontramos, por parte de las familias que se implican en las actividades, un reconocimiento de las estrategias desarrolladas por los centros educativos, mostrando su disponibilidad en colaborar en todo aquello que los y las docentes necesiten para el logro efectivo de los resultados esperados, entendidos fundamentalmente como éxito educativo. Tal y como señalaban las madres en uno de los grupos focales: *"Madre 1: (...) pues relación es eso, relación es dejar que participe en la clase con los niños ... Madre 2: Si te quieres anotar a una excursión también te dejan* (Grupo focal, Madres, NSG). Ante la pregunta de qué es realmente aquello en lo que participan, la respuesta recurrente se centra en aquello que los profesores piden o bien en aquello en lo que la escuela les deja, apreciándose así la distinción de roles y funciones. Encontramos un profesorado protagónico que fomenta una participación parcial frente a las familias que están en la institución para apoyar y colaborar aunque no para decidir sobre qué.

En estos casos, las familias que más participan se sitúan en conexión con el profesorado, en un lado del campo simbólico que las aleja de las madres y padres que no lo hacen. Ante la pregunta sobre quiénes participan, la respuesta se establece en términos comparativos entre la auto-identificación de quienes sí lo hacen y, por tanto, sí les importa la educación de sus hijos frente a quienes no participan y, por tanto, tienen bajas expectativas hacia su educación. La representación social que elaboran sobre dichas familias díscolas se centra en el desinterés por la educación de sus propios hijos e hijas y la falta de expectativas, reprochando cómo "los *dejan aparcados en la escuela"* o *"no quieren saber nada"*. En ningún momento hemos encontrado que este discurso sea crítico con las estrategias seguidas por la institución escolar para conseguirlo sino que, por el contrario, culpabilizan a las familias de no hacerlo.

Por el contrario, cuando entrevistamos a aquellas madres que confiesan no participar[12] de forma activa en las actividades propuestas por la escuela, éstas aluden a argumentos de distinta índole: por un lado, no disponen de tiempo para ocuparlo en la jornada escolar de sus hijos: *"doy gracias a Dios y a ellos también porque se portan muy bien con mi niño, le hablan muy bien y todo, y eso ... me conformo con eso ... (...) lo que pasa es que yo no puedo quedarme mucho, saben todos los profesores que yo no puedo quedarme mucho ... porque mi situación de trabajo no, no, ... Yo estoy pidiendo"* (Madre,

CS). En tal caso, la institución escolar se convierte para muchas familias en un vehículo de acceso a recursos variados (ropa, alimento, materiales escolares ...), pero también para el cuidado y custodia de sus hijos e hijas. Por otro lado, otras madres aluden a la ausencia de conocimientos para estar en el aula, no tener nada que decir y no saber qué hacer dentro de la institución: *"yo le he dado unos consejitos ahí, que no hablen mal, que no hablen tanta palabra fea de la boca, y que se porta muy bien y todo. Pero yo hablo muy mal español, los niños en la casa hablamos español pero mi cuñado se ríe porque nada más si hablo con ellos"* (Madre, CE). Reconocen tener dificultades para apoyar la tarea académica en casa, por lo que destacan su interés en supervisar y controlar su comportamiento y vocabulario y no tanto la tediosa y lejana tarea que para ellos supone el cumplimiento de los deberes, unos resultados que coinciden con el trabajo de Martín, Río y Carvajal (2014).

De esta forma, la institución escolar se convierte en un espacio de posiciones donde una parte de las familias se identifica como grupo aliado del profesorado y de la estrategia escolar sintiéndose, por este mismo motivo, criticadas por el resto de familias que no acuden o se visibilizan en los mismos términos. En uno de los grupos focales, una madre hacía énfasis en ser *"siempre las mismas"* las que participan en la escuela y como ello, de alguna forma, hace que se sientan señaladas por parte de aquellas otras madres y padres que no quieren o pueden participar: *"si es que siempre están las mismas, míralas, ¿pues quién van?, pues la de siempre, no, yo voy siempre porque a mí me interesa, si a ti te interesara podrías ir siempre como vamos todas"* (Grupos focal, Madres, VI). Este ejercicio de auto-adscripción y rechazo entre grupos coincide con el argumento identificado por Feitó (2010) al señalar lo inoperantes que han resultado ser tradicionalmente en España los mecanismos de participación hacia las familias. Según el autor, participar implica visibilizarse, lo cual puede reportar o bien amplios beneficios o, por el contrario, muy serios perjuicios (Feitó 2010: 103).

De nuevo, tal y como señalábamos para una parte del profesorado, el discurso de ciertas familias reitera un posicionamiento meritocrático y escolar-céntrico que celebra y apoya las acciones de la escuela. El análisis de este discurso por parte de las madres y padres nos lleva a una construcción dicotómica de las familias, como ya vimos. Por un lado, en aquellas que participan activamente como familias "normalizadas" tanto para el profesorado como para las madres y padres que se autoidentifican con ello; por el otro, en aquellas que "no cumplen" con la escuela, es decir, que no se visibilizan en las actividades propuestas por el centro. Una vez más, detectamos que en ninguno de los discursos analizados aparece una postura crítica hacia los objetivos y medidas de la institución escolar; ni una reflexión más profunda sobre las causas de la no participación de otras familias.

"No son partícipes de la educación, no son partícipes de la toma de decisiones, no son partícipes de muchas cosas". Cuestionamiento de la norma escolar desde labores de mediación por parte de la sociedad civil

En el análisis de los discursos sobre participación de familias en la escuela, hemos detectado una posición que calificamos de "mediadora" por parte de los representantes de ONGs y asociaciones civiles o personas que trabajan como voluntariado en las actividades propuestas por los centros educativos. Dichos actores cuentan con un conocimiento profundo de la realidad comunitaria del entorno así como de las políticas que se han venido desarrollando con el objetivo de superar las condiciones de desigualdad y exclusión en diferentes ámbitos como el social y laboral además del educativo. Este conocimiento sistémico de la realidad, más allá de la mirada exclusiva al ámbito educativo, les permite una postura de mayor reflexión e incluso posicionarse críticamente ante determinados aspectos no cuestionados hasta el momento por otros actores, como es el currículum oficial o las propias prácticas que desarrollan las escuelas en contextos de diversidad y desigualdad. Como señala esta entrevistada: *"Pero el profesorado en general le cuesta mucho adaptar materiales, pero no a ellos sino a cualquier profesorado, es decir, es más fácil el libro que ya tengo aquí organizado que hacer materiales, entonces eso ya depende de la sensibilidad de cada uno. Y tampoco es una cosa que haciéndolo ellos un material adaptado vayamos a conseguir todos los resultados, es que son muchos más factores, los factores sociales son muy importantes"* (Asesora, CE). Sin embargo, como acertadamente señalan Dietz y Rosón (2002), estas ONGs no dejan de ser agentes estatales, por lo que también se han socializado en cuáles son los buenos, malos, adecuados o desaconsejados hábitos y valores sociales.

Desde la postura mediadora señalada, reconocen el valor de la participación para la mejora del rendimiento académico del alumnado pero a diferencia de otros posicionamientos, identifican la escuela como espacio donde también se reproducen las desigualdades sociales. El hecho de que su trabajo se desarrolle a nivel comunitario atendiendo ámbitos tan diversos como la vivienda, la salud, la situación laboral o la estructura familiar les lleva a considerar el rendimiento académico como una problemática social más que atañe al desarrollo del barrio y las familias, pero desde luego, no la única. Desde esta postura interpretan el posicionamiento de la escuela cuando les preguntamos sobre la participación de las familias en la institución: *"Es como que se basa demasiado en lo que saben a nivel académico ¿no?, y hay información que es importante (...) aquí no sólo se viene a aprender a leer y a escribir sino que aquí se aprenden muchas cosas, se aprenden valores ..."* (Grupo focal, representante ONG, AL). Por ello, para estos actores es tan importante la conexión entre escuela y familias, porque lo consideran una estrategia de conocimiento y de reconocimiento mutuo, sobre todo para el caso del profesorado, permitiéndoles contextualizar las demandas sobre éxito escolar con respecto al alumnado que acude a sus centros: *"un director que había antes que le echaba toda la culpa siempre a los niños, siempre a no sé qué, se lo dije: es que tú no miras fuera de las ventanas de tu centro, empieza a mirar lo que tienes fuera y quizá así des en el clavo de lo que estás haciendo, en vez de preguntarme a mí cuál es el secreto para que ellos admitan, sal tú y date a conocer ¿no?"* (Representante ONG, CE).

Por ello, para estos actores es tan importante la conexión entre escuela y familias, porque lo consideran una estrategia de conocimiento y de reconocimiento mutuo, sobre todo para el caso del profesorado, permitiéndoles contextualizar las demandas sobre éxito escolar con respecto al alumnado que acude a sus centros: *"los profesores, también desconocen las vidas de esos niños, su realidad (...) muchos ahí se pierden, cuando les dicen los maestros a los niños: (…) no estudiéis con el televisor puesto, en vuestro cuarto no tengáis el televisor puesto, claro, en los dormitorios no hay televisión, cuando hay niños que duermen en el salón de la casa ¿no?"* (Grupo focal, representante ONG AL).

Este posicionamiento de puente entre la realidad social del entorno y la escuela, les permite sentirse conocedores tanto de las problemáticas del contexto como de los objetivos de la escuela y sus especiales dificultades para acceder a las familias. Reconocen la existencia de una separación entre ambos actores y espacios que queda representada física y metafóricamente como una frontera infranqueable: *"Hombre yo creo que tradicionalmente hay un muro que es físico y que también se traslada a la realidad que no permite ese acceso de la comunidad y la familia a lo que pasa dentro de la escuela. No son partícipes de la educación, no son partícipes de la toma de decisiones, no son partícipes de muchas cosas"* (Grupo focal, miembro de asociación, AL).

Es por ello que, según los hallazgos de nuestro estudio, consideramos que el papel de estos agentes se sitúa en un lugar mediador entre el colegio y los contextos. Dicho rol les permite poder tener una mirada crítica denunciando lo que no está funcionando de manera adecuada y sería necesario cambiar desde la intervención socio-educativa dentro y fuera de las aulas. Reconocen el contexto de fuerte exclusión que trae aparejado la estigmatización y la especial dificultad en la conexión con las familias. Como señalan, en muchas ocasiones lo que ocurre precisamente es que *"hay más miedo hacia las familias ¿no?, porque como son más de exclusión pues ya se tienen muchos prejuicios (…) entonces cuanto menos se meta en la escuela, menos daño hace"* (Grupo focal, miembro de asociación, AL). Pero también, por otro lado, son críticos con las familias de las que señalan su posición de marginalidad y sus insuficiencias a la hora de desenvolverse en el escenario escolar, por lo que reivindican un trabajo apoyado en unos mínimos, unos *previos,* que cubra carencias antes de dedicarse a otros asuntos: *"Miembro asociación 2: Es decir, fíjate hasta qué punto la interpretación de la realidad tenemos que asumir que la vemos con estas gafas, y si tú te pones mis gafas no lo vas a ver igual que yo este mundo. Entonces eso es muy complicado de analizar y de determinar que sea de una forma o de otra. Miembro asociación 1: Eso hay que reeducarlos … Miembro asociación*

2: Claro. Miembro asociación 1: Exactamente. Miembro asociación 3: ...
hay que quitar lo que hay educado y volverlos a educar, tienes que enseñar
cómo comportarse entre comillas, y después ya empiezas a enseñarle cosas
académicas, le empiezas a enseñar, pero es que si no es imposible" (Grupo
focal, representante ONG, AL).

Por ambos aspectos las asociaciones y organizaciones sociales se
convierten en mediadoras entre las escuelas y las familias favoreciendo el
cuestionamiento propio, de sus concepciones y acciones, por parte de los
distintos actores. Por un lado, identificando las dificultades que genera el
entorno para que las familias se involucren de forma más activa en la escuela
y proponiendo otras acciones más eficaces como la visita del profesorado en
los hogares; por el otro, valorando positivamente los esfuerzos de los y las
docentes para favorecer la transformación a través de proyectos concretos
como las mencionadas Comunidades de Aprendizaje destacando las dificultades añadidas de la institución tales como la falta de tiempo, la rigidez
de los horarios o la sobre carga de trabajo burocrático.

Conclusiones

A partir de todo lo expuesto podemos señalar a modo de conclusión tres
aspectos de interés en la investigación que venimos realizando. En primer
lugar nuestro trabajo ha mostrado la existencia de una doble visión sobre
las familias. La primera de ellas parte de una categorización de familias
como "normales" o más cercanas a la normalización (Angus 2009) desde
una perspectiva escolar-céntrica. Estas serían las familias que participan
de la escuela, de lo que ésta determina que es positivo para el rendimiento
escolar de los menores y desde el fomento de actitudes y hábitos que se
asumen como beneficiosos para la promoción social tanto de la familia
como principalmente de los menores. En directa confrontación con esta
construcción de ciertos tipos familiares, nos encontramos con una segunda
concepción, esta vez como "deficitaria" y desviada de la norma. Son aquellas familias ubicadas simbólicamente en "terreno enemigo", que no se

interesan, no participan y no comparten los dictados de lo que la institución escolar determina como provechoso para el éxito escolar. Coincidimos en que, como señalan Baquedano-López et al. (2013), esta construcción de las familias afecta a un amplio número de ellas que se encuentran en contextos de desigualdad social, pero especialmente a aquellas procedentes de "*non dominant backgrounds*" tales como población gitana o inmigrante extracomunitaria en nuestro contexto, responsabilizándolas así del fracaso escolar de los menores. Desde nuestro trabajo, asumimos que la propia invisibilidad de estas familias en el entorno escolar (especialmente de las más desfavorecidas, esto es, aquellas que menos acceso a recursos tienen tales como inmigrantes en situación irregular, que no hablan la lengua o población analfabeta) da lugar a una representación de las mismas que desde su no confianza en la escuela y en el profesorado para que le aporten aquello que precisamente ellas no pueden ofrecerle, de ahí que establezcan espacios separados y especializados y consideren a la escuela y a los/as maestros/as como los agentes más adecuados para el encargo de la formación de sus hijos e hijas. En segundo lugar, nos parece de especial interés llamar la atención sobre los modos de participación en la escuela por parte de aquellas familias "normalizadas". A partir de los datos mostrados, evidenciamos que éstas tienen presencia en todo aquello "que se les pide" a partir de la institución escolar. Sin detenernos en el debate sobre tipologías de participación, sí consideramos de interés destacar que la participación que hemos registrado de estas familias se ubicaría en lo que Santos-Guerra (2003: 110) denomina como "pseudo participación", esto es, cuando las cuestiones ya han sido previamente decididas de forma total o parcial por parte de la escuela y las familias sólo participan de forma "informativa" o "consultiva" (Includ-ed 2009). Ello igualmente nos muestra la necesidad de reflexión democrática de la institución escolar a partir de los espacios en los que se permite o no la presencia activa de familiares cuestionando su no presencia en espacios propiamente educativos; evaluativos e incluso decisorios en materia de contenidos curriculares o gestión de la institución.

Por último, consideramos que es de especial relevancia visibilizar aquellos discursos y posicionamientos que hemos denominado como "mediadores", principalmente desde los actores de las asociaciones civiles pero que

se encuentran también entre algunas familias y profesorado. Son discursos
que cuestionan la situación de exclusión en la que viven las poblaciones que
atienden, que fomentan la necesidad de interacción y conocimiento mutuo
para superar la "cuestión pendiente" entre escuela-familia, que reconocen
la importancia de formar a los menores desde una reflexión crítica sobre la
realidad social de su entorno. La oportunidad de dar voz a estos discursos
en el escenario escolar ha dado lugar a que maestros y maestras ensayen
nuevas estrategias de acercamiento a las familias, que rompen el esquema
del diálogo cuya dirección era de forma unívoca de las familias hacia el
profesorado, provocando encuentros en otros escenarios que no son exclusivamente la escuela. Así, en una de las escuelas estudiadas (Centro 2, CE)
dos años después de iniciar el proyecto de Comunidades de Aprendizaje
y alentados por agentes sociales del barrio, los maestros acudían de forma
asidua a las casas de sus alumnos para realizar lo que ellos denominaban
como "tutorías activas". A partir de esa experiencia el profesorado manifestaba cómo las relaciones se hacen menos tensas y más fluidas. Tal y como
señala McInerney (2009: 33) con experiencias de esta índole, "los maestros
pueden ayudar a sus estudiantes a adquirir una comprensión de los asuntos
de justicia social animándoles a conectar sus hábitos diarios y asuntos locales
a preocupaciones globales (...) los y las estudiantes pueden ser motivados a
pensar críticamente sobre las acciones que ellos pueden llevar a cabo para
hacer una diferencia dentro de sus propias comunidades". Es en este espacio intersticial y crítico donde consideramos que la escuela puede ubicarse
desde un cambio educativo dirigido no a la mejora o eficacia escolar sino
hacia una mayor justicia social.

Referencias

Aguado, T. (2009). El enfoque Intercultural como metáfora en Educación. En Aguado
    Odina, T. y del Olmo, M. *Educación Intercultural. Perspectivas y propuestas.*
    Madrid: Ramón Areces.
Alonso, L. E. (1998). *La mirada cualitativa en Sociología.* Madrid: Fundamentos.

Angus. L. (2009). Problematizing neighborhood renewal: community, school effectiveness and disadvantage. *Critical Studies in Education*, 50(1), 37–50.

Antolínez, I. (2013). La gestión de la diversidad cultural en España y México: construcción de la diferencia y exclusión en educación intercultural. *Revista Latinoamericana de Educación Inclusiva*, 7, (2), 115–132.

Auerbach, E. (1995). Deconstructing the discourse of strengths in family literacy. *Journal of Reading Behavior*, 27, 643–661.

Banks, J. A. (1986). Multicultural Education: Development, Paradigms and Goals. In J. A. Banks y J. Lynch (1986). *Multicultural Education in Western Societies*. London: Holt, Rinehart and Winstond.

Banks, J. A. (2009). Multicultural Education. Dimensions and paradigms. In J. A. Banks (Ed.) *The Routledge International Companion to Multicultural Education*. New York and London: Routledge.

Baquedano-López, P., Alexander, R. A. y Hernández, S. J. (2013). Equity Issues in Parental and Community Involvement in Schools: What Teachers Educators Need to Know. *Review of Research in Education*, 37, 149–182.

Berger, E. H. (1991). Parent involvement: yesterday and today. *The Elementary School Journal*, 91(3), 209–219.

Boethel, M. (2003). Diversity: school, family y community connections. *Anual synthesis 2003*. SEDL.

Carbonell, F. (2000). Desigualdad social, diversidad cultural y educación. En VVAA (2000*) La inmigración extranjera en España. Los retos educativos.* Colección Estudios Sociales, 1. Fundación La Caixa: pp. 99–118.

Cárcamo, H. (2013). *Ciudadanía en la formación inicial docente: imágenes sobre la formación para la ciudadanía en la escuela y sus procesos de configuración.* Universidad Complutense de Madrid. Departamento de Antropología Social. Inédita.

Carrasco, S., Pàmies, J. y Bertrán, M. (2009). Familias inmigrantes y escuela: Desencuentros, estrategias y capital social. *Revista Complutense de Educación*. Vol. 20(1): 55–78.

Charmaz, K. (2005). Grounded theory in the 21st Century, en Denzin, Norman K. y Lincoln, Yvonna S. (eds.), *The SAGE handbook of qualitative research*, London: SAGE Publication.

Coleman, J. S., Campbell, E., Hobson, C., McPartland, J., Mood, A., Weinfeld, F., y York, R. (1966) *Equality of educational opportunity*. Washington, DC: US Government Printing Office.

Dietz, G. y Rosón, J. (2002). ¿Las organizaciones no-gubernamentales como intermediarios interculturales? Encuentros entre autóctonos e inmigrantes en ONG. En L. Serra (Coord.), *Inmigración extranjera en Andalucía* pp. 251–265. Sevilla: Junta de Andalucía.

Down, B. (2009). Schooling, productivity and the enterprising self: beyond market values. *Critical Studies in Education*, 50(1), 51–64.

Dubet, F. (Dir.) (1997). *École, Familles.Lemalentendu*. Paris: Textuel.

Dubet, F. (2004). *L'ecole des chances*. Paris: Seuil et la Republique des Idées.

Eurostat (2013). *Basic Figures On the EU. Summer 2013 edition*. Eurostat: European Commission. Rescatado desde. <http://epp.eurostat.ec.europa.eu/portal/page/portal/europe_2020_indicators/headline_indicators>.

Feitó, R. (2010). Familias y escuela. Las razones de un desencuentro. *Educación y Futuro*, 22, 87–107.

Fernández-Enguita, M. (2000). *Alumnos gitanos en la escuela paya*. Barcelona: Ariel.

Fernández-Enguita, M. (2007). Educar es cosa de todos: escuela, familia y comunidad. En J. Garreta. *La relación familia-escuela: una cuestión pendiente*. Lleida: Universitat de Lleida y Fundación Santa María. pp. 13–32.

Fernández-Enguita, M., Mena, L. y Riviere, J. (2010). *Fracaso y abandono escolar en España*. Barcelona: Fundación la Caixa, Colección Estudios Sociales, Nº 29.

Flecha, R. (2009). Cambio, inclusión y calidad en las Comunidades de Aprendizaje. *Cultura y Educación*, 21(2), 157–169.

Fullan, M. (2001). *The new meaning of educational change*. New York: Teachers College Press.

García-Bacete, F. J. (1998). Aproximación conceptual a las relaciones escuela-familia. *Bordón*, 50 (1): 23–33.

Garreta, J. (2007). *La relación familia-escuela: una cuestión pendiente*. Lleida: Universitat de Lleida y Fundación Santa María.

Garreta, J. (2008). *La participación de las familias en la escuela. Las asociaciones de madres y padres de alumnos*. Madrid: CIDE/CEAPA.

Garreta, J. (2009). Escuela y familias inmigradas: Relaciones complejas. *Revista Complutense de Educación*. 20 (2), pp. 275–291.

Gasché, J. (2006). Dominación, Alteridad y Objetividad en la Perspectiva Educativa Intercultural. ¿Hasta dónde abarca la interculturalidad?. En F. Soberanes Bojórquez, I. Seda Santana y J. F. Viveros García (eds.) (2006) *Memoria del Primer Congreso Nacional de Educación Indígena e Intercultural*. México: Comité Promotor del Congreso Nacional de Educación Indígena e Intercultural y la Unidad de Capacitación e Investigación Educativa para la Participación, pp. 125–139.

Gatt, S., Ojala, M., y Soler, M. (2011). Promoting social inclusion counting with everyone: Learning Communities and INCLUD-ED. *International Studies in Sociology of Education*, 21(1), 33–47.

Glasser, B. y Strauss A. (1967). *The Discovery of Grounded Theory: Strategies for Qualitative Research*, Chicago: Aldine.

Gorski, P. (2009). What we're Teaching Teachers: An Analysis of Multicultural Teacher Education Coursework Syllaby. *Teaching and Teacher Education* 25, 309–318.

Includ-ED (2009). *Actions for success in schools in Europe.* Rescatado desde <http://www.ub.edu/includ-ed/docs/INCLUDED_actions%20for%20success.pdf>

Jociles, M. I. (2002). Contexto etnográfico y uso de las técnicas de investigación social. En De la Cruz (Coord.), *Introducción a la antropología para la intervención social.* Valencia: Ediciones Tirant Lo Blanch, pp. 85–119.

Jociles, M. I. (2008). Panorámica de la antropología de la educación en España: estado de la cuestión y recursos bibliográficos. En M. I. Jociles Rubio y A. Franzé Mundano *¿Es la escuela el problema?* Madrid: Trotta.

Jordán, J. A. (2009). Hacia una relación de partenariado entre profesores y familias inmigrantes. *Revista Complutense de Educación.* 20 (1),: 79–97.

Jordan, C., Snow, C. E., y Porche, M. V. (2000). Project EASE: The effect of a family literacy project on kindergarten students' early literacy skills. *Reading Research Quarterly*, 35(4): 524–546.

Kahn, M. (2008). Multicultural education in the United States: reflections. *Intercultural Education.* 19 (6): 527–536.

Kincheloe, J., y McLaren, P. (2005). Rethinking critical theory and qualitative research. In N. Denzin, y Y. Lincoln (eds.) *The SAGE handbook of qualitative research* (3rd ed., pp. 303–342). Thousand Oaks, CA: Sage pp. 303–342.

Ladson-Billings, G. (1998). Just what is critical race theory and what's it doing in a nice field like education? *Qualitative Studies in Education*, 11 (1): 7–24.

Lahire, B. (2003). Los orígenes de la desigualdad social, En Marchesi, A y Hernández Gil, C. (coords). *El fracaso escolar: una perspectiva internacional.* Madrid: Alianza.

Lander, E. (Ed.) (2000). *La colonialidad del saber: eurocentrismo y ciencias sociales.* Buenos Aires: CLACSO.

Márquez, E. y García-Cano, M. (2014). Condiciones de posibilidad y desarrollo para una educación intercultural crítica. Tres estudios de caso en el contexto andaluz. *Revista Española de Investigaciones Sociológicas,* 148: 157–170.

Martín, E.; Río, M. y Carvajal, P. (2014). Prácticas de socialización y relaciones con la escolaridad de las familias más alejadas de la norma escolar. *Revista de la Asociación de Sociología de la Educación*, 7(2): 429–448.

Maulin, G. (1997). La collaboration parents-enseignants dans l'écolepublique. *Revue des Echanges*, 15(4), 3–14.

May, S. y Sleeter, Ch. (Ed.) (2010). *Critical Multiculturalism: Theory and Praxis.* New York y Oxon: Taylor and Francis Group.

McInerney, P. (2009). Toward a critical pedagogy of engagement for alienated youth: insights from Freire and school-based research. *Critical Studies in Education*, 50(1), 23–35.

Ministerio de Educación, Cultura y Deporte. (2012). *Propuestas de mejora. Informe 2012 sobre el estado del sistema educativo.* Rescatado desde <https://sede.educacion.gob.es/publiventa/detalle.action?cod=15381>

Organization for Economic Co-operation and Development (2012). *Equity and Quality in Education: Supporting Disadvantaged Students and Schools.* OECD Publishing. Rescatado desde <http://dx.doi.org/10.1787/9789264130852-en>

Paniagua, A. (2013). Tan fuerte como su eslabón más débil. El caso de las AMPA en la integración escolar y social de las familias inmigradas. *Revista Complutense de Educación*, 24 (1): 69–89.

Póveda, D. (Coord.) (2003). *Entre la diferencia y el conflicto. Miradas etnográficas a la diversidad cultural en la educación.* Cuenca: Universidad Castilla La Mancha.

Price-Mitchell, M. (2009). Boundary Dynamics: Implications for Building Parent-School Partnerships. The School Community Journal, 19(2): 8–26.

Racionero, S. y Serradell, O. (2005). Antecedentes de las Comunidades de Aprendizaje. *Educar*, 35: 29–39.

Rodríguez-Romero, M. (2008). Situated pedagogies, curricular justice and democratic teaching. In F. Benavides, y D. Istance (Coords.), *Innovating to learn, learning to innovate* (pp. 113–136).París: OECD.

Río, M. A. (2010). No quieren, no saben, no pueden: categorizaciones sobre las familias más alejadas del campo escolar. *Revista Española de Sociología* (RES), 14, 85–105.

Santos-Guerra, M. A. (2003). *Aprender a convivir en la escuela.* Madrid: Akal.

Smit, F., Driessen, G., Sleegers, P., y Teelken, C. (2008). Scrutinizing the balance: Parental care versus educational responsibilities in a changing society. *Early Child Development and Care*, 178 (1): 65–80.

Theodorou, E. (2007). Reading between the lines: exploring the assumptions and implications of parental involvement. *International Journal about Parents in Education*, 1: 90–96.

Villegas, A. M. (1988). School failure and cultural mismatch: Another view. *The Urban Review*, 20, 253–265.

Walsh, C. (2010). Interculturalidad crítica y pedagogía de-colonial: In-surgir, re-existir y re-vivir. Entre Palabras. *Revista de Educación en el Lenguaje, la Literatura y la Oralidad* 3–4.

Wrigley, T., Thomson, P., y Lingard, B. (eds.) (2012). *Changing schools: Alternative ways to make a world of difference.* London: Routledge.

Notas

1   Cabe señalar que, en este sentido, España se coloca a la cabeza de la Unión Europea en abandono escolar con un porcentaje del 12,8%, el doble de la media europea donde solo un 70% de los jóvenes menores de 18 años seguía escolarizado en 2012 (Eurostat, 2013).

2   Resultados de la investigación financiada por el programa nacional I+D+i (ref. EDU2010–15808) y el programa de Excelencia de la Junta de Andalucía (ref. SEJ-6329).

3   Utilizamos el término "minorizado" y no "minoría" aludiendo a la posición en desventaja que ocupan ciertos grupos sociales en la estructura social para el acceso a recursos sociales y políticos. Ponemos por tanto el acento en la cualidad y no en la cantidad que representan. Otros autores en el contexto español que optan por dicho término son Carbonell (2000) o Jociles (2008).

4   Dado que no existen en España fuentes oficiales que registren la pertenencia étnica los datos que aportamos se fundamentan en las estimaciones realizadas por los propios centros educativos.

5   Las siglas que mostramos en este documento nos permiten mantener el anonimato de los centros educativos y, al mismo tiempo, tener una referencia para ubicar los discursos de las entrevistas y grupos focales que posteriormente utilizamos en el análisis.

6   Clasificación de los territorios andaluces (BOJA, 31, 2006) en relación a la concentración de hogares excluidos, situaciones estructurales de pobreza y marginación social.

7   El Decreto 167/2003 establece la ordenación de la atención educativa a los alumnos y alumnas con necesidades educativas especiales asociadas a condiciones sociales desfavorecidas a partir de los Planes de Compensatoria (BOJA nº 118 de 23 de junio).

8   Este índice se refiere al estatus socioeconómico (ocupación de las madres y de los padres y recursos con los que cuenta el hogar) y cultural (nivel educativo de las madres y de los padres y número de libros en el domicilio familiar) de los centros. Es utilizado para clasificar los centros escolares en Andalucía a partir de las "Pruebas de Evaluación Escala" sobre destrezas lectoras, de escritura y cálculo (Agencia Andaluza de Evaluación Educativa, 2011, disponible <http://www.juntadeandalucia.es/educacion/agaeve/c/document_library/get_file?uuid=738e1b71–8660–4745-bdcc-4 6bd256a564c&groupId=35690>).

9   Las siglas que aparecen acompañando a las citas entrecomilladas hacen referencia a la identificación del centro escolar al que pertenece el/la entrevistado/a o el grupo focal.

10   Proyectos referentes para su desarrollo a escala internacional han sido el auspiciado por el Foro Mundial sobre la Educación (Dakar, 2000) y su compromiso de "Educación

Para Todos" (EPT) y las experiencias desarrolladas en EE.UU dirigidas a mejorar el rendimiento académico de los sectores más desfavorecidos de los años 80 y 90. De estos últimos y bajo distintos rótulos, destacamos los proyectos que se han convertido en antecedentes para las Comunidades de Aprendizaje (Racionero y Serradell 2005): el programa "Éxito para todos" orientado a reducir las brechas de rendimiento entre la población blanca y el alumnado hispano y afroamericano en EE.UU.; "Escuelas aceleradas" impulsado desde la Universidad de Standford y dirigido a comunidades enteras con altos niveles de pobreza y tasas en rendimiento académico muy bajos; y las "School Development Program" de la Universidad de Yale, dirigido a mejorar las tasas de rendimiento, el comportamiento y la atención de niños y niñas pobres y socialmente marginados.

11   Estrategia metodológica desarrollada en la Comunidad de Aprendizaje cuyo obje- tivo es la realización de tareas académicas en el aula a partir de la configuración en pequeños grupos mediante la interacción entre el alumnado y adultos. Estos adultos están presentes en el aula y sirven de guía de la actividad junto al profesor/a.

12   En el trabajo de campo realizado en los distintos contextos ha primado el acercamiento por parte de las investigadoras a las familias más cercanas a la escuela. Este hecho ha venido propiciado fundamentalmente por la estrategia de acceso al campo, iniciada a partir del contacto inicial con la escuela y no a través del barrio u otros agentes sociales. De ahí que en la mayoría de las escuelas nos fuera muy difícil y en ocasiones prácticamente imposible establecer relaciones de confianza o, ni tan siquiera, con- certar entrevistas con familias que no participan en las actividades propuestas por las escuelas. Aspecto que no ocurrió con aquellas madres y padres que acudían de forma asidua, al igual que el/la investigador/a en cada caso, al centro. Para acceder a estas familias ensayamos estrategias como la bola de nieve (de madres a otras madres), a través de sus hijos/as y mediante el contacto proporcionado por los Servicios Sociales o por las ONG que las conocen. En ningún caso fueron lo fructíferas que para el caso de familias que sí participan en los colegios. Entendemos que este procedimiento tilda nuestro propio proceso de investigación de escolar-céntrico y revela una de las limitaciones más importantes en esta investigación.

ELENI PROKOU, CATHERINE MICHALOPOULOU
Y ALIKI ANTONOPOULOU

8 Explorando las cuestiones de "igualdad" y "eficiencia" en el sistema binario de educación superior en Grecia, desde 1980 hasta 2010

Introducción

Este capítulo examina hasta qué punto los objetivos de "igualdad" y "eficiencia" han sido alcanzados en el sistema binario de educación superior de Grecia, en el periodo que se extiende desde comienzos de la década de los ochenta, hasta finales de la década del 2000. Más específicamente, la problemática desarrollada en este capítulo se centra en: a) la procedencia social de los graduados del sector de educación superior universitario y no-universitario (o tecnológico), a saber, las universidades y las instituciones de educación tecnológica (TEIs[1]) (abordando con ello la cuestión de la "igualdad"), y b) la transición al mercado laboral, en el periodo mencionado, de los graduados de estos dos tipos de educación superior (abordando con ello la cuestión de la "eficiencia").

Las preguntas que orientarán la investigación son las siguientes: a) ¿Cuál es la procedencia social de los graduados universitarios y cuál la de los graduados de los TEI? b) ¿Cuál es la relación existente entre graduados universitarios y graduados de los TEI en cuanto a su acceso al mercado laboral en los años 2001 y 2010? c) ¿Qué papel juega la "academización" de los TEI en relación a la obtención de empleo por parte de sus graduados? El argumento principal en este capítulo es que la procedencia social de los graduados es un factor importante en su proceso educativo en el sector de educación superior, tanto en el sector universitario como en el sector tecnológico. Por otra parte, a pesar de la "academización" del sector no-universitario, comparado con los graduados de los TEI, se prefiere a los graduados universitarios en el mercado laboral.

Las nociones de "igualdad" y "eficiencia" en las reformas griegas de educación superior, con especial atención a la introducción del sector no-universitario

Esta sección intentará ofrecer una interpretación de las nociones de "igualdad" y "eficiencia" en las reformas griegas de educación superior en el periodo que comienza a principios de 1980 hasta finales de la década del 2000. Así, en las reformas griegas de la educación superior de 1980, la noción de "igualdad" fue interpretada en términos de una expansión del sistema educativo superior en respuesta a la demanda de educación como medida de movilidad social, y en términos del aprovisionamiento de nuevas instituciones tecnológicas en la educación superior. En este contexto tuvieron lugar una serie de reformas. La ley número 1268/1982 supuso la reorganización de la estructura y función de los establecimientos de orden universitario, llamados AEI (*Ανώτατα Εκπαιδευτικά Ιδρύματα*) [Institutos educativos de nivel superior], mientras que las TEIs (*Τεχνολογικά Εκπαιδευτικά Ιδρύματα*) [Instituciones educativas tecnológicas] fueron creadas por la ley número 1404/1983. Los TEIs reemplazaron las anteriores instituciones educativas tecnológicas (las cuales no pertenecían a la educación superior). Al ser parte de un sistema de educación superior unificado, se esperaba que las TEIs contribuyeran a lograr el objetivo de "igualdad" o "igualdad de oportunidades educativas", entendido como una expansión del sistema educativo superior a través de su diversificación (Prokou 2006: 198–200).

En suma, al objetivo de igualdad, las reformas de la educación superior se concibieron en relación a dos aspectos concernientes a la "eficiencia". El primer aspecto de la eficiencia pretendía promover el tipo de educación superior adecuada, que, al enfatizar la orientación práctica del sector no-universitario, pudiera responder a las necesidades de la economía, y a las necesidades de carácter más local. El segundo aspecto de la eficiencia corresponde a la pretensión de descargar las universidades sobrepobladas mediante la absorción por parte del sector no-universitario de la fuerte demanda social de educación superior. La preocupación por la eficiencia económica fue un aspecto destacado en los movimientos de reforma que tuvieron lugar en Grecia en la década de 1980. La educación tecnológica superior fue considerada como importante para la modernización de la economía. Los TEIs contribuirían a la investigación nacional y a un desarrollo (entendido éste como un desarrollo autosuficiente) regional, económico y social, a través de la aplicación y creación de tecnología, y a través de una relación bidireccional con empresas productivas en sus respectivas regiones. Dicho de forma más general, los estudiantes de los TEI adquirirían habilidades y conocimientos avanzados, que podrían convertir y adaptar a una economía en constante cambio. Su preparación práctica les permitiría transferir adquisiciones teóricas y científicas a la solución de problemas prácticos en el proceso productivo (Prokou 2006: 200–202).

Ahora bien, ha de remarcarse, que la expansión de la educación superior griega – a través la creación de los TEIs – no estaba inicialmente motivada por las necesidades de la economía griega tal y como ésta era a comienzos de la década de 1980. En ese periodo, la economía existente de Grecia, como una "semi-periferia" europea, estaba caracterizada por una baja inversión en industria y agricultura, dependencia de capital extranjero, y un capital nacional débil que estaba orientado fundamentalmente a áreas tradicionales de producción. A su vez, se producía una inflación del sector terciario de la economía y un incremento de la economía sumergida. Esta situación se debía en gran medida a la naturaleza del Estado griego. Grecia ha vivido una muy tardía industrialización y su única oportunidad de integrarse en la economía capitalista de una forma más autónoma, debió de haber pasado a través del Estado. Sin embargo, el Estado fue incapaz de intervenir de una forma flexible en la modernización de la agricultura, en la creación de fuertes lazos con la industria, así como tampoco fue capaz de crear un sector industrial bien articulado con el resto de la economía. Así, el aparato estatal estaba sobre-extendido y empezaba a tomar rasgos de clientelismo. Como consecuencia, en la década de 1980 y 1990, los TEIs no podían tener éxito en relación a la cuestión de la eficiencia económica. Los TEIs sólo respondieron al objetivo de igualdad (a través de la expansión de la educación superior para satisfacer la demanda social) y al segundo aspecto de la eficiencia (la descarga de las universidades de gran parte del alumnado, ante la fuerte demanda de acceso a la educación superior en Grecia) (Prokou 1999).

En relación al incremento del total de los estudiantes, accediendo a ambas: universidades y TEIs, un primer incremento significativo fue identificado en la década de 1980 y continuó, con ligeras variaciones, hasta mediados de la década de 1990. En este periodo, el número de estudiantes matriculados en los TEIs no superó el relevante número de estudiantes matriculados en la universidad (Sianou-Kyrgiou 2005, p. 60). De forma más general, el número de matriculados casi se duplicó (de 24.122 en 1980, el número de estudiantes matriculados ascendió a 42.625 en 1987). Pero los pasos democráticos tomados para facilitar a los grupos socialmente más vulnerables el acceso a la educación superior, no les ayudó de forma significativa. En el periodo de 1978–1988, era más probable que entraran a la universidad hijos cuyos padres tuvieran una educación superior, que hijos cuyos padres tuvieran un nivel educativo bajo (analfabetos o sólo educación primaria) (Bouzakis 1992: 256–260).

El incremento del número de matriculados en el periodo 1995–2000 fue dramático (de 45.356 en 1995 a 85.531 en 2000), aunque a tal incremento no correspondió un incremento del gasto per cápita (Psacharopoulos 2003: 73–74). La matriculación de estudiantes incrementó significativamente tras la promulgación de la ley número 2525/1997 bajo el título "Liceo comprensivo, acceso a la educación superior de los abandonos escolares, evaluación de la educación y otros convenios". Los argumentos propuestos en la reforma de 1997 por la ampliación de la participación de la educación superior se basaron en la eficiencia y la igualdad, en suma con los objetivos de empleabilidad y cohesión social que la política europea de educación propuso en la década de 1990 para la creación de la Europa del conocimiento. Así, comparado con la década de 1980, a finales de la década de 1990 tuvo lugar un incremento aún más espectacular del número de estudiantes matriculados en la educación superior. En 2001, el número de estudiantes matriculados fue cuatro veces mayor respecto al relevante número de la década de 1970. El porcentaje de incremento alcanzó el 419%, con el número de estudiantes matriculados siendo de 82.150. En las universidades el incrementó alcanzó el 260%, al llegar el número de estudiantes matriculados a 40.894, mientras que en 1975 era de 15.642. En los TEIs, el incremento del número de estudiantes matriculados fue incluso más dramático, al superar con creces el 1000%: mientras que en 1975 los estudiantes matriculados (en los antiguos institutos de tecnología) fueron 4.049, llegando a 41.592 en 2001 (Sianou-Kyrgiou 2005: 47–60).

Se ha de hacer hincapié en que el incremento del número de estudiantes matriculados y graduados universitarios en la década de 1980 y 1990, en combinación con el lento desarrollo de la economía y el retardo del ritmo de incrementación del empleo, causó un desajuste de la oferta y la demanda de graduados universitarios en el mercado laboral griego. Este desajuste pudo identificarse en el alto porcentaje de graduados desempleados, así como los datos e indicaciones que apuntaban que su empleo no tenía una relación directa con sus estudios (Karamessini 2003, p. 69). Asimismo, se ha de señalar que a comienzos de la década del 2000, se profundizó el proceso de modernización de los TEIs caracterizados por la llamada "academización", de nuevo en consonancia con la lógica de la contribución que este tipo de educación superior aportará al proceso de desarrollo del país. Según la ley (número 2916/2001), tal modernización consistía en las cualificaciones que debía de tener el personal docente, el contenido de los currícula, así como a la posibilidad que se les ofrecía a los graduados de continuar sus estudios hasta el doctorado (Prokou 2006: 209–210). A pesar de ello, permaneció la diferencia de objetivos entre las universidades y los TEIs. La última ofrecía una educación más vocacional, mientras que su funcionamiento paralelo a las universidades facilitaba la expansión del número de estudiantes, al absorber la mayor parte de las nuevas matriculaciones en la educación superior. En general, el modelo de ampliación de la educación superior adoptada fue la de una expansión cuantitativa y una diferenciación cualitativa (Sianou-Kyrgiou 2005: 66–69).

Al centrarse nuestra investigación en la procedencia social de los estudiantes de las universidades y los TEIs, es importante, para poder discutir esta cuestión, detenernos en qué nos enseña la investigación relevante llevada a cabo hasta la fecha. Por ejemplo, Gouvias (2002) argumenta que, para el periodo de 1994–1999, el acceso a los TEIs ayudó a un número creciente de estudiantes pertenecientes al estrato social menos privilegiado (basado en la ocupación y el nivel educativo de sus padres) a entrar a formar parte de la educación superior. Pero el acceso a los departamentos universitarios que preparan para profesiones de alto estatus siguió siendo duro y "elitista". Así pues, a pesar de que el acceso a los TEIs era una oportunidad educativa para estudiantes de procedencia humilde, éstos continuaban estando sub-representados en la educación universitaria. Según Sianou-Kyrgiou (2005), la clase social ejerce una gran influencia respecto a las prestaciones de los estudiantes candidatos, y en gran parte determina el marco desde el cual eligen los estudios a cursar. Una hipótesis verificada – a través de un estudio de investigación que se refiere a la época entre 1997–2004 – fue la de que el acceso y la distribución en el sistema internamente diferenciado de la educación superior griega era definida por la clase social. En este contexto, el autor (2005: 70–73) argumenta que la expansión de la participación concernió sólo los TEIs (los cuales, en su mayoría, aceptan a estudiantes con un rendimiento educativo bajo) y algunos departamentos universitarios (principalmente humanidades y ciencias sociales) y no concernió a los departamentos universitarios con "numerus clausus", los cuales solían acabar acogiendo a estudiantes procedentes de clases sociales más altas.

En un estudio posterior basado en datos cuantitativos tomados de dos periodos (2002–2003 y 2006–2007), Sianou-Kyrgiou (2010b) demuestra que, en Grecia, la elección está motivada en gran parte por la clase social de los estudiantes. La desigualdad social en acceso y distribución de la educación superior persiste, a pesar del incremento substancial de la participación en la educación superior. La clase social es un factor clave a la hora de interpretar la elección de estudio el cual, en conjunto con la prestación en los exámenes nacionales de nivel que dan acceso a la universidad, incrementa la estratificación de las instituciones de educación superior. El autor (2010b: 34–35) sostiene que ningún estudiante cuyo padre perteneciera a una de las dos clases sociales superiores eligió un TEI de estatus inferior, sino que eligió las universidades más prestigiosas de Atenas y Tesalónica. Además, por lo que respecta al nivel educativo de los padres, los datos demostraron que los estudiantes cuyos padres tuvieran un grado universitario otorgaban mayor importancia a la reputación académica de las instituciones.

Como nuestra investigación se centra en la transición al mercado laboral de los graduados de los dos tipos de educación superior existentes, a saber, las universidades y los TEIs, es igualmente importante hacer mención de lo que la investigación relevante ha mostrado hasta la fecha a este respecto. Karamessini (2006) ha investigado el proceso de integración laboral de estudiantes del año 1999 atendiendo al nivel educativo y al sexo, durante los seis años que siguieron a la graduación. Entre las conclusiones más relevantes de esta investigación se encuentran: a) Las altas tasas de empleo entre los graduados de AEI y TEI (80,5%), en contraste con las tasas muy bajas de empleo de los graduados en humanidades y, especialmente, entre aquellos que abandonan la educación secundaria (65,7% y 46,7% respectivamente), seis años después de graduarse. b) Las mayores tasas de participación entre la fuerza de trabajo de los graduados de los TEI comparados con los graduados de los AEI, lo cual es el principal determinante de las mayores tasas de desempleo en el primer grupo en relación al segundo. c) Las tasas extremadamente elevadas de desempleo de las personas jóvenes, de todos los ámbitos educativos, un año después de la graduación y el mantenimiento extremadamente alto seis años después de la graduación, a excepción de los graduados universitarios (tasa media).

Mitrakos et. al. (2010) han analizado los determinantes del desempleo en Grecia, haciendo especial énfasis en variables relacionadas con el nivel educativo de la fuerza de trabajo, por el periodo de 2004–2007. Su estudio mostró que el problema no es de desempleo juvenil, sino que el problema reside en el tránsito de la educación al mercado de trabajo en general, independientemente de la edad del individuo. Este problema afecta a todos los niveles del sistema educativo, no sólo a los graduados de educación superior. La diferencia entre graduados universitarios y graduados de un nivel inferior del sistema educativo es que para el primero, la tasa de desempleo se reduce a niveles tolerables algunos años después de la graduación, mientras que para el segundo, este proceso es mucho más lento y converge a niveles más altos de desempleo. En suma, respecto a la educación superior (AEI, TEI, estudios de posgrado), cuanto más alto el nivel educativo, más baja la tasa de desempleo a largo plazo, mientras que se observan diferencias significativas en los distintos niveles educativos. Entre los graduados de educación superior que encaran los mayores problemas de desempleo, incluso varios años después de la graduación, se encuentran los graduados en "ciencias sociales" y los TEIs.

La investigación de Sianou-Kyrgiou's (2010) de la transición de los graduados universitarios al mercado laboral en la década del 2000 concluye que la educación superior "masiva" ha contribuido a lo que ha sido descrito como la "titulitis?" y ha exacerbado las desigualdades sociales a través de procesos complejos, relacionados con la diferenciación interna del sistema de educación superior, ciertas condiciones del mercado laboral, y las maneras en las que estudiantes, procedentes de distintas clases sociales, entienden y proyectan su transición al mercado laboral. Pero procedamos ahora a nuestra propia investigación empírica. Antes de la presentación de sus resultados es importante ofrecer una justificación teórica de las categorías analíticas utilizadas a la hora de seleccionar nuestros datos.

Exploración de la noción de "igualdad", en relación al origen social de los estudiantes

Esta sección dará cuenta de la justificación teórica de nuestra elección de seleccionar datos a partir del *nivel educativo* y de la *ocupación* de los padres de los estudiantes como los principales determinantes de la procedencia social de los estudiantes, aproximándonos con ello a la cuestión de la "igualdad". Estudiar las oportunidades educativases en relación a las diferencias existentes entre los distintos estratos sociales es una aproximación dominante en la investigación sobre las diferencias sociales en materia de educación (Banks 1987, p. 98). Por tanto, el criterio básico según el cual los miembros de una sociedad son clasificados en distintos estratos son el nivel económico y social, poder y autoridad, los cuales están directamente relacionados con el estatus de la ocupación de los individuos, al determinar la ocupación tanto la posición social como económica (Mylonas 1991: 120–121). Las clases sociales son un tipo de estratificación social, donde las relaciones económicas juegan un papel preponderante en su determinación. Las personas caen bajo ciertas clases dependiendo de su posición dentro de un sistema productivo definido, su relación con los medios de producción y la magnitud de la parte de riqueza social que les corresponde (Kazazi 1993: 166). Se ha de tener en cuenta, sin embargo, que el término "clase" no ha sido utilizado solamente para describir niveles de desigualdad material, prestigio social o rankings tradicional o legal. Las "clases" también han sido definidas como actores sociales, capaces de transformar la sociedad (Crompton 1993: 10). Definida por el origen social, la clase social juega un importante papel en el transcurso de la vida de los individuos. Las variables que atañen al estigma social, a saber: propiedad de los medios de producción (o su ausencia) más la ocupación y educación de los padres, constituye la base de la inclusión social y de la situación financiera, afectando decisivamente, pues, a la implementación (o no) de las preferencias y elecciones de los individuos (Kassimati 1991: 132–133). Al reflejar la estructura del empleo y la desigual distribución de los ingresos de los empleados (condiciones de trabajo y diferencias salariales) los niveles de desigualdad social (de acuerdo a los cuales las clases sociales son definidas), las desigualdades en el acceso a la educación superior son determinadas en base al concepto de origen social, el cual a su vez es determinado por la ocupación y el nivel educativo de los padres (Sianou-Kyrgiou 2005: 97).

Exploración de la noción de "eficiencia", en relación al acceso al empleo de los graduados

Esta sección establecerá la justificación teórica de la decisión de elegir los datos de nuestra investigación empírica en base a la relación del nivel educativo y el acceso al mercado laboral. Así pues, se abordará la cuestión del vínculo existente entre educación superior y mercado laboral, ya que el acceso de los graduados al mercado laboral es considerado un aspecto importante de la "eficiencia". Una definición (según Vernieres) del acceso al empleo es el proceso de estabilización en el sector laboral de personas que nunca han formado parte de la población trabajadora, o (según Vincens) los cambios de situación en el contexto de la transición de un individuo de una situación inicial (e.g. final de la educación obligatoria, comienzo de los estudios vocacionales, etc.) a una situación final (e. g. primer empleo, empleo estable, empleo correspondiente a los estudios realizados, etc.) (Karamessini 2006: 69). La relación entre educación y mercado laboral puede ser dividida en dos categorías principales. La primera categoría incluye las posibilidades de acceder al mercado laboral, empleo exitoso o desempleo dependiendo del tipo y del nivel de la educación. La segunda categoría se refiere a la relación entre el nivel educativo de las personas y el salario que reciben de su ocupación (Kanellopoulos et. al. 2003: 61), una cuestión ajena al objetivo de nuestra investigación.

Así, según la lógica de la primera categoría, se ha sostenido que individuos con un nivel educativo superior tienen mejores herramientas de búsqueda de empleo además de un acceso más sencillo al mercado comparado con individuos de un nivel educativo inferior, los cuales suelen ser empleados en trabajos precarios, incrementando con ello la probabilidad de su desempleo (Kanellopoulos et. al. 2003: 90). El acceso al empleo y las oportunidades de empleo están relacionadas tanto con el nivel educativo individual, como con el área de conocimiento, pero también con la edad y el sexo, cuanto mayor sea el nivel educativo, menor el desempleo a largo plazo, sin olvidar las correspondientes diferencias en el acceso al mercado laboral en relación con los distintos niveles educativos (Mitrakos et. al. 2010: 23). Se ha de remarcar, sin embargo, que personas con un nivel de educación y conocimiento alto son más proclives a permanecer desempleados en el caso de que haya un descenso de la demanda de empleo de su área de especialización o en el caso de que haya un incremento cuantitativo de la competencia. A su vez, cuanto más alto sea el nivel educativo de una persona, más alta la expectativa salarial (salario de reserva), una situación que incrementa el periodo de búsqueda de un trabajo, lo cual conlleva, por ello, a una intensificación del desempleo voluntario (Kottis y Kotti-Petraki 2000).

En general, el nivel educativo juega un rol importante en el empleo y en la búsqueda de empleo, pero éste no es el único criterio de la integración laboral de las personas, al ser otros factores también importantes, factores como la demanda laboral y el modo de operar del mercado mismo en un periodo determinado (Kanellopoulos et. al. 2003: 91 y Papakonstantinou 2002: 64). Procederemos ahora a una presentación empírica de nuestra investigación.

Un estudio empírico del origen social y del empleo de graduados de universidad y de los TEI

Para el estudio del origen social así como el acceso al sector laboral de graduados de universidad como de TEI dos años nodales fueron comparados: 2001, año en el que la ley n° 2916/2000 de la academización de los TEIs fue introducida, y el año 2010, nueve años después de su academización. Para investigar tanto el origen social como la inclusión en el empleo del los graduados de universidad y de los TEI, se usaron los microdata de Censo 2001 y los datos de European Social Survey 2010. Se utilizaron estos dos estudios por la disponibilidad de los datos (ya que los datos del Censo 2011 no había sido publicado aún), cuyo alcance temporal abarca el periodo anterior a la entrada en vigor de la ley n° 2916/2001 y el periodo posterior, para que así puedan investigarse posibles cambios en la inclusión laboral de los graduados. También, al haberse llevado a cabo estas dos encuestas en un periodo que abarca nueve años, para que pudiéramos estudiar, en este periodo concreto, si se han producido cambios tanto en el origen social como en el acceso al empleo de estos dos tipos de educación superior.

Este apartado examina el origen social de los graduados universitarios y de los TEIs en Grecia en relación al nivel educativo y la ocupación de los padres, así como la inclusión de los graduados de estos dos tipos de educación superior en el mercado laboral, para los años 2001 y 2010. A su vez, nos ocupamos de la inclusión laboral de los graduados de los TEI antes y después de que tuviera lugar la introducción de la ley n° 2916/2001.

Metodología

La investigación empírica de las preguntas guía están basadas en los dos conjuntos de datos que se ofrecen a continuación, ambos accesibles en red: el Integrated Public Use Microdata Series – International (IPUMS) para el año 2001, y Greek Census y European Social Survey (ESS) datos del año 2010 (Round 5).

Cuestiones de comparabilidad de los conjuntos de datos

Con el objetivo de utilizar los dos conjuntos de datos, se tenían que examinar aspectos referentes a su diseño en relación a su comparabilidad. Kish definió los siguientes siete aspectos principales para el diseño de una encuesta, aspectos relevantes para la cuestión de su comparabilidad:

(1) definición de conceptos, variables, y poblaciones;
(2) diseño de la encuesta y métodos de medición;
(3) análisis sustancial;
(4) procedimientos ponderativos;
(5) análisis estadístico;
(6) diseño de muestra y selección;
(7) tamaños (y fracciones) de las muestras, también de la población (1994: 168).

Kish tras definir los siete aspectos del diseño, comentó que: [...] "Enfatizamos una diferencia básica y de contraste entre los aspectos 1 y 3 por un lado, y los aspectos 6 y 7 por el otro. Diseños comparativos [...] deben aspirar a la máxima uniformidad y similitud para los aspectos 1–3 para posibilitar las comparaciones, pero también han de permitir una gran flexibilidad y divergencia respecto a los aspectos 6 y 7 en vistas a su rigor y eficiencia. [...] Los aspectos 4 y 5 comparten algunas propiedades con los aspectos 1–3 que requieren de similitud, pero comparten también algunas propiedades que son funciones del diseño de muestra, como los aspectos 6 y 7" (1994: 168).

Según Kish (1994: 169, 171–173) la similitud y la estandarización de los aspectos concernientes a la encuesta (definición de conceptos, variables, populaciones, métodos de medida y colección de datos) son esenciales para evitar comparaciones sesgadas, a pesar de su reconocida dificultad. En contraposición, la flexibilidad en los diseños y tamaños de las muestras para reducir las variaciones están permitidas mientras se asuma un método de selección probabilística (Kish 1994: 169–171, 173–175). Todos convenimos en trabajar según el método presentado por Kish, ahora las líneas maestras de la investigación comparativa de muestras recogidas a partir de encuestas se han vuelto explícitas (Carey 2000: 250–253; European Social Survey 2012). Para la comparación, el requisito de muestras probabilísticas ha sido satisfecho en ambos casos: todas las muestras de ESS son muestras probabilísticas (European Social Survey 2009, 2010); IPUMS microdata fue creada seleccionando sistemáticamente un 10% del censo, incluyendo todos los hogares miembros de la muestra (Minnesota Population Centre 2013a). La población de la encuesta ESS es definida por todas las personas de 15 años o más residentes en hogares privados, independientemente de la nacionalidad y ciudadanía o lengua. La población de la encuesta IPUMS es definida como la totalidad de la población del país, incluidos todos los hogares y residencias. Por ello, para la comparación, el análisis de los datos de IPUMS se restringió a aquellos de 15 años o más. Las dos bases de datos proveen variables con valores que han sido ajustados para la comparación en base al International Standard Classification of Education (ISEC 1997; ver UNESCO 2006) y International Standard Classification of Occupations (ISCO-88; ver ILO 2014), respectivamente. Por ello, éstas y todas las demás variables se han recodificado para proveer de medidas estandarizadas.

Los datos

Las características demográficas y sociales de ambas muestras se presentan en la tabla 1. Para el 2001, como se muestra, las mujeres superan en cantidad a los hombres; el grupo de edad de 18–29 es mayor que los más equitativamente distribuidos grupos de 30–39 y 40–49; la gran mayoría está casada y son de nacionalidad griega; en su mayoría han obtenido el certificado de la escuela primaria; la mitad están económicamente inactivos y de aquellos que trabajan, la mayoría es empleada como profesionales científicos y como técnicos. Para el 2010, como se observa, la muestra se compone principalmente de mujeres; la mayoría de grupos de edad se distribuyen de forma equitativa; la mitad están casados y la gran mayoría es de ciudadanía griega; en su mayoría han obtenido un certificado de educación secundaria, una diferencia notable con la muestra del 2001. En términos de variables ocupacionales, hay menos trabajando y más desempleados; menos trabajan como profesionales científicos o como técnicos y más trabajan como trabajadores en el sector servicios, trabajadores de tienda y mercado, de nuevo, una notable diferencia con respecto al año 2001. Desde luego, para mejor evaluar los resultados de ESS 2010, los datos del año 2011 deberían de ser utilizados, pero en el momento de la investigación no se habían publicado.

Tabla 5: Las características socio-demográficas de los componentes del European Social Survey (ESS) 2010 comparados con las características de la población del Censo microdata (IPUMS-International) del año 2001

Variables	IPUMS 2001*	ESS 2010**	Diferencia
	%	%	%
Sexo			
Hombre	48.8	43.8	5.0
Mujer	51.2	56.2	−5.0
Edad			
15−17	4.5	2.9	1.6
18−29	20.4	16.6	3.8
30−39	17.6	15.5	2.1
40−49	16.4	16.7	−0.3
59−59	13.8	16.8	−3.0
60−69	14.0	15.4	−1.4
79−79	9.7	10.9	−1.2
80+	3.6	5.2	−1.6

Estado civil			
Soltero	27.9	28.1	−0.2
Casado	60.7	55.4	5.3
Viudo	8.2	11.0	−2.8
Divorciado	3.2	5.5	−2.3
Ciudadanía			
Griega	93.5	93.1	0.4
Albanés	6.5	4.2	2.3
Otro	0.0	2.7	−2.7
Nivel máximo de educación			
Analfabeto/Ha abandonado la educación primaria	11.1	6.4	4.7
Certificado de educación primaria	30.9	21.5	9.4
Certificado de educación secundaria inferior	12.0	10.3	1.7
Certificado de educación secundaria	24.5	36.4	−11.9
Vocacional, educación pre-universitaria	8.0	8.4	−0.4
Certificado de educación superior (TEI)	3.4	4.6	−1.2
Grado de educación superior (universidad)	9.2	9.7	−0.5
Postgrado (Master, Doctorado)	0.9	2.7	−1.8
Estado ocupacional			
Empleado	44.5	38.8	5.7
Desempleado	5.5	11.0	−5.5
Inactivo	50.0	50.2	−0.2
Ocupación[a]			
Profesionales de la ciencia y técnicos	20.3	17.7	2.6
Legisladores, oficiales superiores y directivos	9.0	10.7	−1.7

Variables	IPUMS 2001*	ESS 2010**	Diferencia
	%	%	%
Secretarios	11.1	10.9	0.2
Trabajadores sector servicios, trabajadores de tienda y de venta comercial	13.0	17.1	−4.1
Trabajadores cualificados	16.0	14.6	1.4
Trabajadores semi-cualificados	7.4	6.9	0.5
Trabajadores sin cualificación	9.4	10.5	−1.1
Trabajadores en la agricultura	13.8	11.6	2.2
Total	*100.0*	*100.0*	

Fuente: Minnesota Population Centre (2013), *Integrated Public Use Microdata Series, International: Version 6.1* [Base de datos legible para computadora], Minneapolis: University of Minnesota; European Social Survey, Round 5 (2010).
*N = 872,277; ** N = 2,715 (Datos ponderados); [a] N = 395,421.

Para cumplir con los requisitos de la investigación, se consideraron los graduados de la universidad y los TEI de los años 1986 y posteriores. El análisis estadístico de los datos fue realizado usando IBM SPSS Statistics Version 20.

Resultados

La desigualdad social es transmitida por la educación y ocupación de los padres de los graduados universitarios y de los TEI

La educación y ocupación de los padres para ambas categorías de graduados son presentadas por las Tablas 6 y 7 basado en los datos de IPUMS (2001) y ESS (2010), respectivamente. En el año 2001, los resultados muestran que hay una diferencia entre el nivel educativo de los padres de los graduados universitarios y los graduados de los TEI. A pesar de que en ambos el nivel educativo mayoritario sea el de certificado primario, hay más padres de estudiantes universitarios que han obtenido un certificado de educación secundario o un grado universitario. La mitad de los padres de los graduados de los TEI fueron empleados como trabajadores cualificados. Los padres de los graduados universitarios eran jubilados (48,6%) y empleados (46,8%), en su mayoría como profesionales científicos y técnicos. En ambos casos, las mujeres, por regla general, no tenían ocupación laboral remunerada (tareas domésticas), cuando sí tenían ocupación laboral eran, en su mayoría, empleadas como profesionales de la ciencia y técnicos, mientras que las madres de los graduados de los TEI eran, por lo general, empleadas en el trabajo agrícola.

Tabla 6: Ocupación y educación de los padres de la población total y de los graduados de educación superior (Universidad o TEI) nacidos en 1986 o antes basado en microdata de IPUMS-International del año 2001

	Población total*		Graduados 1986+**	
Variables	Universidad	TEI	Universidad	TEI
	%	%	%	%
Máximo nivel educativo del padre				
Analfabeto/Ha abandonado la educación primaria	4.7	6.9	3.4	5.8
Certificado de educación primaria	32.8	45.4	31.1	44.8
Certificado de educación secundaria inferior	6.2	7.2	6.2	7.4
Certificado de educación secundaria	22.4	19.3	23.1	19.9
Vocacional, educación pre-universitaria	4.4	5.5	4.7	6.0
Certificado de educación superior (TEI)	4.4	4.6	4.8	4.8
Grado de educación superior (universidad)	23.7	10.5	25.2	10.7
Postgrado (Master, Doctorado)	1.4	0.6	1.5	0.6

Variables	Población total*		Graduados 1986+**	
	Universidad	TEI	Universidad	TEI
	%	%	%	%
Máximo nivel educativo de la madre				
Analfabeto/Ha abandonado la educación primaria	9.3	11.0	4.9	7.9
Certificado de educación primaria	39.8	50.9	37.8	51.2
Certificado de educación secundaria inferior	5.9	6.2	6.2	6.4
Certificado de educación secundaria	27.7	22.3	30.8	24.2
Vocacional, educación pre-universitaria	2.5	2.1	2.9	2.3
Certificado de educación superior (TEI)	2.6	2.2	3.1	2.3
Grado de educación superior (universidad)	11.8	5.2	13.9	5.6
Postgrado (Master, Doctorado)	0.4	0.2	0.4	0.2
Estado ocupacional del padre				
Empleado	41.9	46.7	46.8	50.1
Desempleado	1.5	2.2	1.7	2.4
Inactivo	54.0	47.8	48.6	44.1
Otras forma de inactividad	2.6	3.3	2.9	3.4
Ocupación del padre				
Profesionales de la ciencia y técnicos	29.6	13.2	29.7	13.1
Legisladores, oficiales superiores y directivos	19.6	15.4	19.7	15.3
Secretarios	5.5	5.9	5.6	6.0
Trabajadores sector servicios, trabajadores de tienda y de venta comercial	5.7	7.2	5.7	7.2
Trabajadores cualificados	17.1	24.5	17.3	24.5

Variables	Población total*		Graduados 1986+**	
	Universidad	TEI	Universidad	TEI
	%	%	%	%
Trabajadores semi-cualificados	8.1	12.4	8.1	12.2
Trabajadores sin cualificación	3.2	5.9	3.1	5.9
Trabajadores en la agricultura	11.3	15.5	10.8	15.8
Estado ocupacional de la madre				
Empleado	22.1	24.8	27.6	28.4
Desempleado	2.0	2.2	2.5	2.5
Inactivo	30.9	23.6	20.4	16.1
Tareas domésticas	44.3	48.6	48.7	52.2
Otras formas de inactividad	0.8	0.9	0.8	0.8
Ocupación de la madre				
Profesionales de la ciencia y técnicos	29.2	14.3	29.5	14.4
Legisladores, oficiales superiores y directivos	14.0	11.6	14.0	11.6
Secretarios	12.6	11.8	12.8	11.8
Trabajadores sector servicios, trabajadores de tienda y de venta comercial	10.3	13.4	10.3	13.3
Trabajadores cualificados	5.2	7.0	5.3	7.1
Trabajadores semi-cualificados	1.7	3.5	1.8	3.6
Trabajadores sin cualificación	7.7	11.9	7.7	11.8
Trabajadores en la agricultura	19.3	26.6	18.7	26.5
Total	*100.0*	*100.0*	*100.0*	*100.0*

Nota: Todos los resultados son significativos al $p < .001$.
*$N_U = 850,093$, $N_{TEI} = 29,614$; ** $N_U = 11,174$, $N_{TEI} = 5,441$.

Los datos del 2010 muestran una imagen completamente distinta al año 2001 respecto al nivel educativo de los padres tanto en el caso de los graduados universitarios como en el caso de los graduados de los TEI: los padres de los graduados de los TEI no han obtenido un certificado de educación primaria mientras que los padres de los graduados universitarios han obtenido un certificado de educación secundaria. Respecto a la ocupación, los resultados muestran que los padres de los graduados universitarios siguieron empleados en los mismos trabajos, los resultados de los padres de los TEI fueron los mismos que en el año 2001. La mayoría de las madres, en ambos casos, estaban desempleadas y cuando estaban empleadas, por lo general, eran profesionales de la ciencia y técnicas, mientras que las madres de los graduados de los TEI eran, por lo general, empleadas como trabajadoras sin cualificación, o empleadas en el sector servicio o en la agricultura.

Tabla 7: Ocupación y educación de los padres del total del muestreo y de los graduados de educación superior (Universidad o TEI) nacidos en 1986 o antes basado European Social Survey (ESS) del 2010

Variables	Muestreo total*		Graduados 1986+**	
	Universidad	TEI	Universidad	TEI
	%	%	%	%
Máximo nivel educativo del padre				
Analfabeto/Ha abandonado la educación primaria	28.7	46.2	18.2	40.4
Certificado de educación primaria	13.4	14.3	12.1	15.2
Certificado de educación secundaria inferior	24.3	15.1	27.3	17.2
Certificado de educación secundaria	4.5	4.2	5.5	5.1
Vocacional, educación pre-universitaria	6.9	7.7	8.5	9.1
Certificado de educación superior (TEI)	19.8	9.2	25.5	10.1
Grado de educación superior (universidad)	1.2	2.5	1.8	2.0
Postgrado (Master, Doctorado)	1.2	0.8	1.2	1.0

Máximo nivel educativo de la madre				
Analfabeto/Ha abandonado la educación primaria	38.9	49.6	24.2	42.1
Certificado de educación primaria	13.4	16.2	13.7	18.9
Certificado de educación secundaria inferior	24.7	17.1	31.1	18.9
Certificado de educación secundaria	1.3	2.6	1.2	3.2
Vocacional, educación pre-universitaria	5.9	7.7	8.1	9.5
Certificado de educación superior (TEI)	14.6	6.0	19.9	6.3
Grado de educación superior (universidad)	1.3	0.9	1.9	1.1
Estado ocupacional del padre				
Empleado	49.4	46.4	57.5	50.5
Autónomo	46.0	48.8	38.3	45.6
Desempleado	1.9	0.8	2.4	1.0
Falta el valor	2.7	4.0	1.8	2.9
Ocupación del padre				
Profesionales de la ciencia y técnicos	16.2	7.8	20.4	8.2
Legisladores, oficiales superiores y directivos	4.0	3.4	5.1	3.1
Secretarios	10.9	6.9	12.7	7.2
Trabajadores de tienda y de venta comercial	14.2	9.5	13.4	9.3
Trabajadores servicios	11.3	16.4	8.9	16.5
Trabajadores cualificados	13.4	21.6	16.6	25.8
Trabajadores semi-cualificados	7.7	16.4	8.3	13.4
Trabajadores sin cualificación	7.7	5.2	7.6	6.2
Trabajadores en la agricultura	14.6	12.9	7.0	10.3

Variables	Muestreo total*		Graduados 1986+**	
	Universidad	TEI	Universidad	TEI
	%	%	%	%
Estado ocupacional de la madre				
Empleada	24.3	23.2	34.1	26.2
Autónoma	18.6	19.2	12.6	17.5
Desempleada	55.9	56.0	52.1	54.4
Falta el valor	1.2	1.6	1.2	1.9
Ocupación de la madre				
Profesionales de la ciencia y técnicos	26.1	13.2	35.5	15.4
Legisladores, oficiales superiores y directivos	4.5	1.9	3.9	2.2
Secretarios	9.9	13.2	14.5	15.6
Trabajadores tienda y de venta comercial	7.2	11.3	9.2	11.1
Trabajadores servicios	8.1	15.1	9.2	17.8
Trabajadores cualificados	4.5	3.8	5.3	2.2
Trabajadores semi-cualificados	2.7	1.9	3.9	0.1
Trabajadores sin cualificación	8.1	15.1	9.2	17.8
Trabajadores en la agricultura	28.9	24.5	9.3	17.8
Total	*100.0*	*100.0*	*100.0*	*100.0*

Notas: Datos ponderados al aplicar el diseño de ponderación (dweight); Todos los resultados son significativos al p <.001.
* N_U= 232, N_{TEI} = 119; ** N_U= 161, N_{TEI}= 95.

Estos resultados muestran que la desigualdad social basada en la educación y ocupación de los padres de los graduados universitarios y de TEI es evidente en la formación académica y transmite a los hijos la elección de estudios, si ésta será en la Universidad o en los TEIs.

Empleo de los graduados universitarios y de los TEI: Evaluación del impacto de la elevación de los TEIs a nivel universitario en las oportunidades de empleo de sus graduados

La ocupación de ambas categorías de graduados se presenta en la tabla 8 basada en los datos de IPUMS (2001) y ESS (2010). En el año 2001 y 2010, la gran mayoría tanto de graduados universitarios como de graduados de los TEI estaban empleados. En términos de fuerza de trabajo, hay un descenso de graduados universitarios (del 79% en 2001 a 70,3% en 2010), que responde, como se muestra, a la subida de los ratios de jubilación, y en el incremento de los graduados TEI (de 78,9% en 2001 a 84,9% en 2010) pero, con un mayor ratio de desempleo (12,7%) para estos últimos en el año 2010.

Tabla 8: Estado ocupacional de los graduados en general más graduados a partir de 1986 de educación superior (Universidad y TEI) basado en el census microdata (IPUMS-International) del 2001 y del European Social Survey (ESS) del 2010

Variables	IPUMS 2001*		ESS 2010**	
	Universidad	TEI	Universidad	TEI
	%	%	%	%
Estado ocupacional				
Empleado	73.0	71.0	61.2	72.2
Desempleado	6.0	7.9	9.1	12.7
Estudiante	2.6	3.0	4.6	4.0
Jubilado	12.4	9.4	17.9	7.1
Tareas domésticas	0.0	0.0	5.7	4.0
Recluta	4.3	6.7	0.4	0.0
Otro	1.7	2.0	1.1	0.0
Ocupación				
Profesionales de la ciencia y técnicos	72.1	51.0	69.9	40.7
Legisladores, oficiales superiores y directivos	9.9	9.3	11.3	10.6
Secretarios	8.6	15.4	11.7	15.9

Variables	IPUMS 2001*		ESS 2010**	
	Universidad	TEI	Universidad	TEI
	%	%	%	%
Trabajadores sector servicios, trabajadores de tienda y de venta comercial	4.1	9.0	3.8	19.5
Trabajadores cualificados	2.2	8.8	1.2	7.1
Trabajadores semi-cualificados	0.6	2.6	0.0	0.9
Trabajadores sin cualificación	1.8	2.2	1.7	2.7
Trabajadores en la agricultura	0.7	1.7	0.4	2.7
Total	*100.0*	*100.0*	*100.0*	*100.0*

Notas: ESS datos ponderados al aplicar el diseño de ponderación (dweight); todos los resultados son significativos al p <.001.
* N_U = 58,931, N_{TEI} = 21,502; ** N_U = 240, N_{TEI} = 113.

En el año 2001, los graduados universitarios trabajaban como profesionales de la ciencia y como técnicos (72,1%), por parte de los graduados TEI más de la mitad eran empleados como profesionales de la ciencia y técnicos (51%), también trabajaban como secretarios (15,4%). En el año 2010, de nuevo, los graduados universitarios trabajan como profesionales de la ciencia y técnicos (69,9%). Los graduados de los TEI trabajan menos de profesionales de la ciencia y técnicos (40,7%) que en el año 2001, y, aparte de trabajar como antes de secretarios (15,9%), trabajaban también en el sector servicios, en tiendas y como vendedores comerciales (19,5%). Estos resultados muestran el impacto de la recesión en Grecia (desde 2008) para ambos, graduados universitarios y de los TEI en cuanto a sus oportunidades laborales. Los resultados también muestran que los graduados de los TEI, en el año 2001, todavía podían trabajar como técnicos, mientras que hoy en día no es el caso.

Tabla 9: Nivel máximo de educación y estado ocupacional basado
en el Censo microdata (IPUMS-International) del 2001 y el
European Social Survey (ESS) del 2010

Nivel máximo de educación*	Estado ocupacional						
	Empleado	Desempleado	Estudia	Jubilado	Tarea doméstica	Recluta	Otro
	%	%	%	%	%	%	%
Analfabeto/Ha abandonado primaria							
IPUMS	3.1	3.2	16.0	31.8	12.8	0.1	11.1
ESS	2.2	2.5	0.0	18.3	5.3	0.0	13.1
Certificado educación primaria							
IPUMS	25.6	21.5	26.9	43.2	44.2	5.1	33.3
ESS	8.4	12.3	2.1	43.7	35.0	0.0	33.2
Certificado educación secundaria inferior							
IPUMS	10.6	13.6	27.1	4.2	10.4	11.9	11.1
ESS	8.6	10.2	25.3	6.1	13.1	0.0	11.0
Certificado de educación secundaria							
IPUMS	29.9	34.7	26.1	12.2	25.8	41.5	44.4
ESS	40.2	47.0	59.8	17.1	37.9	50.0	25.1
Vocacional, educación pre-universitaria							
IPUMS	8.7	11.6	1.5	1.9	3.0	16.1	0.2
ESS	11.2	13.1	3.1	5.9	4.4	25.0	0.1
Certificado de educación superior (TEI)							
IPUMS	5.4	4.8	0.7	1.4	1.4	4.2	0.0
ESS	8.6	5.0	2.6	1.3	1.1	0.0	3.1
Grado educativo superior (universidad)							
IPUMS	15.1	9.8	1.6	5.1	2.4	18.6	0.0
ESS	15.3	7.7	6.2	7.1	3.3	25.0	7.7

Nivel máximo de educación*	Estado ocupacional						
	Empleado	Desempleado	Estudia	Jubilado	Tarea doméstica	Recluta	Otro
	%	%	%	%	%	%	%
Posgrado (Master, Doctorado)							
IPUMS	1.6	0.9	0.2	0.2	0.1	2.5	0.0
ESS	5.5	2.2	1.0	0.5	0.0	0.0	6.7
Total	*100.0*	*100.0*	*100.1*	*100.0*	*100.1*	*100.0*	*100.0*

Notas: ESS datos ponderados al aplicar el diseño de ponderación (dweight); todos los resultados son significativos al p <.001.
* N_{IPUMS} = 850,093; N_{ESS} = 2,715.

En la tabla 5 presentamos la distribución de la educación en relación al estado ocupacional en base a IPUMS (2001) y ESS (2010). Como se muestra, más graduados de los TEI tuvieron empleo en el año 2010 que en el año 2001, sin embargo, como es evidente, el mercado de trabajo griego requiere sobretodo fuerza de trabajo proveniente de la educación secundaria.

Conclusiones

A lo largo de las tres últimas décadas, las reformas de la educación superior griega, con especial atención a la introducción y modernización del sector no-universitario (o tecnológico), tenían dos objetivos básicos: a) la atribución de la "igualdad de oportunidades educativas" a través de la expansión de la educación superior y b) la eficiencia "económica" (al menos a nivel retórico). Sin embargo, a pesar de la expansión del sistema educativo superior (a través de la introducción y modernización del sector no-universitario), a juzgar por las conclusiones de los análisis de los datos del Censo microdata (IPUMS-International) de 2001 y el European Social Survey (ESS) de 2010, el origen social de los estudiantes probó ser un fuerte determinante en lo referente a su estudio en ambos tipos de educación superior. Según nuestro análisis, los padres de los graduados universitarios tienen un nivel educativo más elevado y un trabajo mejor que los padres de los graduados de los TEI. Pasado el tiempo, las desigualdades sociales – basadas en el nivel educativo y en la ocupación de los padres de los estudiantes de estos dos tipos de educación superior – persisten. A este respecto, la masificación del sistema educativo superior (a través de la introducción del sector no-universitario) no resultó en una verdadera igualdad de oportunidades, aunque se ofrecieron más posibilidades a los individuos de acceder al sistema de educación superior unificado.

Por otra parte, a pesar de los cambios circunstanciales en la situación económica de Grecia, en lo que se refiere a los niveles de empleo y desempleo de los graduados de educación superior, los análisis de datos del Censo microdata (IPUMS-International) de 2001 y el European Social Survey (ESS) de 2010 muestran que el mercado laboral discrimina los grados universitarios y los grados TEI. A su vez, entre estas dos fechas (2001 y 2010), ha habido un incremento en el desempleo de ambas, graduados universitarios y graduados de los TEI. En términos de fuerza de trabajo, desde 2001 a 2010 ha habido un descenso del número de graduados universitarios y un incremento de los graduados de los TEI, los últimos, sin embargo, se enfrentan a mayores índices de desempleo. En el 2001 más graduados universitarios trabajaban como profesionales de la ciencia y técnicos que los graduados de los TEI. En el 2010, hubo un descenso del número de profesionales de la ciencia y técnicos para ambos, graduados universitarios y graduados de los TEI, trabajando los graduados de los TEI como secretarios y como trabajadores del sector servicios, tienda y venta comercial – una consecuencia de la recesión en Grecia (desde 2008).

La crisis económica – al ser ésta reflejada por los datos respecto al empleo y desempleo – condujo al mercado laboral a la búsqueda de mano de obra barata. Como demuestra el Labour Institute of the General Confederation of Greek Workers (2010: 23), en relación a la economía y el desempleo en el 2010, hay una intensa desigualdad en la distribución de los ingresos, alto desempleo, degradación de ambas: innovación tecnológica y base productiva, y obsolescencia del conocimiento y habilidad de la fuerza de trabajo. En conclusión, las reformas de la educación superior griega – con especial referencia a la introducción y modernización del sector no-universitario (o tecnológico) – no han conseguido aliviar las desigualdades en las oportunidades educativas existentes entre estudiantes de distinta procedencia social. Y a pesar de la "academización" del sector tecnológico de la educación superior, el desempleo de los graduados de los TEI fue mayor que el desempleo de los graduados universitarios, al ser estos últimos preferidos en el mercado laboral. No obstante, el desempleo se incrementó en ambos tipos de educación superior a lo largo de la década del 2000, consecuencia de la recesión económica en Grecia.

Referencias

Banks, O. (1987). *Sociology of education*. Thessaloniki: Paratiritis [traducido al griego].

Bouzakis, S. (1992). Educational reforms in the 1980s: An analytical interpretative approach to the new efforts and the new deadlocks. En: I. E. Pyrgiotakis y I. N. Kanakis (eds.), *World crisis in education*. Athens: Grigoris, pp. 240–265 [en griego].

Carey, S. (Ed.) (2000). *Measuring adult literacy: The international adult literacy survey (IALS)*. London: Office for National Statistics.

Crompton, R. (1993). *Class and stratification: An introduction to current debates*. Cambridge: Polity Press.

European Social Survey. (2009). *Round 5 specifications for participating countries*. London: Centre for Comparative Social Surveys, City University London. Descargado de: <http://www.europeansocialsurvey.org/index.php?option=com_content&view=article&id=77&Itemid=349>

European Social Survey. (2010). *Sampling for the European social survey round V: Principles and requirements*. Mannheim: European Social Survey, GESIS. Descargado de: <http://www.europeansocialsurvey.org/index.php?option=com_content&view=article&id= 80&Itemid=365>

European Social Survey. (2012). *Sampling for the European social survey round VI: Principles and requirements*. Mannheim: European Social Survey, GESIS. Descargado de: <http://www.europeansocialsurvey.org/docs/round6/methods/ESS6_sampling_guidelines.pdf>

Gouvias, D. (2002). "Equalisation" or "adaptation"? Temporal trends in access to higher education and the labour market, *Sciences of Education*, 2: 89–114 [en griego].

ILO. (2014). *International Standard Classification of Occupations, ISCO-88*, <http://www.ilo.org/public/english/bureau/stat/isco/isco88/alpha.htm>

Kazazi, M. (1993). *Sociology of education*. Athens: Hellin [en griego].

Kanellopoulos, K. Mavromaras, K. y Mitrakos, Th. (2003). *Education and the labour market*. Athens: Centre of Planning and Economic Research [en griego].

Karamessini, M. (2006). From education to paid work: An empirical investigation of the occupational integration of young people in Greece, *Social Cohesion and Development*, 1 (1): 67–84 [en griego].

Karamessini, M. (2003). Supply and demand of higher education services and the labour market in Greece. En D. Tsaoussis (Ed.), *From the internationalisation of universities towards the globalisation of education*. Athens: Metaixmio, pp. 69–113 [en griego].

Kassimati, K. (1991). *Research on the social aspects of employment*. Athens: National (Hellenic) Centre for Social Research [en griego].

Kish, L. (1994). Multipopulation survey designs: Five types with seven shared aspects. *International Statistical Review*, 62 (2): 167–186.

Kottis, G. y Kotti-Petraki, A. (2000). *Modern macroeconomics*. Athens: Benou [en griego].

Labour Institute (INE)-GSEE – ADEDY. (2010). *The Greek economy and employment*. Annual Report, Athens: INE-GSEE, p. 23.

Minnesota Population Centre. (2013). *Integrated Public Use Microdata Series, International: Version 6.1* [Machine-readable database], Minneapolis: University of Minnesota Population Centre (2013a), Sample description. Descargado de: <https://international.ipums.org/international/sample_designs/sample_designs_gr.shtml>

Mitrakos, Th., Tsakloglou, P. y Cholezas, I. (2010). Determinants of the probability of youth unemployment in Greece, with emphasis on higher education graduates, *Economic Bulletin*, 33: 23–68 [en griego].

Mylonas, Th. (1991). *Social reproduction at school*. Athens: Armos [en griego].

Papakonstantinou, G. (2002). *Supply and demand of higher education*. Athens: Metaixmio [en griego].

Prokou, E. (2006). Nonuniversity higher education reform in France, Germany, and Greece: A comparison of core and semiperiphery societies, *Comparative Education Review*, 50 (2): 196–216.

Prokou, E. (1999). *Higher education reforms in Greece, France and Germany: A comparative approach with special reference to the non-university sector in Greece, as a European semi-periphery*, PhD thesis. London: Institute of Education-University of London.

Psacharopoulos, G. (2003). *Greek education: A modern tragedy*. Athens: Sideris [en griego].

Sianou-Kyrgiou, E. (2005). *Education and social inequalities: The transition from secondary to higher education (1997–2004)*. Athens: Metaixmio [en griego].

Sianou-Kyrgiou, E. (2010a). *From the university to the labour market: Aspects of social inequalities*. Athens: Metaixmio [en griego].

Sianou-Kyrgiou, E. (2010b). Stratification in higher education, choice and social inequalities in Greece, *Higher Education Quarterly*, 64 (1): 22–40.

UNESCO. (2006). *International Standard Classification of Education: ISEC 1997* (re-edition). UNESCO_UIS, Montreal. Descargado de: <http://www.uis. unesco.org/Library/Documents/isced97-en.pdf>.

Notas

1   Nota del traductor: "TEI" son las siglas en inglés de Technological Educational Institutions.

2   Nota del traductor: con "titulitis" traducimos del inglés "diploma disease".

Notas biográficas

INMACULADA ANTOLÍNEZ DOMÍNGUEZ, Universidad Pablo de Olavide, Sevilla, España. Es licenciada en Antropología Social y Cultural y doctora en Trabajo Social por la Universidad Pablo de Olavide y ha participado en proyectos de investigación autonómicos, nacionales e internacionales relacionados con la educación intercultural, movimientos indígenas, inmigración y exclusión social en Marruecos, Perú, México y España. Ha realizado estancias de investigación en el Texas Center for Education Policy en Austin, Texas (EE.UU.), la Universidad Veracruzana (México) y el Centro de Investigaciones y Estudios Superiores en Antropología Social (México). Sus publicaciones se encuentran en la *Revista Latinoamericana de Educación Inclusiva* (2013) o en el libro *Globalización y Pluralidad Cultural* (2014).

ALIKI ANTONOPOULOU, Escuela de Educación Pedagógica y Tecnológica (ASPETE), Atenas, Grecia. Es ayudante de laboratorio de la Escuela, especializada en Asesoramiento y Guía (PESYP). Obtuvo el título de Master en "Métodos y aplicaciones de la política social" del Departamento de Política Social de la Universidad de Panteion. También obtuvo la titulación de Master en "Psicología económica y organizativa" del Departamento de Psicología de la misma universidad. Se graduó en la Facultad de Estudios de Teatro en la Universidad de Atenas.

ANA BRAVO-MORENO, Universidad de Granada, España. Es profesora titular del Departamento de Antropología Social. Se doctoró en el Institute of Education, University of London y obtuvo un Master en Antropología Social en la University College of London. Ha sido profesora en City University y the Open University, Londres e investigadora principal en el Instituto Universitario de Estudios sobre Migraciones, Madrid. Fue investigadora visitante en Florida International University y en University of California, Irvine. Es autora del libro *Migration, Gender & National Identity*

(2006) y algunas de sus publicaciones se recogen en *Comparative Education Journal*, *The Qualitative Report*, *Migraciones Internacionales*, *Migraciones*, *International Handbook of Migration, Minorities, and Education*.

LEO R. CHÁVEZ, University of California, Irvine, EE.UU. Recibió su doctorado de la Universidad de Stanford y actualmente es catedrático en el Departamento de Antropología de la Universidad de California, Irvine. Es autor de *Shadowed Lives: Undocumented Immigrants in American Society* (2013), *Covering Immigration: Popular Images and the Politics of the Nation* (2001), y *The Latino Threat: Constructing Immigrants, Citizens, and the Nation* (2013). Chávez recibió el Premio Margaret Mead en 1993, y el premio al mejor libro del año de la Asociación de Antropólogos y Antropólogas Latinos, sección de la Asociación Americana de Antropología, por su libro *La Amenaza Latina* en 2009, y también recibió el premio del logro distinguido en el estudio crítico de norte América de la Sociedad para la Antropología de América del Norte en 2009.

GILBERTO Q. CONCHAS, University of California, Irvine, EE.UU. Es profesor titular de Política Educativa y Contexto Social. Obtuvo su doctorado en sociología por la Universidad de Michigan, Ann Arbor, y su licenciatura en sociología por la Universidad de California, Berkeley. Las investigaciones de Conchas se centran en la desigualdad con énfasis en las comunidades urbanas y escuelas. Es el autor de *The Color of Success: Race and High-Achieving Urban Youth* (2006), *Small Schools and Urban Youth: Using the Power of School Culture to Engage Youth* (2008), y *StreetSmart SchoolSmart: Urban Poverty and the Education of Boys of Color* (2012). Conchas ha sido profesor visitante en la University of Southern California, San Francisco State University, University of Washington, Universitat Autónoma de Barcelona, y la University of California, Berkeley.

MARÍA GARCÍA-CANO TORRICO, Departamento de Educación, Universidad de Córdoba, España. Es doctora en Antropología Social por la Universidad de Granada y profesora titular donde imparte docencia de Grado y Posgrado. Trabaja desde la década de los noventa en cuestiones relacionadas con educación intercultural, escuela, diversidad cultural e inmigración. Ha sido visitante en la Universidad de Warwick (Reino Unido), Universidad Veracruzana (México) y Universidad de Lecce (Italia). Ha sido directora de proyectos de investigación financiados por la administración andaluza y por el Plan Nacional de Investigación I+D+i, y ha participado en proyectos de financiación europea. Sus publicaciones se encuentran en la *Revista de Educación* (2012) y la *Revista Española de Investigaciones Sociológicas* (2014) entre otras.

JAGDISH S. GUNDARA, Institute of Education, University of London, Reino Unido. Es Director del Centro Internacional de Estudios Interculturales desde 2012 y fue nombrado el primer director del Centro Internacional de Educación Intercultural en 1979 permaneciendo hasta 2006. Es profesor emérito de Educación y Cátedra UNESCO en Estudios Interculturales y Formación del Profesorado en el Centro de Cultura y Aprendizaje Continuo. Es autor de *Complex Societies, Complex Schools and Curriculum: Separate is not Equal* en *International Review of Education* (2008), *Interculturalism, Education and Inclusion* (2001), co-editor de *Intercultural Social Policy in Europe* (2000) y ha publicado extensivamente en las áreas de derechos humanos y educación en estudios multiculturales.

ESTHER MÁRQUEZ LEPE, Departamento de Sociología, Universidad de Sevilla, España. Es doctora en Antropología Social por la Universidad de Granada. Sus líneas de investigación se ubican dentro de la sociología de la educación, la educación intercultural, las relaciones familia-escuela y la atención a la diversidad en los espacios educativos desde una mirada cualitativa. Ha participado y dirigido proyectos de investigación sobre estas temáticas a nivel internacional, dentro del Plan Nacional de Investigación I+D+i y en la administración andaluza. Ha publicado en *Aula Abierta* (2014) y en el libro coordinado junto a García-Cano, *Educación intercultural y Comunidades de Aprendizaje. Alianzas, compromisos y resistencias en el escenario escolar andaluz* (2012).

CATHERINE MICHALOPOULOU, Universidad Panteion, Atenas, Grecia. Obuvo su doctorado y master en estadística por la London School of Economics & Political Science y se graduó en matemáticas por la

Universidad Nacional y Kapodistriana de Atenas. Actualmente es profesora titular de Estadística en el Departamento de Política Social. Ha diseñado y realizado encuestas a la par que trabajaba para el Centro Nacional de Investigación Social en cooperación con el Instituto de Trabajo de la Confederación General de Trabajadores Griegos (INE/GSEE). Sus publicaciones y líneas de investigación se enfocan en cuestiones de metodología y análisis de encuestas.

MARGARITA DEL OLMO PINTADO, CSIC, Madrid, España. Es doctora en Antropología y Etnología Americana por la Universidad Complutense de Madrid y trabaja como investigadora en el Departamento de Antropología del CSIC (Consejo Superior de Investigaciones Científicas). Se dedica actualmente al análisis del abandono escolar desde el punto de vista de las personas afectadas.

LETICIA OSEGUERA, The Pennsylvania State University, EE.UU. Es profesora titular en Estudios de Política Educativa e investigadora titular *senior* en el Centro para el Estudio de la Educación Universitaria. Sus investigaciones se centran en comprender el acceso a la universidad y las oportunidades educativas para las poblaciones estudiantiles que han sido históricamente desatendidas y sub-representadas. Ha obtenido financiación para sus investigaciones de varias fundaciones, centros de política educativa y departamentos de educación del Estado americano. Los resultados de sus estudios se han publicado en *Youth and Society, Research in Higher Education, Review of Higher Education, Journal of College Student Retention,* y *Journal of Hispanic Higher Education.*

ELENI PROKOU, Universidad Panteion, Atenas, Grecia. Es profesora ayudante en el Departamento de Política Social. Es también tutora del curso de Master "Educación de adultos" en la Escuela de Humanidades de la Hellenic Open University. Obtuvo su doctorado en Educación Comparada en el Institute of Education, University of London. Sus líneas de investigación se centran en el análisis y la interpretación de la educación de adultos y educación terciaria así como en las políticas de educación continua desde una perspectiva internacional y comparativa.

ANNE RÍOS-ROJAS, Colgate University, Nueva York, EE.UU. Es profesora ayudante de Educación Comparativa e Internacional en el Departamento de Educación. Sus investigaciones se centran en examinar las experiencias de jóvenes inmigrantes en Barcelona (España) y en otros lugares. Analiza fundamentalmente las formas en que las experiencias vividas de los jóvenes inmigrantes se moldean por discursos dominantes sobre raza, género y ciudadanía. Su trabajo tiene como objetivo trazar las formas en que los deseos y ansiedades de nación informan e influyen en las políticas y prácticas "dirigidas" a los estudiantes inmigrantes. Su trabajo ha aparecido en *Current Issues in Comparative Education* (coautora con Margaret Gibson), *Harvard Educational Review*, y *Anthropology & Education Quarterly*.

Índice de conceptos

Hispanic Studies: Culture and Ideas

Edited by
Claudio Canaparo

This series aims to publish studies in the arts, humanities and social sciences, the main focus of which is the Hispanic World. The series invites proposals with interdisciplinary approaches to Hispanic culture in fields such as the history of concepts and ideas, the sociology of culture, the evolution of visual arts, the critique of literature, and the uses of historiography. It is not confined to a particular historical period.

Monographs as well as collected papers are welcome in English or Spanish.

Those interested in contributing to the series are invited to write with either the synopsis of a subject already in typescript or with a detailed project outline to either Professor Claudio Canaparo, Department of Iberian and Latin American Studies, School of Arts, Birkbeck College, 43 Gordon Square, London WC1H 0PD, UK, c.canaparo@sllc.bbk.ac.uk, or Peter Lang Ltd, oxford@peterlang.com.

Vol. 1   Antonio Sánchez
          Postmodern Spain. A Cultural Analysis of 1980s–1990s Spanish
          Culture. 220 pages. 2007.
          ISBN 978-3-03910-914-2

Vol. 2   Geneviève Fabry y Claudio Canaparo (eds.)
          El enigma de lo real. Las fronteras del realismo en la narrativa del
          siglo XX. 275 pages. 2007.
          ISBN 978-3-03910-893-0

Vol. 3   William Rowlandson
          Reading Lezama's *Paradiso*. 290 pages. 2007.
          ISBN 978-3-03910-751-3

Vol. 21   Idoya Puig (ed.)
           Tradition and Modernity. Cervantes's Presence in Spanish
           Contemporary Literature. 221 pages. 2009.
           ISBN 978-3-03911-526-6

Vol. 22   Charlotte Lange
           Modos de parodia. Guillermo Cabrera Infante, Reinaldo Arenas,
           Jorge Ibargüengoitia y José Agustín. 252 pages. 2008.
           ISBN 978-3-03911-554-9

Vol. 23   Claudio Canaparo
           Geo-epistemology. Latin America and the Location of Knowledge.
           284 pages. 2009.
           ISBN 978-3-03911-573-0

Vol. 24   Jesús López-Peláez Casellas
           "Honourable Murderers". El concepto del honor en *Othello*
           de Shakespeare y en los "dramas de honor" de Calderón.
           321 pages. 2009.
           ISBN 978-3-03911-825-0

Vol. 25   Marian Womack and Jennifer Wood (eds)
           Beyond the Back Room. New Perspectives on Carmen Martín Gaite.
           336 pages. 2011.
           ISBN 978-3-03911-827-4

Vol. 26   Manuela Palacios and Laura Lojo (eds)
           Writing Bonds. Irish and Galician Contemporary Women Poets.
           232 pages. 2009.
           ISBN 978-3-03911-834-2

Vol. 27   Myriam Osorio
           Agencia femenina, agencia narrativa. Una lectura feminista de la obra
           en prosa de Albalucía Ángel. 180 pages. 2010.
           ISBN 978-3-03911-893-3

Vol. 28   *Forthcoming*

Vol. 70   Ana Bravo-Moreno
           Desigualdades, diferencias y experiencias de (no) pertenencia en
           educación: Perspectivas transdisciplinares en contextos de diversidad
           246 pages. 2015.
           ISBN 978-3-0343-1850-1

www.ingramcontent.com/pod-product-compliance
Lightning Source LLC
Chambersburg PA
CBHW071558110726
47908CB00007B/2154

* 9 7 8 3 0 3 4 3 1 8 5 0 1 *